国有企业基层党建实战思悟

（修订版）

于虎◎著

中国石化出版社

内 容 提 要

本书以全国国有企业党的建设工作会议上习近平总书记的重要讲话精神作为根本遵循，全景呈现作者近十年来先后主持江苏油田地质科学研究院、石油工程技术研究院、运输处、党校（培训中心）四个企业基层单位党委工作时面对的境况，详细阐述因地制宜采取的具体党建实战思路及后续深度思考形成的高度凝练的方法论。本书是从十年来撰写的文章中，精选30篇文章作为主体支撑，重点讲解了企业基层党建工作的重点任务和作用、工作内容如何划分归类、通用方法、党组织书记履职关键字、领导力怎么修炼等，具有较强的实用性和指导性，可供企业党建工作者参考阅读。

图书在版编目（CIP）数据

国有企业基层党建实战思悟 / 于虎著 . -- 修订版 . -- 北京 : 中国石化出版社 , 2022.9（2025.6 重印）

ISBN 978-7-5114-6891-8

Ⅰ . ①国… Ⅱ . ①于… Ⅲ . ①中国共产党－国有企业－基层组织－党的建设－文集 Ⅳ . ① D267.1-53

中国版本图书馆 CIP 数据核字（2022）第 170151 号

中国石化出版社出版发行

地址：北京市东城区安定门外大街58号

邮编：100011　电话：（010）57512500

发行部电话：（010）57512575

http：//www. sinopec-press. com

E-mail：press@ sinopec. com

北京富泰印刷有限责任公司印刷

*

710×1000毫米　16开本　18.25印张　228千字

2022年9月第1版　2025年6月第3次印刷

定价：58.00元

修订版序一

（读者来信）

于虎老师：

您好！

近日捧读大作《国有企业基层党建实战思悟》，感觉受益匪浅。根据书中留下的联系方式，尝试与您交流，期待能经常就企业基层党建的话题向您请教、共同探讨。

长期以来，关于国有企业党建工作的理论文章汗牛充栋，但来自国企党建一线工作者的心得体会、实战思悟、操作方法却寥若晨星，特别是书中深接地气、匠心独运、成效卓著的党建工作实践，既有让人眼睛为之一亮的独创性，也有脑袋灵光闪现的启发性，更有“拿来就用”的借鉴性。一言以蔽之，大作是专注于国企党建领域的不可多得的一本原创佳作，带给我们基层党建工作者的启悟是深刻而深远的。

犹记得，2016年10月10日，习近平总书记在全国国有企业党的建设工作会议上发表了重要讲话，鲜明指出，坚持党的领导，加强党的建设是国有企业的“根”和“魂”。为新时代坚持党对国有企业的全面领导、做强做优做大国有企业指明了方向、提供了根本遵循。本人从事基层党建工作多年，深刻感受到，基层党建工作弱化、淡化、虚化、边缘化等问题是困扰基层多年的顽症痼疾，只是程度不同罢了，到了必须强化、实化、中心化的地步，特别是身处市场经济大潮中的国有企业更应如此。

党的十八大以来，国有企业按照相关要求加强党的建设，充分发挥国企党组织“把方向、管大局、促落实”的重要作用，确保党始终成为中国特色社会主义事业的坚强领导核心，呈现出国有企业千帆竞发、航向坚定、行稳致远的喜人局面。在坚持党要管党、全面从严治党的时代号角声中，各级、各单位对国企党建工作的重视程度和抓具体工作的严实作风令人信心满怀、激情澎湃。但静心梳理、反躬自省，蓦然发觉在党的建设与经营业务工作融合方面，还有太多的国有企业不得要领、浮于面上，亟需破解。因为种种原因，很多国有企业不会、不善甚至不敢、不想做企业党建与业务的结合文章，从而让国企党建“两张皮”现象成了年年改、年年提的“牛皮癣”。每逢年末岁首，诸如“存有重业务轻党建思想”“理论学习不深入”“学用结合有差距”等这样自我揭短亮丑的声音不绝于耳，说起来面容严肃、煞有介事，听起来也声声入耳甚至见骨入髓，实际上却如蜻蜓点水，在内心深处也许会荡起一波涟漪，然后了无痕迹。这种走场、走偏、走形式就是不走心的现象，在许多国有企业中不同程度地存在。拿“以会议落实会议，以文件传达文件”的不良现象来说，从上至下大家是深恶痛绝的，但“搞党建=开党会+发文件”这样的“万能公式”在各类国企屡试不爽，甚至成了普通党员的刻板印象。再比如，有些上级部门在布置党建工作时发文要求不能追求“留痕”，但在党建检查、考核时却直奔“材料”，没有材料或材料不多、不厚、不扎实是怎么也说不过去的，让党务工作者叫苦不迭，只得沦为“累如狗”的文牍主义者。以上种种，因素多重叠加，但都说明了基层党建工作还有许多不实、不细的地方，国企党建与业务融合工作抓得不紧不实、方法不得当、成效不明显。

党建工作博大精深，不仅有政治性、理论性、专业性，而且对党务工作者的个人素养要求也非常高。“人”的问题，成为制约党建工作开展的瓶颈问题。就个人而言，在为国企党建工作推波助澜的同时，个人在政治意识、理论素养、思想觉悟和实践能力等各方面都有了长足进步，深刻感觉，从事党建工作是一份光荣而自豪的事业，即便有苦累、有迷茫、有辛酸，但在推进企业发展、党的建设等方面做出了一名共产党员应有的贡献，每念及此便倍感事业崇高、使命光荣。同时我也在调研中发现，大部分国企都按要求配备了党务干部，但一方面，专职不专干、兼职不专职、同职不同酬的现象比比皆是。另一方面，在党组织书记、委员、党务干部配备上，只讲论资排辈，不讲专业能力的现象也是司空见惯，党建队伍参差不齐。在很大程度上，党务工作者的能力决定了国企基层党建工作水平。

各级党组织的创造力、凝聚力、战斗力，归根结底，都可以凝结为企业的核心竞争力。国企基层党建工作与中心业务的融合工作精髓便在于此。党建工作的综合性、专业性很强，涉及哲学、政治经济学、管理学、文秘学、档案学、汉语言文学等方方面面。现如今，国家在培养各类技能人才，满足就业需求。而国企党建工作的人才缺口一直很大，甚至一家成千上万人的国有企业竟然找不到几名像样的党建人才，但为什么没有一所大学开辟党建学专业，去有针对性地为国家培养输送党建专业人才？

窃以为，加强党建学科建设是时代方向、顶层课题，党建学专业大有可为、天地广阔，这样更有利于让专业人做专业事，从人才梯队建设层面切实推动基层党建工作，为做好国企党建与业务融合这篇“大文章”提供人力资源和专业知识储备，这也是落实习近平总书记讲话精神的途径之一。

越是这样，越需要党建工作的方法论以及实战思悟、真知灼见的启迪和提升。国有企业迫切需要探索并建立一套行之有效的、科学的党建管理模式，保证和促进把党组织先进的理论指导和价值追求、健全的组织体系和工作机制、严明的组织纪律和优良作风等独特优势转化为企业的核心竞争力。以前我们做了许多这方面的工作，但“生有涯知无涯，以有涯随无涯”，国企党建工作也是一个动态推进、持续完善的过程，并无止境。

老师您从事国企党建工作多年，有着丰富的工作经验，而且一直在用心、用力、用情地书写国企党建与业务融合的文章，在国企党建领域的理论功底和实践经验非常深厚，书中的许多观点与经验给我带来了耳目一新、实用有效的示范和启迪。希望您的书得到更大范围的推广，为更多的从事国有企业党的建设工作的同志提供借鉴。

愿我们并肩奋斗，合力谱写国企党建与业务融合的时代华章！

此致

敬礼！

王治国

2022年7月22日

王治国，中共党员，大学文化，现供职于山东贵诚集团，专职从事国企党建、团委工作。

修订版序二

（《准确把握国有企业基层党建科学内涵》结课发言）

尊敬的于书记、同学们：

大家中午好！我是三组的王婧，来自江苏油田的隔壁华东油气分公司，在扬州的隔壁泰州工作。很荣幸，今天能为大家结课。

此时此刻，我压力山大，诚惶诚恐。

首先，我代表全班同学向于书记抒发下我们的崇拜之情。于书记从自身经历出发，引用了大量鲜活的实例，且金句频出！据我同桌保守统计，使用了30多个排比，50多个成语……有地气、有人气，还有仙气，让人眼前一亮、耳目一新。我坐在最后一排，目光所及之处都是同学们求知若渴、赞叹不绝的样子，丝毫没有瞌睡的苗头，于书记的授课魅力溢于言表。就在刚才课间，我的华东老同事很拽很嘚瑟地跑来问我："你没上过于书记的课？"顿时我觉得万箭穿心，他这是活脱脱的炫耀啊！于书记用心良苦，3个小时的热情洋溢、风趣幽默中传授了大量基层党建工作的深刻道理和方法。

我说两点个人收获：一是党建工作的"9"字标准，"人安定、心温暖、事顺畅"，这真的是解答了我心中多年的困惑；二是党建是一种系统思考和哲学思维，其本质是凝心聚力，其核心是塑造信念、构建信仰，其重点是做人心的工作。这真是"醍醐灌顶"！干好党建就得先拎清党建与党务的关系啊！

好，同学们，今天的授课虽然是短暂的，但于书记传授的经验和道理却是永恒的。党建不是枯燥的任务，而是一桩桩暖人心的小事；党建不是漂亮的台账，而是一个个创效益的实事；党建不是响亮的标语，而是一座座坚实的战斗堡垒。

虽然我们意犹未尽，但还是到了要说结束的时候。人生漫漫、四海一家，期待与于书记的后会有期！

最后，同学们，让我们用最真诚、最响亮的掌声感谢于书记的精彩授课！

中国石化2021年第15期青干二班学员
华东油气分公司泰州采油厂地质研究所
王婧

修订版前言

《国有企业基层党建实战思悟》一书出版后，得到许多读者的积极反馈。

一位我非常尊敬的老领导，给我发来信息：

小于：《思悟》收到，连夜阅读，感慨颇多。我做了一辈子党建工作，除做专职书记外，做局长、总经理时，也都兼任着党委书记。但没有像你那样感悟得那么深，那么透；工作也没有像你那样做得那么细，那么活。对于一个老党建工作者尚且如此，对那些新的党建工作者将从中得到的启迪该是多么巨大，无法估量。就在我们党百年华诞之际，该书问世了，恰逢其时，值得庆贺！

一位不愿透露姓名的网友，发来信息：

您的书现在成了我的枕边书，由于工作、生活的原因，看的进度不快，还停留在第二章抓安全方面，但受益挺大：一是您的文字干净利落，没有拖泥带水和套话空话；二是语言字斟句酌，非常严谨、工整，而且接地气；三是逻辑严密，内容、措施实用。看得出，您是公文写作方面的大手笔！我呢，虽然也爱写作，也发表了一些作品，但我写的文学作品较多，在公文写作上还需要以您为榜样和标杆，不断进步。

读者在听完我现场讲授《准确把握国有企业基层党建科学内涵》

《情投意合 明心见性——企业思想政治工作方法论》《从优秀到卓越——基层管理者的超越与超脱》等专题课之后，再去阅读此书，会产生更多的共鸣。

2022年5月17日，我为中原油田党校承办的中国石化2022年青干一班在线讲授《从优秀到卓越——基层管理者的超越与超脱》。贾春梅同学反馈：通过钉钉直播学习了于虎书记《从优秀到卓越——基层管理者的超越与超脱》课程，于书记从需理解透从事的角色、保持住健康的心态、摆正所处的位置、设好合理奋斗的目标、找对头努力的方向、练就出干事的本领6个方面对于如何成为卓越的基层管理者开展了辅导，老师讲课全程激情澎湃，富有感染力；案例鲜活无比，贴合基层工作实际，具有非常高的指导和借鉴意义，听完觉得意犹未尽、回味无穷。期待今后从阅读于书记的书中找到更多启发。

2022年5月21日，我给江苏油田基层领导人员讲授《情投意合 明心见性——企业思想政治工作方法论》。陈东辉同学反馈：好一个“情投意合、明心见性”，于书记的课令我耳目一新，结构化思维，从八个字展开，两个小时在不知不觉中度过。于书记旁征博引，条分缕析，把思想政治工作说得如此条理清晰，引人入胜，信息量之大，剖析之深，涉猎之广，令人只觉两小时太短，既没听过瘾，又消化不了，期待现场聆听完整版。感谢于书记施教！马上去购买阅读于书记的书！

2022年5月23日，我给江苏油田新任处级干部培训班讲授《准确把握国有企业基层党建科学内涵》。余静云同学反馈：有幸聆听了于虎书记讲授的党建讲座，被于书记深厚的理论功底、超强的概括能力、频出的金句深深折服，感触颇深，受益匪浅。于书记用“起承转合”对看似复杂的基层党建工作进行了概括梳理，并对“起承转合”进行了详细的解读，让人瞬间茅塞顿开，对开展好党建工作有了清晰的认知和思路。这就是于书记强调的要学会把复杂的问题简单化，先把关键要素拎出来，然后再把简单问题结构化，对关键要素进行详细而深入的剖析。“复杂问题→简单化→结构化”这样的工作方法，不仅适用于开展党建工作，而且对开展好其他各项工作同样有借鉴意义，有助于促使我们不断思考，不断创新，不断提升管理工作水平。

学员的正面评价与反馈给我注入了理论创新与实践探索的强大动力。这一年中我又写出《高质量党建要抓住“量”字做文章》等5篇党建类论文，基层党建工作的思路又丰富了许多，加上之前的积累，党建理论体系更加完整。我决定对《国有企业基层党建实战思悟》一书进行修订，将这5篇文章加入其中，对全书的结构进行重新调整，对内容加以完善，更加突出工作的方法论，期待能给读者带来更多的启发。

国有企业基层党建工作如何做？就两条：一是要以2016年10月10日至11日召开的全国国有企业党的建设工作会议精神为根本遵循。在这个会议上习近平总书记发表了重要讲话，深刻回答了事关国有企业改革发展和党的建设的一系列重大问题，为我们旗帜鲜明坚持和加强党对国有企业全面领导、发展壮大国有企业，提供了强大的思想力量和方向指引。二是要实事求是并因地制宜。各个企业的情况千差万别，不存在千篇一律的可以套用的做法与经验，必须根据自身的情况创新探索。

修订版将和原书一样，首先引用新华社关于2016年召开的全国国有企业党的建设工作会议新闻稿主体内容。书读百遍，其义自见！这部分内容值得我们反复研读，它是我们做对做好国有企业基层党建工作的源头活水。其次，就是讲解我摸索到的工作方法论，这只是一家之言，仅能作为参考，欢迎批评指正、探讨交流。再者，讲我先后任职江苏油田地质科学研究院、石油工程技术研究院、运输处、油田党校（培训中心）四家单位党委书记的具体党建工作思路及对领导力塑造的思考。

书中选用了30篇我这十年来撰写的文章。我特别讲究文章的结构美，在遣词造句中喜欢对仗工整、逻辑递进。这些文章的谋篇布局亦可以作为读者做好总结归纳工作的参考。

于尧

第一版序

2021年是中国共产党建党100周年，也是全国国有企业党的建设工作会议召开5周年。全党上下正在全面开展党史学习教育，在学习党的历史中明理、增信、崇德、力行，做到学党史、悟思想、办实事、开新局，努力以优异的成绩向党的生日献礼！

学习历史，目的是总结经验、观照现实、推动工作。就是要通过党史学习教育，不断深化对共产党执政规律、社会主义建设规律、人类社会发展规律的认识，系统运用我们党形成的立场、观点、方法论，来认真地回顾、对照、提升我们自身的理念、思路和方法。

党组宣传部作为集团公司党史学习教育工作的牵头部门，鼓励部门同志先学一步、深学一层，走在前列、当好表率，在系统学习的基础上，深刻反思、认真总结、优化提升自身岗位工作，更好地担负起“举旗帜、聚民心、育新人、兴文化、展形象”的使命任务。

于虎同志是党组宣传部的挂职干部，来自基层企业江苏油田，经历过多个岗位的历练，主持过江苏油田地质科学研究院、石油工程技术研究院、运输处、培训中心（党校）等四个单位的党委工作，基层经验丰富，文字功底好，总结能力强。这些年结合工作实践，发表了不少党建类文章。开展党史学习教育工作以来，他全面梳理了近10年来的基层党建实战思悟，努力去归纳整理形成一套体系化通用性的基层党建工作方法论，在反复推敲下形成了书稿《国有企业基层党建实战思悟》。

《国有企业基层党建实战思悟》，以全国国有企业党的建设工作会议上习近平总书记的重要讲话精神作为根本遵循，详细阐述因地制宜采取的具体党建实战思路及后续深度思考形成的方法论。从十年来撰写的文章中，精选25篇（其中23篇已公开发表）作为主体支撑，重点讲解了企业基层党建工作的重点任务和作用、工作内容如何划分归类、通用方法、党组织书记履职关键字、领导力怎么提升等。

书中充满关于做好企业基层党建工作和领导力提升的思想火花，观点独有、独特、独到；涉及四个工作环境完全不同的基层单位，在系统内也具有很强的代表性，对如何抓好企业基层党建工作具有积极的借鉴作用；引用的25篇独创文章，逻辑严密，层次分明，结构工整对仗，为基层党务干部提高总结归纳能力，提供了一套范文。

十年磨一剑！此书是于虎同志十年来基层党建工作的实战心得，是其笔耕不辍的丰厚回报，也是其挂职党组宣传部一年最好的工作总结，更是向中国共产党成立100周年献上的珍贵生日礼物，同样也是宣传系统党史学习教育工作的一项理论成果。

希望同志们从本书中获益多多！以更加优异的成绩向中国共产党成立100周年献礼！

第一版前言

近些年来，随着从严治党的步步深入，从严治党主体责任层层压实，国有企业基层党的建设得到了大力加强，成绩有目共睹，面貌焕然一新。2016年10月10日至11日，全国国有企业党的建设工作会议胜利召开，习近平总书记发表了重要讲话，深刻回答了事关国有企业改革发展和党的建设的一系列重大问题，为我们旗帜鲜明坚持和加强党对国有企业全面领导、发展壮大国有企业，进一步提供了强大的思想力量和方向指引。

但是工作中还是有些从事党建工作的同志存在一些偏解，对国有企业党建工作的核心要义、本质内涵、方法路径理解不到位，简单地把党务工作当成了党建；还有一些同志工作不得要领，不知道从哪下手破题，亟需学习一些工作的方法论，需要借鉴其他单位的经验做法。

笔者有幸先后主持了江苏油田地质科学研究院、石油工程技术研究院、运输处、培训中心（党校）党委工作，根据实践与认识，总结撰写并发表了不少党建类文章，也结合自己的所做所思所悟，先后为江苏油田、燕山石化、辽河油田、江苏石油等多家单位作党建讲座上百次，学员普遍评价“接地气”“解渴”“这就是我想听的”。在与学员的交流互动中，深刻感受到基层党建工作者想干好工作的急迫心情，尤其想得到接地气的实战经验指导。

今年全党开展的党史学习教育，给了我很大的触动，进一步理解了学思践悟贯通起来的必要性、重要性和紧迫性。于是，对近10年从事的党建工作和挂职党组宣传部一年的工作进行了认真梳理和深刻反思。结合党史学习教育的心得感悟，结合习近平总书记最新的讲话精神，结合党建讲座中学员关心的焦点问题，全面回顾在四个不同单位工作时因地制宜抓党建的工作思路及实践，以及后续深度思考得出的方法论，精选引用了近10年来撰写的25篇文章（其中23篇已公开发表）作为主体支撑，对如何做好国有企业基层党建工作，从内容到方法，再到党组织书记如何履职、党员干部领导力如何提升，进行了详细阐述。希望在进一步廓清匡正自己工作思路理念的同时，也能为国有企业从事党建党务工作的同志们提供有益的启发和借鉴。

由于个人的思想水平和工作能力有限，书中的观点可能存在许多不足不妥之处，恳请读者们包涵，也欢迎大家就加强国有企业基层党建这个话题及其中的要点进行深入的探讨交流（邮箱：385991251@qq.com）。

于尧

目录

CONTENTS

一、国有企业党建的根本遵循 ……001

二、方法论 ……007

（一）什么是高质量党建 ……007

高质量党建要抓住“量”字做文章
——谈新时期国有企业党的建设 ……008

（二）基层党建考核的标准 ……021

企业党建要抓住“起承转合”做文章 ……023

（三）如何抓实基层党建 ……032

跟着需求走　追着问题去　奔着效果干
——不断提高国有企业党建工作科学化水平 ……033

（四）党建内容如何分类 ……042

匹配党建资源　打造党建优势
——以“常态、动态、状态”为区分 ……042

（五）党组织书记如何履职 ……047

分调析理　说学斗唱
——企业基层单位党委书记履职关键字 ……049

（六）思想政治工作怎么做 ……062

情投意合　明心见性
——做好国有企业思想政治工作的关键词 ……063

顺人性　暖人心　讲人情　聚人力
　——企业基层思想政治工作的核心要义 ……077
抓住“风吹草动”　瞄准“凝心聚力”　做到“识时达务”
　——切实做好新形势下国有企业宣传思想工作 ……084

（七）政治生态如何建设 ……090

强化高层垂范　破除中层懈怠　激发基层活力
　——打造风清气正的企业政治生态 ……091
低油价给油田人力资源管理带来一次变革的机遇 ……098

（八）安全工作怎么抓 ……102

抓安全关键要在“人”字上下功夫 ……103
一把手抓安全生产要有“123456”的理念 ……110

（九）党组织、党员、干部作用如何发挥 ……119

造梦　造势　造才　造法　造福
　——企业党组织要充分发挥凝心聚力的“磁力场”作用 ……123
党员领导干部须当好干事创业的“风向标” ……131
有主见　能主事　当主力
　——基层领导干部的主心骨作用 ……144

（十）如何推动企业创新发展 ……150

领导好油田转型发展　重在突破自我 ……151

三、因地制宜抓党建的实践与思考 ……157

（一）江苏油田地质科学研究院党建工作实践与思考 ……157

为科技创新插上腾飞的翅膀
　——以问题为导向去除企业科研发展中的绊脚石 ……159
抓好“三心”助推企业科研单位党建思想政治工作 ……165
浅谈科研单位劳动竞赛的创新与实践 ……169

（二）江苏油田石油工程技术研究院党建工作实践与思考 ……172

油田科研单位“寒冬期”党建思想政治工作的思考 ……174

（三）江苏油田运输处党建工作实践与思考 ……178

在“人”上下足功夫　用“真”字造就发展
　——低油价下油田运输企业党建思想政治工作思考 ……181

（四）江苏油田党校（培训中心）党建工作实践与思考 ……186

保持“意气风发” 做好“建功立业”
——以高质量党建引领国企基层党校高质量发展 ……187

聚焦提升培训质量 致力造就优秀干部
——浅谈企业党校贯彻《中国共产党党校（行政学院）工作条例》 ……200

四、着力提升领导力 ……211

（一）用好培训学习机会去提升 ……211

用好每次培训机会 获取最大充电效果
——“记、洗、识、提、找”五字学习法 ……211

（二）从“高低、强弱、大小”三个维度提升 ……219

浅议企业领导者领导力的修炼 ……220

（三）从“领航、导航、护航”三个角度提升 ……224

掌舵前行方向明 行稳致远本领强
——硬核领导干部必备“领航、导航、护航”能力 ……224

（四）借“衣食住行”之理去提升 ……230

借“衣食住行”之理 修“党员干部”之身 ……230

（五）抓住“错落有致”四个字去提升 ……235

塑造领导力要抓住“错落有致” ……235

（六）从全面理解基层管理者的角色定位去提升 ……243

做一名优秀的企业基层干部 ……243

（七）从党史学习教育中汲取奋进的力量 ……257

寻得思想警示 获得修身开示 取得工作启示
——党员干部要从党史学习教育中汲取奋进的力量 ……257

五、今日思悟摘选 ……266

一

国有企业党建的根本遵循

2016年10月10日至11日，全国国有企业党的建设工作会议在北京召开。中共中央总书记、国家主席、中央军委主席习近平出席会议并发表重要讲话。习近平总书记站在坚持和发展中国特色社会主义、巩固党的执政基础的全局高度，深刻回答了事关国有企业改革发展和党的建设若干重大理论与现实问题。这是新时代我们党关于国有企业、国有经济重要论述的集大成之作，具有重大里程碑意义。这些重要论述，连同党的十八大以来党中央对国有企业作出的重要指示，完整系统地宣示了我们党在新时代关于国有企业、国有经济的重大主张，进一步丰富和发展了马克思主义政治经济学，成为习近平新时代中国特色社会主义思想的重要组成部分，为开创国有企业改革发展和党的建设新局面提供了根本遵循和行动指南。

下面是新华网刊发的新华社关于2016年10月10日至11日举行的全国国有企业党的建设工作会议新闻稿的主体内容（http：//www.xinhuanet.com/politics/2016-10/11/c_1119697415.htm）：

习近平在讲话中强调，国有企业是中国特色社会主义的重要物质基础和政治基础，是我们党执政兴国的重要支柱和依靠力量。新中国成立以来特别是改革开放以来，国有企业发展取得巨大成就。我国国有企业为我国经济社会发展、科技进步、国防建设、民生改善作出了历史性贡献，功勋卓著，功不可没。

习近平指出，坚持党的领导、加强党的建设，是我国国有企业的光荣传统，是国有企业的“根”和“魂”，是我国国有企业的独特优势。新形势下，国有企业坚持党的领导、加强党的建设，总的要求是：坚持党要管党、从严治党，紧紧围绕全面解决党的领导、党的建设弱化、淡化、虚化、边缘化问题，坚持党对国有企业的领导不动摇，发挥企业党组织的领导核心和政治核心作用，保证党和国家方针政策、重大部署在国有企业贯彻执行；坚持服务生产经营不偏离，把提高企业效益、增强企业竞争实力、实现国有资产保值增值作为国有企业党组织工作的出发点和落脚点，以企业改革发展成果检验党组织的工作和战斗力；坚持党组织对国有企业选人用人的领导和把关作用不能变，着力培养一支宏大的高素质企业领导人员队伍；坚持建强国有企业基层党组织不放松，确保企业发展到哪里、党的建设就跟进到哪里、党支部的战斗堡垒作用就体现在哪里，为做强做优做大国有企业提供坚强组织保证。

习近平强调，坚持党对国有企业的领导是重大政治原则，必须一以贯之；建立现代企业制度是国有企业改革的方向，也必须一以贯之。中国特色现代国有企业制度，“特”就特在把党的领导融入公司治理各环节，把企业党组织内嵌到公司治理结构之中，明确和落实党组织在公司法人治理结构中的法定地位，做到组织落实、干部到位、职责明确、监督严格。

习近平指出，党对国有企业的领导是政治领导、思想领导、组织领导的有机统一。国有企业党组织发挥领导核心和政治核心作用，归结到一点，就是把方向、管大局、保落实。要明确党组织在决策、执行、监督各环节的权责和工作方式，使党组织发挥作用组织化、制度化、具体化。要处理好党组织和其他治理主体的关系，明确权责边界，做到无缝衔接，形成各司其职、各负其责、协调运转、有效制衡的公司治理机制。

习近平强调，党和人民把国有资产交给企业领导人员经营管理，是莫大的信任。要加强对国有企业领导人员的党性教育、宗旨教育、警示教育，严明政治纪律和政治规矩，引导他们不断提高思想政治素质、增强党性修养，从思想深处拧紧螺丝。要突出监督重点，强化对关键岗位、重要人员特别是一把手的监督管理，完善“三重一大”决策监督机制，严格日常管理，整合监督力量，形成监督合力。

习近平指出，坚持全心全意依靠工人阶级的方针，是坚持党对国有企业领导的内在要求。要健全以职工代表大会为基本形式的民主管理制度，推进厂务公开、业务公开，落实职工群众知情权、参与权、表达权、监督权，充分调动工人阶级的积极性、主动性、创造性。企业在重大决策上要听取职工意见，涉及职工切身利益的重大问题必须经过职代会审议。要坚持和完善职工董事制度、职工监事制度，鼓励职工代表有序参与公司治理。

习近平强调，国有企业领导人员是党在经济领域的执政骨干，是治国理政复合型人才的重要来源，肩负着经营管理国有资产、实现保值增值的重要责任。国有企业领导人员必须做到对党忠诚、勇于创新、治企有方、兴企有为、清正廉洁。国有企业领导人员要坚定信念、任事担当，牢记自己的第一职责是为党工作，牢固树立政治意识、大局意识、核心意识、看齐意识，把爱党、忧党、兴党、护党落实到经营管理各项工作中。面对日趋激烈的国内外市场竞争，国有企业领导人员要迎难而上、开拓进取，带领广大干部职工开创企业发展新局面。

习近平指出，要坚持党管干部原则，保证党对干部人事工作的领导权和对重要干部的管理权，保证人选政治合格、作风过硬、廉洁不出问题。要让国有企业领导人员在工作一线摸爬滚打、锻炼成长，把在实践中成长起来的良将贤才及时选拔到国有企业领导岗位上来。对国有企业领导人员，既要从严管理，又要关心爱护，树立正向激励的鲜明导向，让他们放开手脚干事、甩开膀子创业。要大力宣传优秀国有企业领导人员的先进事迹和突出贡献，营造尊重企业家价值、鼓励企业家创新、发挥企业家作用的浓厚社会氛围。

习近平强调，全面从严治党要在国有企业落实落地，必须从基本组织、基本队伍、基本制度严起。要同步建立党的组织、动态调整组织设置。要把党员日常教育管理的基础性工作抓紧抓好。企业党组织“三会一课”要突出党性锻炼。要让支部成为团结群众的核心、教育党员的学校、攻坚克难的堡垒。要把思想政治工作作为企业党组织一项经常性、基础性工作来抓，把解决思想问题同解决实际问题结合起来，既讲道理，又办实事，多做得人心、暖人心、稳人心的工作。

习近平指出，各级党委要抓好国有企业党的建设，把党要管党、从严治党落到实处。地方各级党委要把国有企业党的建设纳入整体工作部署和党的建设总体规划。国有企业党委（党组）要履行主体责任。要加强国有企业党风廉政建设和反腐败工作，把纪律和规矩挺在前面，持之以恒落实中央八项规定精神，抓好巡视发现问题的整改，严肃查处侵吞国有资产、利益输送等问题。

习近平总书记讲话高屋建瓴、高瞻远瞩，具有很强的战略性、思想性、针对性，为做好新形势下国企党建工作指明了方向。作为国有企业党建工作者、党员干部必须要把思想和行动统一到总书记讲话精神上来，切实把国企党建各项任务落到实处。

但是现实中，许多同志对国有企业党建的理解还很片面。在笔者经历的一次党委巡察中，就遇到了这样的情况。

巡察入场，首先是召开动员大会。大会之后，将参加会议的同志留下来进行考试，主要考党的十九大精神、集团公司年度工作会议精神、油田形势任务等内容。

尽管动员大会之前，我们给参加会议的同志做了要求，也发放了相关参考资料。但是，考场纪律依然较差，出现了交头接耳、用手机查答案、相互传抄等现象。

会后，参与巡察的一位同志和我谈话，言归正传后第一句话就是："于书记，没想到你们单位党建工作这么差！"

我说："你工作刚进场，只开了个动员会，凭什么下这样的结论？"

他说："从考场纪律看，你们是我巡察几家单位中最差的。"

我说："对一个异常忙碌的基层生产经营单位，用书面考试这样的方式来衡量党建成效是片面的，也是不可取的。"

他说："考试内容不能顺利完成，说明你们的形势任务教育没有让员工做到入脑入心。该记住的内容就得记住。"

我说："那好。我考你一道试卷上的简答题。试卷中说，集团公司提出打造组织力提升工程，要做好'五抓五提升'，请问是哪'五抓五提升'？"

他说："这个、这个、我记不住具体内容……"

我觉得特别好笑！只考别人不考自己，这是什么？典型的官僚主义！

他说："那我考核你什么？"

我说："党建效果如何，应该先重点看看这个单位是否做到了'人安定、心温暖、事顺畅'！通过访谈，问问干部员工，这个单位队伍的稳定情况、大家是否感受到了组织的关心关爱、是否觉得办起事情来比以前简单了顺畅了。具体怎么衡量就是要抓住'起承转合'四个字。"（这部分内容会在书中做详细阐述。）

机关从事党建管理与考核的同志必须真正懂党建、熟悉基层的情况，否则就容易把经念歪，导致基层苦不堪言。

基层的同志同样也要懂党建，否则也会抓不到点子上。

笔者刚到运输处任党委书记那会儿，正是国际油价暴跌，油田钻井、作业等工作量锐减的时候，运输工作量也随之断崖式下滑，车辆、人员闲置。怎么把人员和设备盘活起来，怎么让干部员工转变观念走出去，既是摆在企业行政面前迫切需要解决的经营难题，也是摆在企业党组织面前的首要政治任务。为此，笔者首先想到的是率先垂范闯市场、斤斤计较抓效益，但自身的努力却带来了一些误解。个别同志认为党委书记亲自跑市场、抓经济效益分析是“揽权”，在他们看来，党委书记主要工作应该是带领大家学学上级文件、分析分析形势任务、做做家访、搞搞工会活动等。这种理念纯粹是对党建理解的片面化、表面化，没有深刻理解国有企业党建必须坚持服务生产经营不偏离，要把提高企业效益、增强企业竞争实力、实现国有资产保值增值作为国有企业党组织工作的出发点和落脚点，要以企业改革发展成果检验党组织的工作和战斗力。

工作中，也常见一些基层党组织陷入“事务主义”当中，只见树木不见森林，以党务代替了党建，以事务代替了思想，以具体代替了统筹，以现象代替了本质。从事党建工作的同志一定要弄清楚“党建”与“党务”之间的关系。**党建是一种系统思考和哲学思维，属于“战略”层级，偏重于谋划、统领和全局，抓的是主要矛盾，本质在于凝心聚力，核心是塑造信念、构建信仰，重点是做人心的工作；党务则是一种业务操作和工作规程，属于“战术”层级，它偏重务实、规范和方法，抓的是次要矛盾，本质在于过程纪要，核心是材料文本、痕迹管理，重点是做物态的事务**。党建与党务是辩证统一的关系，没有党建，党务就成了无本之木；没有党务，党建就没有了外在呈现，容易沦为口说无凭的主观主义。

实际操作中，党组织书记应该侧重研究党建、思考党建、抓好党建，解决怎样用党建统领全局工作、引领发展大局、调动各方积极性的问题；副书记应侧重发挥协助作用，既抓党建，又抓党务；委员们应侧重考虑推动党委或支部决策部署得以落实的方法途径，并形成相应的痕迹文本，亦即侧重做好党务，但也要树立“党建思维”，做好工作的谋划与思考。

二

方法论

方法对头，事半功倍；方法不对，事倍功半，甚至会产生反作用。党建工作点多面广战线长，更要讲究方法论，树立结构化的思维，删繁就简，去抓住事情的主要矛盾与矛盾的主要方面。尤其要坚持从战略高度审视和谋划党建工作，多谋长远之策，多行固本之举，从事关根本、基础、长远的问题上发力，强化对各项重点工作和重要方面的深入思考，准确把握基层党建工作的规律，积沙成塔，融会贯通，把零散的变为系统的，把感性的变为理性的，把抽象的变为具体的，让本单位党建工作越发具有科学性、系统性、适用性。

（一）什么是高质量党建

高质量党建引领高质量发展是当下国有企业党组织非常热门的讨论话题、研究课题、工作主题。高质量党建如何做到呢？我认为关键是要抓住“量”字做文章，以“量”保“质”成就最终的“高”。就是要重点做好“强壮正确前行的引领力量、激起快马加鞭的奋发能量、厚重政策举措的民心分量、提升产品服务的价值含量、增加多多益善的效益产量、扩展急需好用的人才数量、放大团结鼓劲的正声音量、创造志同道合的粉丝流量”这八篇文章，把党建工作的重点凸显出来，把党建与生产经营充分融合起来，把高质量发展的内生动力激发出来。

高质量党建要抓住“量”字做文章
——谈新时期国有企业党的建设

坚持党的领导、加强党的建设，是我国国有企业的光荣传统，是国有企业的“根”和“魂”，是我国国有企业的独特优势。随着我国经济发展转向高质量发展阶段，国有企业党的建设要求更高、任务更重、责任更大，唯有自身工作高质量才能引领和保证企业实现高质量发展。那高质量党建如何做到呢？关键是要抓住“量”字做文章，以“量”保“质”才能成就最终的“高”。

一、强壮正确前行的引领力量

大海航行靠舵手。在百年未有之大变局背景下，世界秩序和国际格局加速演变，各种不确定不稳定因素大幅增加，各种观点和力量激烈交锋。要在复杂环境下为企业行稳致远领航导航，企业党组织必须要正大思想、远大目标、宏大视野、强大组织。

1. 正大思想。有正确的思想才有正确的行动，有积极的思想才有积极的行动，有统一的思想才有统一的行动。中国共产党之所以能够历经艰难困苦而不断发展壮大，很重要的一个原因就是始终重视思想建党、理论强党，使全党始终保持统一的思想、坚定的意志、协调的行动、强大的战斗力。企业发展亦如此，党组织必须紧紧拧住思想建党的“总开关”，坚持用习近平新时代中国特色社会主义思想教育人，用党的理想信念凝聚人，用社会主义核心价值观培育人，用中华民族伟大复兴历史使命激励人，引导广大干部员工求真向善尚美，始终铭记正念、坚守正心、怀抱正义、坚走正道。

2. 远大目标。古人云：“求乎其上，得乎其中；求乎其中，得乎其下。”大目标能产生大压力，大压力能激发大动力，大动力能成就大事业。日本京瓷公司创业之初就提出“京瓷要放眼全球，向着世界的京瓷前进”，微软公司在1980年就提出“让每个家庭的桌上都有一台电脑”，阿里巴巴成立时就确立“让天下没有难做的生意”的使命……成功案例不胜枚举！企业党组织作为企业发展的领路者，就是要有雄心壮志，带领干部员工向高的攀、跟快的赛、与强的比，为企业确立起不同发展阶段的远大目标，让干部员工真真切切感受到企业前途光明、未来可期，从而聚焦目标，全力以赴。

3. 宏大视野。“不审天下之势，难应天下之务。”“不谋全局者不足谋一域。”身处全球化、信息化时代，万事万物普遍联系，企业角色在不停地转换，所处环境错综复杂。研究问题一定要有开阔的视野，要眼观六路、耳听八方，不仅要放眼世界、放眼未来，还要放眼一切方面。只有看得远、看得宽、看得广、看得多、看得细，且能把远的拉近看、小的放大看、散的集中看、多的分类看，从多维度、多角度、多层次、全方位立体系统地观察和分析问题，才能看全、看准、看清、看透问题的本质实质，提早、趁早、赶早发现各类风险隐患，准确把握事物发展规律，抓住稍纵即逝的发展机遇。

4. 强大组织。组织是党的力量得以产生的关键载体，组织力是检验党的感召力和战斗力的主要标准。正是依靠严密而强大的组织体系，我们党战胜了无数艰难险阻，取得了一个又一个胜利。企业党组织要成为坚强的战斗堡垒，就得以提升组织力为重点，抓政治功能发挥，提升政治引领力；抓制度完善与落实，提升工作覆盖力；抓群众工作，提升组织凝聚力；抓融入中心，提升发展推动力；抓纪律作风，提升廉洁自律力。尤其要从基本组织、基本队伍、基本制度严起，持续优化基层党组织设置与运行，选优配强基层领导班子和党组织书记，严格执行好“三会一课”等基本制度。

二、激起快马加鞭的奋发能量

良好的精神状态，是做好一切工作的重要前提。保持奋发有为的精神状态，是我们党披荆斩棘、所向披靡，不断推进伟大事业的活力源泉和重要法宝。当下市场竞争极其激烈，企业发展不进则退，慢进也是退。只有快马加鞭，才能夺得先机、赢得主动。企业党组织必须要能把广大干部员工“快马加鞭的奋发能量”激发出来。

1. 让有为者有位。选什么人、用什么人，是关键的风向标；奖励谁、惩罚谁，是重要的指挥棒。干事创业，企业需要的是在关键时候能豁得出、重大任务面前冲得上的“猛将”，需要的是在攻坚克难中闯关夺隘、攻城拔寨的“闯将”，需要的是在推进改革发展中敢于担当、狠抓落实的“干将”。干部干部，就要“干”字当头。党组织必须切实抓好干部的选拔任用，真正让“想干事的有机会，能干事的有舞台，会干事的有地位”，让那些安心做事、踏踏实实、勤政廉洁的干部有奔头、有前途。只有如此，才能引导广大干部把劲头用在干工作上，把精力用在谋发展上，把心思用在求实效上。

2. 让多劳者多得。天上不掉馅饼，劳动创造财富。企业点滴发展都是企业干部员工劳动效果累积和聚变的结果，推动企业快速发展就得鼓励干部员工多劳动多打“粮食”。1978年，食不果腹的安徽小岗村率先实行“农村家庭联产承包责任制”，第二年就实现了粮食大丰收，第一次向国家交了公粮。之后工厂普遍推行“计件工资”，极大解放了生产力。这些都是让多劳者多得的最好的例证。我们要尊重劳动，让勤勉工作蔚然成风，就应该给予每一位劳动者最善意的回馈，让他们真正感受到“劳动最光荣、劳动最崇高、劳动最伟大、劳动最美丽”的赞誉，拥有更多获得感和成就感。

3. 让实干者实惠。空谈误国，实干兴邦。习近平总书记指出：“实干是成就事业的必由之路。”实干的同志，他们的共同特点就是思想求实、作风扎实、工作踏实、为人诚实。他们勇于担当、敢于负责、作风正派、不争名利、不计得失。他们是企业不断前进的中流砥柱。不让“雷锋”吃亏，人人才想当雷锋。党组织就是要让付出者得到回报，让耕耘者得到收获，在政治上大力提拔重用那些默默无闻、埋头苦干的实干者，让埋头者更易出头。同时在生活上多关心他们，为他们提供好精神休整的“避风港”和物质补给的“加能站”，让实干者没有顾虑，更加大胆地冲在一线、攻坚克难。

4. 让吃苦者吃香。越是艰苦环境、吃劲岗位，越是困难大、矛盾多的地方，越能磨砺人的品质，考验人的毅力，增长人的才能。任何人想在工作中取得更大成绩都没有捷径可走，都必须勇于吃苦、不计辛苦、不怕清苦。“吃苦”是事业进步、个人成长的必经之路。党组织就是要鼓励大家愿吃苦、真吃苦、吃大苦，主动去啃硬骨头、做难事，挑重担、练本领。要把“吃苦”的导向树起来，就得让吃苦者吃香，大力选拔那些能吃苦、吃过苦、不叫苦的干部，把有潜力的人才放到必吃苦的岗位上和任务中历练，广泛宣传干部员工吃苦的故事，从物质和精神上关心关爱真吃苦的同志。

三、厚重政策举措的民心分量

治国有常，而利民为本。党的根基在人民、血脉在人民、力量在人民，人民是党执政兴国的最大底气。习近平总书记指出："我们党的一切政策，都要围绕合民意、惠民生来制定和落实。"加强企业党的建设，必须坚决贯彻好"坚持人民至上"的理念，顺应员工群众对美好生活的向往，努力实现好、维护好、发展好员工群众根本利益。

1. 细心看群众的"脸色"。习近平总书记说："群众拥护不拥护是我们检验工作的重要标准。党中央制定的政策好不好，要看乡亲们是哭还是笑。要是笑，就说明政策好。要是有人哭，我们就要注意，需要改正的就要改正，需要完善的就要完善。"员工群众最为朴实和直接，心里是怎么想的全写在脸上，脸色是他们喜怒哀乐的晴雨表、真实心声的风向标。企业党组织要让党员干部时常察看员工群众的脸色，当看到员工群众脸上笑容灿烂、满面春风，则说明我们工作还行，继续再接再厉；如看到员工脸上阴云密布、愁容满面，则要嘘寒问暖，及时疏导化解，改进工作方式方法。

2. 用心听群众的"声音"。"衙斋卧听萧萧竹，疑是民间疾苦声。"群众的一举一动都应该牵动着党员干部的感情。"知屋漏者在宇下，知政失者在草野。"党的路线方针政策，在基层执行得怎么样、效果好不好，群众最有发言权。企业党组织要大力畅通群众表达诉求的渠道，通过巡察督查、信访、领导接待日、公开信箱等方式，倾听民声；要让党员干部走下去、沉下去，和员工群众同吃同住同劳动，认真听取员工群众的意见和建议，主动接受群众评议，了解基层面临的实际问题、掌握群众的所思所愿所盼，从群众的呼声中听出责任和义务，找到优化政策措施的方向。

3. 热心求群众的"高招"。基层是最大的课堂，群众是最好的老师。谋划发展，最了解实际情况的，是员工群众；推动改革，最具首创精神的，也是员工群众。在《反对本本主义》一文中，毛泽东主席给那些"遇到困难问题，只是叹气，不能解决"的人开出药方："迈开你的两脚，到你的工作范围的各部分各地方去走走，学个孔夫子的‘每事问’。”面对各类发展难题，千计万计，群众路线是第一计；千难万难，问计群众就不难。企业党组织一定要相信高手在民间、智慧在民间，坚持问计于民，让群众大胆提意见、放开说想法，在集思广益、群策群力中，一定可以找到解决难题的“金钥匙”。

4. 真心谋群众的“福利”。中国共产党的根本立场和唯一宗旨就是全心全意为人民服务。发展为了人民、发展依靠人民、发展成果由人民共享，这是中国特色社会主义的本质要求，是社会主义制度优越性的集中体现，也是我们党坚持根本宗旨的必然选择。企业党组织要把为民造福作为工作的出发点和落脚点，牢记习近平总书记“民之所忧，我必念之；民之所盼，我必行之”的谆谆教导，多去想群众之所虑、急群众之所难、谋群众之所求，去办群众期盼的事，真正把关爱送到群众的心坎上，加大力度保障和改善民生，切实让群众感受到浓浓的组织温暖，享受越来越多发展的红利福利。

四、提升产品服务的价值含量

企业因社会需要而存在，并在市场竞争中优胜劣汰。面对持续的消费升级和日益激烈的市场竞争，企业要实现高质量发展就必须要不断升级迭代自己的产品和服务，提升其价值含量，才能在满足社会日益增长的文化和物质需要中争得一席之地。提升产品服务的价值含量，就得在“人无我有、人有我优、人优我特、人特我转”上下功夫。

1. 在“人无我有”上下功夫。物以稀为贵。企业在任何一个细分市场上如果拥有“人无我有”的产品与服务，就可以享有“垄断”带来的高额收益。当下的芯片产业就是如此，美国凭什么卡我们脖子，还赚得盆满钵满？就是因为在芯片领域，美国拥有大量“人无我有”的技术和产品。在激烈的国际竞争面前，在单边主义、保护主义上升的大背景下，在顾客更加注重体验感受和追求“新奇特”之时，企业发展要不被“卡脖子”，并能赢得发展先机与主动，就要在“人无我有”上多下功夫，大力提升自主创新能力，努力实现更多“从0到1”的突破，从而另辟蹊径打开新的发展天地。

2. 在“人有我优”上下功夫。不怕不识货，就怕货比货。在信息高度透明、网络销售平台比比皆是、公开招标采购已成常态的境况下，同类型的产品与服务，顾客选谁不选谁，看的就是综合性价比。在智能手机发展的初期，硬件配置的比拼充斥着整个行业。现如今，“人无我有”的硬件装备竞赛已经发展到了极致，或者说当高端硬件已经成为人人都配得起的物件时，智能手机的竞争又进入了“人有我优”的新境地。同样的硬件、同样的Android系统，但功能差异却非常大，销售情况也不同。其他非垄断性产品和服务也是如此，只有达到“人有我优”才能在竞争中有更多胜算。

3. 在“人优我特”上下功夫。当某类产品和服务进入成熟阶段，市场比拼的则是谁更专业、更权威、品牌更亮。如在群雄逐鹿的奶粉行业，飞鹤品牌坚守“更适合中国宝宝体质”的战略定位，专注做高端产品，实现了销量遥遥领先；市场门槛很低的榨菜行业，涪陵榨菜深耕细作，不断推陈出新，在人们心中树立了“榨菜界茅台”的形象，市场份额独占鳌头。这也说明，不管什么样的红海市场，只要做得出类拔萃，依然商机无限。所以，即使我们的产品和服务已经处在成熟市场，也不要放弃希望，可以在做精做专做特上再下一番苦功夫，完全可以从红海中辟出一片蓝海。

4. 在“人特我转”上下功夫。思路一变天地宽。产品与服务的生命周期，总是随着用户需求的不断更新和升级周而复始。对于处在衰退期的产品与服务，除了领先，跟随没有意义，必须另换赛道。通过商业模式、管理优化、跨界集成等创新，大可以让产品和服务重新焕发新机。诸如，大量传统企业通过互联网+的改造，让效率与市场倍增。有“非洲手机之王”之称的深圳传音科技，在国内手机界名不见经传，但却把已被主流市场淘汰的功能机在非洲市场做得风生水起，以相对较少的投入获取了更大的销量和利润。山重水复疑无路，换个思路，也许柳暗花明又一村。

五、增加多多益善的效益产量

国有企业是中国特色社会主义的重要物质基础和政治基础，是党执政兴国的重要支柱和依靠力量，是有着鲜明政治属性的市场主体。经济效益是做强做优做大国有企业的基础。但国有企业的属性也决定了我们在创造经济效益时必须同步履行好自身的政治责任和社会责任，要确保我们的经济效益取得是做到了安全环保、依法合规，体现了低碳节能。

1. 切实抓好安全环保。安全环保始终是企业发展的红线、底线、生命线。企业党组织要严格落实安全环保工作“党政同责、一岗双责”的要求，层层压实责任，切实抓好风险隐患的控制、规章制度的完善、设备设施的改进、人员素质的提升和安全文化的养成。尤其要关注重点岗位、重点环节、重点作业场所的安全环保教育与管理，切实把规章制度立起来严起来，大力强化岗位练兵，着力提升员工岗位素质，对出现的事故要严格落实“四不放过”原则，举一反三做好安全生产的监管和预防工作。同时，要督促行政在安全环保上舍得投入，该花的钱一分也不能少不能省。

2. 切实抓好低碳节能。低碳节能是企业高质量发展的内在要求，也是世界发展大势。企业党组织必须深入学习贯彻习近平生态文明思想，正确处理生产经营与低碳节能的关系、近期效益和企业可持续发展的关系，把低碳节能理念真正融入企业的发展战略、管理体系、日常经营活动和员工行为之中，带头模范遵守国家节能减排等方针政策和法律法规，坚决走好绿色低碳发展之路。要大力应用节能减排新技术新设备新工艺，积极采用光能、风能等清洁能源，坚决淘汰高耗能设备、高排放项目，动员干部员工从节约一滴水、一张纸、一度电做起，带动更多的人一起节能降碳。

3. 切实抓好依法合规。依法合规是保障一个社会有序运转、保障一个企业健康发展的基本准则。随着我国全面依法治国的持续推进，公平公正的市场竞争环境不断完善，法律法规既是依法合规经营企业的“护身符”，也是违法违规经营企业的“夺命符”。企业党组织必须高度重视企业依法合规经营，大力开展依法合规知识的宣传教育，切实提升全员依法合规经营意识，推动各项规章制度、标准和流程的完善和执行，强化内控、审计、纪检监察等相关工作，主动识别、规避日常经营中违法违规失信等风险，严格惩戒各种违法违规失信行为，全力为企业高质量发展保驾护航。

4. 切实抓好开源节流。企业效益哪里来？绕不开开源与节流两条路。企业党组织要从思想政治工作、激励机制、渠道建设等方面入手，鼓励干部员工积极开发新产品、新业务、新渠道、新市场、新客户，努力实现销售上量的扩增；要随行就市积极组织好生产，根据需要最快速度释放最大产能；要宣贯“节约一分钱、经营一元钱”的理念，让节约光荣的观念深入到每一位员工的心灵深处，养成处处精打细算节约的好习惯；要强化成本管控，集思广益优化各个管理环节，拿出具体的降本降费目标和措施，落实责任到部门、到岗位、到人头，切切实实把该降的成本降下来，该省的费用省下来。

六、扩展急需好用的人才数量

人才强则企业强，人才兴则企业兴。随着知识时代的到来，人们越发认识到人才资源是推进企业转型升级、做强做大的坚实基础和根本保障，是推动企业高质量发展的动力源泉和依靠力量。企业党组织必须主动担负起党管人才的职责，把人才强企摆到战略位置，切实做好人才的“生聚理用”，大力扩展企业急需好用的人才数量。

1. 构建持续系统的“生才”机制。培植好人才成长的沃土，人才根系才能发达，人才“幼苗”才能冒头，才会一茬接着一茬地长。企业党组织要秉持育人先于用人的理念，注重对人才成长的长期投资，切实制定好中长期人才发展规划，建立健全环境、事业、感情、待遇联动发力的留人机制，根据不同层次、不同类别人才特点，建立广覆盖、多层次、开放式的梯队人才培养体系，定期听取各类人才意见建议，及时破解人才发展制度性障碍，为人才成长搭台子、铺路子、架梯子，创造人才经风雨、见世面、长才干的实践历练机会，努力为各类人才成长进步提供良好条件和机会。

2. 构建灵活开放的“聚才”机制。人才是发展的第一资源，没有人才优势，就没有创新优势、发展优势。毫不夸张地讲，全球范围内的人才争夺战早就已经打响。习近平总书记强调要“聚天下英才而用之”。企业党组织必须顺应大势，树立强烈的人才意识，全方位寻觅人才、发现人才、举荐人才、团结人才。要树立国际视野和长远眼光，敢于采用市场化机制引进高端人才、急需人才，善于“筑巢引凤”“借鸡下蛋”“就地取材”，多维度发力解决制约汇聚人才的堵点难点问题，让人才进来更加便利，干事创业有舞台、有条件、有激情，用“定心丸”打造吸引人才的“磁力场”。

3. 构建精准有效的“理才”机制。要坚持激励与约束并重、严管和厚爱相结合，明确人才配套管理政策，建立完善以创新价值、能力、贡献为导向的人才评价考核体系。根据人才思想政治表现、工作业绩、科研成果、职责履行和服务基层等情况定期或不定期进行考核考评，促进其履职尽责、发挥作用。要聚焦提高人才价值创造能力，打破人才发展的“天花板”，全力为勇于创新敢于担当者撑腰鼓劲，让价值创造者得到足够回报，让勤奋敬业者安心本职工作，让碌碌无为者倍感压力，着力惩治淘汰老好人、太平官，把干部能上能下、人才能进能出、薪酬能多能少落到实处。

4. 构建人尽其能的“用才”机制。但凡人才，都有成就事业的渴望，最怕“英雄无用武之地”。越是高层次人才，越看重事业发展。党组织要树立人才以用为本的理念，积极为各类人才干事创业和实现价值提供机会和条件。要凭公心选贤任能，对有真才实学的优秀人才，要充分信任、放手使用，给位子、给票子、给荣誉。对人才中的怪才奇才，要用心呵护，不求全责备，尊重他们的个性特点，多一些包容宽容，用其所长。要统筹用好各类人才，既要重视高端领军人才，也要重视普通人才；既要重视青年人才培养选拔，也要注重老中青梯队搭配，力争岗得其人，人适其岗。

七、放大团结鼓劲的正声音量

如今人人都有麦克风，个个都是新闻发言人，信息能瞬间扩散，新闻爆点和重大舆情随时发生。在“众声喧哗”的舆论场中，人们的思想极易被扰动带偏，思想这个阵地，你不占领，别人就会占领。弘扬主旋律，人们思想就有了主心骨；传播正能量，企业发展就有了动力源。企业党组织必须坚持团结稳定鼓劲、正面宣传为主，全力放大正声音量。

1. 抓好宣传思想工作内容的“对”。正确的舆论可以引领社会、凝聚人心、推动发展，错误的舆论则会撕裂社会、搞乱人心、破坏发展。企业党组织必须始终把统一思想、凝聚力量作为宣传思想工作的中心环节，胸怀大局、把握大势、着眼大事，旗帜鲜明坚持正确政治方向、舆论导向、价值取向，从政治家办报、办台、办刊、办新闻网站的高度，坚持巩固壮大主流思想舆论阵地，弘扬主旋律，传播正能量。要严格落实宣传工作纪律和责任，对宣传选题、内容和各类外输资料严格审核把关，确保其讲政治、合规矩、不造假，体现党的意志、站稳人民立场、维护企业利益。

2. 抓好宣传思想工作阵地的“净”。随着网络技术的进步和人们互动往来的频繁，企业宣传思想工作的阵地持续扩大，包括了新闻、网络媒体、社团、出版物、讲座、论坛、研讨会、报告会、展览会、节庆活动，等等。这些都属于意识形态范畴，都是企业汇聚正能量、传递好声音的重要载体，但是如果某个地方疏于管控，就可能被不良信息攻入，造成重大负面舆情。所以，企业党组织要有强烈的风险意识，针对各宣传思想阵地特点，制定出具体管理措施和制度，层层落实好意识形态工作责任制，并建立健全舆情收集、研判、处置和回应机制，切实维护好各类意识形态阵地的安全。

3. 抓好宣传思想工作形式的“新”。传播有新意，传播内容才更有吸引力。当前，受众的生活方式、娱乐方式、接受信息方式都在发生深刻变化，受众更愿意关注那些令人感到耳目一新、别具一格、眼前一亮的信息。企业党组织要主动适应传播格局新变化、传媒技术新发展、媒体融合新趋势，以“主动、移动、互动”为抓手，以先进技术为支撑、内容建设为根本、观点表达为重点、机制创新为动力，主动求变，变中求新，积极采用微信、抖音、快手等新媒体新平台，积极探索可视化、形象化、立体式、沉浸式等宣传教育新模式，不断提升宣传教育工作的针对性、表现力和亲和力。

4. 抓好宣传思想工作发声的“准”。习近平总书记指出：“读者在哪里，受众在哪里，宣传报道的触角就要伸向哪里，宣传思想工作的着力点和落脚点就要放在哪里。”宣传思想工作必须要讲究一个“准”字。宣传主题要选准，只有围绕中心服务大局，工作才有针对性、实效性；发声的对象要选准，否则就是对牛弹琴，白白浪费时间与精力；发声地点要选准，哪里需要在哪发声，在哪个山头就唱哪支山歌；发声的时机时长要选准，舆论引导的时机要最佳，不滞后也不超前，既要达到宣传目的又不惹人烦；发声载体要选准，选择更为受众喜闻乐见的渠道发声。

八、创造志同道合的粉丝流量

新时代，社群经济、粉丝经济蓬勃发展，创业者、消费者越来越因共同的价值理念与喜好而走到了一起。从创业端看，一个好汉三个帮，需要一群志同道合的朋友；从消费端看，企业的目的是创造客户，客户越多企业发展空间越大。所以，政治上“要把我们的人搞得多多的”，经济上也要如此，创造更大的志同道合的粉丝流量。

1. 努力让客户轻易辨识“是我”。过去产品稀缺，“酒好不怕巷子深”。如今是买方市场而且社会上信息过载，“酒好也要吆喝卖”。受众的注意力是非常稀缺的，要使客户能够知道我们、认识我们、记住我们，才可能找我们合作、买我们的产品与服务。所以，企业党组织要用心研究设计企业的标识、理念、文化、产品包装等，着力在“与众不同”上做文章，打造让人“耳目一新”的企业门户网站、微信公众号、官方微博等传播媒介，常在主流媒体“高调发声”，让权威部门、意见领袖为我们的企业和产品背书，切实做好企业品牌的推广和维护，让企业形象树起来、亮起来。

2. 努力让客户坚定不移“选我”。在商品高度同质化的当下，客户的选择越来越趋向只选对的不选贵的。谁抢占了客户的心智，谁就会在客户的选择中获得更大的可能。怎么抢占客户的心智？关键是我们企业产品及服务的定位、特性、理念要与客户高度契合，再通过宣传“占据特性”“封杀品类”。如：消费者购买手机时，马上就会想到OPPO是“拍照很好的手机”，vivo是“音乐手机”，小米是“性价比很高的手机”，华为是“商务手机”，苹果是时尚手机；要买空调时就想起格力，要买冰箱时就想起海尔。我们要能给出客户选择我而不选择他人的充分理由！

3. 努力让客户发自内心"爱我"。现代营销学之父菲利普·科特勒曾研究发现，企业获得一个新客户的成本是维护一个老客户的5倍，流失率降低5%，利润就增长25%以上，客户留存的重要性不言而喻。所以，企业在积极创造新客户时，更要用力拴住老客户。吸收新客户也许可以靠理念、靠颜值，而拴住老客户，最终得靠好的用户体验。这也要求我们做一件事要像一件事，做一个产品或服务就做精它，做到极致。把工作、产品和服务做到极致，既是态度，也是能力，更是形象。当客户体验了我们的产品和服务后都说好，愿意成为回头客，成为企业粉丝的时候，企业发展必然势不可挡。

4. 努力让客户心甘情愿"挺我"。华为总裁任正非曾经说过一句话："谁来养活我们？只有客户。不为客户服务，我们就会饿死。"客户永远是企业生存发展的基础。为着长远的发展，我们需要一大批长期忠诚于企业的客户。将心比心,才能以心换心。企业要增强客户的黏性，就得把眼光放长远，不满足于当下的供给，要能秉持"帮助客户成功"的理念，寻求与客户建立更为密切的关系，全力用自身的能力帮助客户取得更好发展，努力和客户成为利益共同体。一旦我们与客户的关系变为"共生双赢"，客户忠诚企业也就理所当然，在面对挑战的时候，客户必然坚定不移"挺我"。

（二）
基层党建考核的标准

现实中，企业的党建考核工作条目特别多、内容非常细，至少都是几十个大项、上百个小项。上级考核工作量大、基层同样负担重。这种情况大家都心知肚明，但总难找到改进的良策。

2020年笔者在集团公司总部机关挂职，按集团领导为基层减负的指示精神，部门安排我牵头做好所在部门负责的党建考核项目的压减工作。在具体对接中，每一项内容都很难删减，似乎这项工作要让基层重视起来，就必须在具体考核中有所体现。最后只好在合并同类项上下功夫，大项看上去是少了，但具体条款一点没有减少。

当然，机关部门的想法也可以理解，考核毕竟是最重要的抓手。但每个部门都是如此，基层负担就非常重，尽管现在有了信息化手段来助力。

那如何让党建考核抓住主要矛盾，并让考核的要点易于记忆，就显得尤为关键。

我觉得党建工作和写文章的道理是一样的，完全可以类比。

企业党建工作就是一篇紧扣改革发展稳定和生产经营这个主题，以充分发挥企业党组织领导作用为主线，深刻表达“把方向、管大局、促落实”这一中心思想，由众人一起写就的“大文章”。大文章写得怎么样，重点要看“起承转合”，看是否做到**“起篇有势、承接有序、转折有法、合统有力”**。

起篇有势：就是看党组织能否带领干部员工把方向清晰的工作思路明起来、把好使管用的工作措施实起来、把志在必得的工作信心鼓起来、把战则必胜的工作决心强起来、把对标一流的工作导向树起来。思路清才能方向明，措施实才能效果好，信心强才能干劲足，决心大才能过难关，导向正才能风气好。

承接有序：就是看党组织能否带领干部员工承传石油石化好传统、承接方方面面严要求、承揽域内域外效益活、承担攻坚克难硬任务、承受深化改革新考验。有优秀文化传承、能从严管理、会创造效益、敢于担当实干、可经受深化改革考验的队伍无疑具备很强的凝聚力、执行力、战斗力、创造力。

转折有法：就是看党组织能否带领干部员工看清形势、适应趋势、发挥优势，切实走好转型发展之路。走好转型发展之路，就看能否转变干部员工的思想观念、转活体制机制、转化内部资源、转新产品结构、转强人才队伍。这几个“转”做好做到位了，就能说明我们面对发展的困难和挑战有办法，有能力、有水平。

合统有力：就是看党组织能否带领干部员工在企业内部形成一家人、一条心、一起干的氛围，能否把内外的各种资源聚合汇合统合起来，同时保证经营依法合规。也就是看企业在党组织的领导下，是否做到了班子合心、干群合力、上下合拍、内外合作、经营合规。

“起承转合”四个层面、各五个层次内容，基本涵盖了企业党建工作的重点和努力方向，通俗易懂，便于记忆。这既为企业党建考核提供了一个崭新的思路，也为加强企业党建工作指出了一条新的工作路径。

企业党建要抓住“起承转合”做文章

万物本源归一，诸事法理相通。做好企业党建工作和写好一篇大文章的道理是相似的。企业党建工作就是一篇紧扣改革发展稳定和生产经营这个主题，以充分发挥企业党组织领导作用为主线，深刻表达“把方向、管大局、保落实”这一中心思想的“大文章”。这篇“大文章”要写得生动、精彩、出色，就必须在“起承转合”上下足功夫，努力做到“起篇有势、承接有序、转折有法、合统有力”。

起篇有势

开篇关系全局，起跑决定全程。人们常说“万事开头难”，又说“好的开头等于成功了一半”。好文章大都开头就气势不凡，引人入胜，企业党建工作亦如此。每个年度伊始，都是今后党建工作崭新的起点、始点、源点，我们必须用心谋划、筹划、策划，为企业发展明方向、实举措、鼓信心、强决心、树导向，扎扎实实开好头、起好步。

1. 把方向清晰的工作思路明起来。思路决定出路。撰写文章的第一道工序就是谋篇布局，对文章的主题思想和结构形式进行谋划和设计，只有“纲举”才能“目张”。这也好比要盖一座漂亮的楼房，工程技术人员必须首先拿出设计方案，画出图纸，方可施工。只有“预见未来”，才能“遇见未来”。企业下一步往哪走，阶段性发展目标是什么，哪里是主攻方向，如何创造客户，等等，这些都是关系企业发展方向的大事。每年初，党组织必须要在调查研究、集思广益、群策群力的基础上，明确提出下一步发展的清晰思路，为企业发展画出前进的路线图，以引导干部员工万众一心朝着既定的目标和路线奋勇前进。

2. 把好使管用的工作措施实起来。“道虽迩，不行不至；事虽小，不为不成。”习近平总书记反复强调：“空谈误国，实干兴邦。”企业发展思路明确之后，关键要有实实在在的好使管用的举措，并将其付诸行动，否则再新再好的思路终究是水中月、镜中花。要让工作的措施实起来，必须坚持问题导向，坚持有什么问题就解决什么问题，什么问题难就重点解决什么问题，什么问题突出就着力攻克什么问题；必须拿出细致的运行计划表、敲定具体责任部门和责任人、给出尽可能量化的完成标准，让谁来干、怎么干、干到什么程度一目了然；必须为措施落实提供必备的条件和环境，必不可少的人力、物力、财力要能按时足额保质配备到位。

3. 把志在必得的工作信心鼓起来。“只要精神不滑坡，办法总比困难多。”事物发展不可能一帆风顺，成功的企业也总是伴随着一路的磕磕碰碰。当下，尽管市场竞争越发激烈、技术进步日新月异、不确定不稳定因素大幅攀升，企业面临着前所未有的经营与发展的压力，也面临着更多的发展机遇和更大的发展空间。此时，信心比黄金珍贵，信心就是预期，信心就是希望，信心就是力量。党组织就是要充分发挥思想政治工作优势，扎实开展好形势任务教育，灌输好革命乐观主义精神，为广大干部员工鼓劲加油，引导大家充分看到自身发展的能力和潜力，树立起志在必得的发展信心。信心至，泰山移！只要广大干部员工的发展信心都足了，企业就有了加快发展的磅礴力量。

4. 把战则必胜的工作决心强起来。决心是干事创业的基础。人们干事创业有了决心，就会专心一意地朝目标迈进；有了决心，就会有力争上游的魄力；有了决心，就会保持旺盛的斗志和奉献精神，不管遇到什么困难挫折，都会奋勇拼搏，勇往直前。《西游记》中的唐玄奘，开始去西天取经时，依靠的就是一马一钵一禅杖一袈裟，在决心和信念的指引下，义无反顾踏上前途未卜的西天取经之路，历经九九八十一难，最后修成正果。山再高，往上攀，总能登顶；路再远，往前走，定能到达。党组织要从思想上为大家补足精神之钙，树立起“不破楼兰终不还，不获全胜不收兵”的决心，对定下来的事情全力以赴、一抓到底，层层压实责任，事事明确要求，确保干一件事像一件事成一件事。

5. 把对标一流的工作导向树起来。有什么样的导向引领，就会有什么样的工作气象。古人云，取法于上得其中，取法于中得其下。在千帆竞发、百舸争流的时代，面对“不进则退、慢进也是退”的局面，前有“标兵”、后有“追兵”，如果不能树立追求高质量的工作导向，就会被“标兵”甩得越来越远，让“追兵”离得越来越近。党组织必须提高站位、高点定位，时时、处处、事事对标一流标准来要求，大张旗鼓地宣传标杆企业、表扬先进集体、奖励优秀典型，把矢志奋斗的标杆立起来，让干部员工能够“赶”有目标、“学”有榜样、“超”有方向，激发主动对标、积极超标、敢于立标意识，以形成你追我赶、力争上游、创造一流的良好氛围、工作状态和发展态势。

承接有序

文章讲究“过渡自然”“承上启下”，企业党建亦然！面对瞬息万变的发展环境、日益激烈的市场竞争和不断严格的外部监管，企业要保持健康平稳有序的发展，党组织必须能带领干部员工承传石油石化好传统、承接方方面面严要求、承揽域内域外效益活、承担攻坚克难硬任务、承受深化改革新考验。

1. 能承传石油石化好传统。以“苦干实干”“三老四严”为核心的石油精神，是石油石化人几十年来接力奋斗的文化积淀，是石油石化核心竞争力和独特文化优势的集中体现，是石油石化战线的立身之本、创业之魂，是激励石油石化人永远奋斗的强大精神动力。无论时代如何变化，“苦干实干”永远不会过时，“三老四严”永远不能放弃。面对当下极其艰巨的发展任务，就是要从石油石化好传统中汲取智慧和勇气，将其作为加强队伍建设的有力武器，对广大干部员工进行深刻有效的思想洗礼、灵魂净化、作风锤炼，引导大家以“有条件要上，没有条件创造条件也要上”“宁肯少活二十年，拼命也要拿下大油田”的拼搏精神，去破解一道又一道发展难题。

2. 能承接方方面面严要求。党的十八大以来，以习近平同志为核心的党中央坚定不移推进全面从严治党和全面依法治国，把严的要求贯穿管党治国的全过程，正风肃纪，建章立制，持续推进国家治理体系和治理能力现代化，为企业发展提供了越发公平的外部环境。安全、环保、质量、社保、税务、信用，等等，刚性约束的规范越来越多、问责追责的力度越来越大，检查督查的频次越来越密，靠关系打擦边球、搞变通、走后门再也不灵了。企业要健康可持续发展，必须顺应、适应、响应从严管理的大趋势，全面做好依法合规经营，这是正道、大道，也是唯一之道。企业党组织必须把方方面面的从严管理的要求认认真真、扎扎实实地承接好、宣贯好、落实好。

3. 能承揽域内域外效益活。企业没有效益就没有存在的价值。要把有效益的市场份额拿到手不仅要拼技术、设备、规模等硬能力，更要拼员工吃苦耐劳的干劲、小事干好的水平、处处寻优的头脑等软能力。提升这种软能力正是将国有企业党建优势转化为企业竞争优势的关键所在。具体来讲，就是要引导干部员工拿得下别人嫌脏嫌苦嫌累不愿干的活，吃得下常人吃不了的苦，吃苦者自然吃香；把单调平凡重复的小事用心干成专业，把简易的事干得尽善尽美，功到自然成；动脑筋把每件事干到最快最优最经济，以优化出效益、出大效益，积土终成山。

4. 能承担攻坚克难硬任务。敢于斗争、善于斗争，是共产党人鲜明的政治品格。在前进的道路上，有些“障碍”躲不开、绕不过、等不起，再牢的钉子也必须拔掉。党员干部作为各项工作的领导者、组织者，必须拿出“逢山开路、遇水架桥”的担当精神，敢碰“硬钉子”，敢啃“硬骨头”，敢于“打头阵”，成为攻坚克难的爆破手和排头兵；要能集思广益“谋”，深入开展调查研究，把问题摸清楚、把原因分析透、把症结找准确，聚合集体的智慧，以创新的思维、举措、机制，打好合围战；要能集中力量“攻”，集中精力、集中力量、集中时间，调动一切可以调动的力量打好歼灭战；要能坚持不懈“钉”，一锤接着一锤扎实敲，一环紧着一环认真拧，驰而不息，久久为功，打好持久战。

5. 能承受深化改革新考验。改革由问题倒逼而产生，是治疗企业肌体上各种疑难杂症的“手术刀”，是极大释放市场活力和员工创造力的“发动机”。改革也是一把双刃剑，可能会带来失败、引发不稳定事件等风险。如何保障企业改革蹄疾步稳推进，是党建工作的一项重要内容。党组织要善于引导干部员工站在全局高度，看大局、明大势，正确看待局部利益关系调整，形成推动深化改革的思想自觉和行动自觉；要切实把好改革方向关，突出问题导向和目标导向，抓好调查研究、民主决策、科学决策、精准施策，坚决避免发生方向性、颠覆性错误；要切实控制好改革的节奏，树立底线思维，解决好不同群体的利益诉求，努力寻求改革的最大公约数，确保队伍稳定、大局稳定。

转折有法

古人云："文似看山不喜平。"意思是写文章提倡结构不能平直、内容不能平常、语言不能平淡，好比观赏山峰，喜欢奇势迭出，最忌平坦。当下，企业发展处在跌宕起伏、瞬息万变的环境之下，工作想平铺直叙都不行，唯有持续转型一条路。转型这条路，能否走得过去，就看党建工作优势发挥得好不好，围绕"转"字下的功夫到不到家。

1. 在思想观念转变上下功夫。思想是行动的先导，有思想上的"破冰"，才会有行动上的"突围"。习近平总书记指出："发展理念是发展行动的先导，是管全局、管根本、管方向、管长远的东西，发展理念搞对了，目标任务就好定了，政策举措也就跟着好定了。"在瞬息万变的市场竞争中，理念领先始终是最重要的领先，观念滞后才是最致命的滞后。现在市场竞争的特点不是大吃小，而是快吃慢。应对市场竞争最怕的是思想观念上固步自封，停滞不前。企业党组织必须把转变干部员工思想观念作为一项重点工作来抓，不断灌输最新发展理念和思想，以带领干部员工彻底打开解放思想这个"总开关"，积极拥抱新事物，放开手脚往前闯。

2. 在体制机制转活上下功夫。企业经历一个成长阶段之后，可能会存在所谓的周而复始的大企业病，结构变得臃肿，条条框框越来越多，内耗越来越严重。因此，必须打破原有的体制机制束缚，以信息化、专业化、市场化为导向，以精干高效、管理科学为目标，重新构建与其规模及发展战略相适应的管理体制和运行机制，调整管理层级，优化业务流程，完善制度体系、绩效考核体系、收入分配体系、人才流动体系等，激发干部员工工作积极性和创新创效激情。随着内外部环境的不断变化，企业体制机制灵活顺畅永远是相对的，唯有哪里不顺就改哪里，才能努力保持组织效率最优化。

3. 在内部资源转化上下功夫。企业作为市场经济的主体，谋求产出最大化和利润最大化是其根本属性。企业所拥有的资源一旦闲置就是浪费。尤其是一些老企业，闲置的资源更多，挖潜的空间更大。保障国有资产保值增值，是国有企业党组织义不容辞的责任，必须想方设法将各种在手资源盘活用好，努力创造经济效益和社会效益。实际工作中，可以围绕“人、财、物、产、供、销、存”七大资源要素进行逐一分析，制定对策，努力做到人事匹配、人岗相宜、人尽其才，将每一分钱都用在刀刃上，力争资产利用率最大化，产能充分释放，材料供应及时到位，销售环节畅通，产品库存维持在较低水平。

4. 在产品结构转新上下功夫。市场总是瞬息万变，只有跟得上、贴得紧，提供满足客户需求的好产品和服务，才能在市场中拥有一席之地。党组织在企业的把方向作用，不仅体现在把好政治方向和改革方向上，也要体现在把好企业发展方向和经营方向上。党组织要引领干部员工牢固树立以市场需求为导向的经营理念，及时向市场提供适销对路的产品和服务；也要主动走进市场，联系客户，了解客户的真实想法和需求，了解市场发展的现状和态势，提出改进创新产品、升级完善服务等方面的措施办法，以跟上客户的需求变化，让党建真正成为企业贴紧市场、立足市场、扩大市场的“红色引擎”。

5. 在人才开发转强上下功夫。企业因人而起，无人则止。人永远是企业发展的根本因素。可谓人才兴则事业兴，人才强则企业强。党组织必须坚持党管人才原则，牢固树立“人才是第一资源”“没有人才、一切归零”理念，紧紧围绕企业发展战略，既立足当下又着眼长远，既遵循规律又创新突破，努力在创新机制中吸引人才、在创新实践中识别人才、在创新活动中培育人才、在创新事业中成就人才，切实做到寻觅人才求贤若渴，发现人才如获至宝，举荐人才不拘一格，使用人才各尽其能，想方设法把企业建设成为人才集聚之地、人才辈出之地、人才向往之地。要把我们的事业发展好，干一番大事业，就要有这种眼界、这种魄力、这种气度。

合统有力

写好企业党建这篇大文章靠众人之智与集体之力。文章能不能严格贯彻党的意志，始终围绕明确的主题、主线和中心思想，不偏题、不离题、不跑题，关键在于党组织能否强力有效地把众人的思想、体裁、文风整合、聚合、融合起来。这种合统之力取决于班子合心、干群合力、上下合拍、内外合作、经营合规的程度。

1. 着力抓好班子合心。领导班子始终是一个地方、一个单位落实上级组织决策部署、推动各项工作的“指挥部”“战斗部”，建设好强有力的领导班子是企业抓好改革发展稳定各项工作的关键。其中，领导班子坚持团结协作、增强整体合力更是衡量一个领导班子整体素质的重要标志，是领导班子建设的重要价值取向之一。同心山成玉，协力土变金。党组织必须坚持把干事业、促发展作为领导班子团结共事的共同基础，把民主集中制作为领导班子团结共事的组织原则，把培育团队精神作为领导班子团结共事的思想保证，把批评与自我批评作为领导班子团结共事的重要法宝，来强化和巩固班子团结、合力干事的良好局面，真正让团结成为实实在在的生产力。

2. 着力抓好干群合力。民意如水，可载可覆；民心如镜，可知可鉴。密切联系群众、保持与群众的血肉联系，干群心连心、同呼吸、共命运，始终是我们党立于不败之地的根基。党员干部必须牢固树立以人民为中心的思想，时刻心“忧”群众，切实通过一件件小事、实事、好事的办理，一项项便民、利民、惠民措施的推出，累积员工群众的信任，赢得员工群众的支持，增进同员工群众的感情。要深知“知屋漏者在宇下，知政失者在草野”。员工群众对政令得失、干部作风、发展需求感受最深刻、体会最清楚、反映最真实。破解发展难题，千计万计，群众路线是第一计。干部必须始终把问政于民、问需于民、问计于民，作为想问题、办事情、做决策的“源头活水”。

3.着力抓好上下合拍。“加强纪律性，革命无不胜。”我们党是用革命理想和铁的纪律组织起来的马克思主义政党。强化组织观念、严守组织纪律，既是回望走过的路得出的经验启示，也是必须践行的重大要求。习近平总书记深刻指出：“党面临的形势越复杂、肩负的任务越艰巨，就越要加强纪律建设，越要维护党的团结统一，确保全党统一意志、统一行动，步调一致前进。”加强纪律建设，形成上下合拍，令行禁止，力出一孔的局面就是强大的市场竞争力。工作中，必须坚决同那些有令不行有禁不止、搞上有政策下有对策、阳奉阴违、弄虚作假、造谣生事、不守规矩、低老坏等现象作坚决的斗争，始终坚持全局一盘棋，一张蓝图，一把尺子，一个步调，一以贯之，一抓到底。

4. 着力抓好内外合作。合则强、孤则弱。当前，社会化分工越来越细，彼此相互联系、相互依存，企业发展更讲协同协作、共享分享、共生互生，靠“跑单帮”、当“独行侠”成不了大气候。企业党组织要扛起开放合作的大旗，以海纳百川之心、博采众长之态和全球化的视野考虑企业价值链、供应链、产业链、生态链的发展，当好各种发展资源的“链接者”，在竞争中合作，在合作中竞争，将自身技术、装备、管理、人才、资金等优势资源转化为更大的市场份额和经济效益。同时，推动引进先进的管理、技术、资本、人才等资源，借力发展、借智转型，实现业务在合作中创新拓展、管理在改造中优化升级。

5. 着力抓好经营合规。“欲求木之长者，必固其根本；欲流之远者，必浚其泉源。”依法合规经营是企业赖以生存的根本，实现可持续发展的源头保证。伴随我国全面依法治国的不断推进，公平公正的市场竞争环境日趋完善，法律法规既是依法合规经营企业的“护身符”，也是违法违规经营企业的“夺命符”。党组织要高度重视企业依法合规经营，大力开展依法合规知识的宣传教育，切实提升全员依法合规经营意识，推动各项规章制度、标准和流程的完善和执行，强化安全、环保、财务、内控、审计、法律、纪检监察等相关工作职能的履行，主动识别评估规避日常经营中违法违规失信等风险，严格惩戒各种违法违规行为，切实为实现企业高质量发展保驾护航。

（本文发表于《石化人力资源管理》2020年第1期）

（三）
如何抓实基层党建

基层党建工作要抓实就得采取“靶向”工作法，精确“制导”，跟着需求走、追着问题去、奔着效果干，也就是要树立“需求导向、问题导向、效果导向”。

树立需求导向。国有企业是具有鲜明政治属性的市场主体，对党组织的需求无非来之于党、人民、经营、市场、发展这五个方面，也就是我们的工作得贯彻党的意志、谋求人民幸福、提升创效能力、满足市场需要、实现高质量发展，这些都是国有企业的本质属性，也是做好企业党建工作的立足点。对工作开展而言，就是要严格贯彻中央精神要求、积极回应员工群众渴求、牢牢贴紧生产经营需求、时刻跟上内外市场供求、用心研究企业发展追求。

树立问题导向。人类认识世界、改造世界的过程，就是一个发现问题、解决问题的过程。实践发展永无止境，矛盾运动永无止境，旧的问题解决了，又会产生新的问题。只有树立强烈的问题意识，才能实事求是地对待问题，才能找到引领时代进步的路标。增强问题意识符合马克思主义认识论和辩证法，是贯彻党的思想路线的具体体现。对企业党建来说，找准问题就得开展好岗位履职大检查、管理问题大盘查、安全风险大排查、干部作风大巡查、民情民意大调查。

树立效果导向。做任何事情，最终都要让效果说话。党建工作本质上是做人的工作，党组织“把方向、管大局、保落实”作用发挥得怎么样，关键还是要看有没有把人的积极性、主动性和创造性调动出来。把人的积极性、主动性和创造性调动出来，就得要围绕中心、服务大局，聚焦查到的问题、存在的问题、可能出现的问题使劲发力，以达到“出神、出策、出力、出效、出彩”的效果。

跟着需求走　追着问题去　奔着效果干
——不断提高国有企业党建工作科学化水平

坚持党的领导、加强党的建设，是国有企业的“根”和“魂”。尤其在当下，社会、企业发展正处在“快时代”，各种思潮激荡，各种矛盾凸显，新技术、新产品、新模式层出不穷，企业发展中处处充满着各种不确定性，更加迫切需要党组织发挥好领导和战斗堡垒作用，成为企业发展的“定盘星、指南针、磁力场、发动机、守护神”。但企业党建资源毕竟有限，要想最大限度地挖掘好、利用好企业的党建资源，最大程度地将党的政治优势转化为企业的发展优势，企业党建工作必须采取“靶向”工作法，精确“制导”，以集中力量、集中精神、集中火力，抓重点、抓关键、抓要害，也就是必须要“跟着需求走、追着问题去、奔着效果干”。

一、跟着需求走，就是要准确把握一个“求”字，深刻理解国企的政治与经济双重属性，定准工作立足点

国有企业是我国国民经济的支柱，是我们党执政的重要物质基础，也是社会主义精神文明建设的重要阵地，是有着鲜明政治属性的市场主体。贯彻党的意志、谋求人民幸福、提升创效能力、满足市场需要、实现高质量发展，都是国有企业的本质属性，是我们党两个文明建设一起抓的长期战略方针，也是做好企业党建工作的立足点。

1. 必须严格贯彻中央精神要求。党的领导是中国特色社会主义最本质特征和最大优势，也是党的建设的根本原则，国有企业必须率先垂范，理直气壮、旗帜鲜明、毫不含糊地保证党的领导在企业全面落实。必须抓实抓好用习近平新时代中国特色社会主义思想武装头脑这一党的建设根本任务，坚决维护习近平总书记党中央的核心、全党的核心地位，坚决维护党中央权威和集中统一领导，切实做到党中央提倡的坚决响应，党中央决定的坚决执行，党中央禁止的坚决不做，自觉把爱党、忧党、兴党、护党落实到企业经营管理等各项工作中去。要通过加强和改进企业党的建设，最广泛地把干部员工组织起来、动员起来、团结起来，引导干部员工听党话、跟党走，自觉接受党的领导，把党的决策部署不折不扣地落到实处，使国有企业真正成为党和国家最可信赖的依靠力量。

2. 必须积极回应员工群众渴求。让人民群众满意是我们党做好一切工作的价值取向和根本标准。在任何时候、任何情况下，与人民同呼吸、共命运的立场不能变，全心全意为人民服务的宗旨不能忘，群众是真正英雄的历史唯物主义观点不能丢。“血肉联系”喊在嘴上群众不信，“鱼水情深”做个样子群众不认，联系群众是“掏心窝子”的事，要的是实打实、心碰心。企业党建工作必须牢牢树立群众观点，把人民群众“拥护不拥护”“赞成不赞成”“高兴不高兴”“答应不答应”作为想问题办事情做决策的出发点和落脚点。坚持问政于民，工作始终围绕群众转，把根深深扎在群众之中，确保各项政策暖人心、合民意；坚持问需于民，想群众之所想，急群众之所急，解群众之所难，认真解决好关系群众切身利益的问题；坚持问计于民，深入群众搞调查研究，聚集群众大智慧。

3. 必须牢牢贴紧生产经营需求。生产经营是企业的中心任务，党建是完成这一任务的有力保障，党建工作的成效要靠生产经营具体成果来检验。一些人错误地认为，党建工作是虚功，生产经营是硬指标，两者是平行线。其实，两者是互相依存、互相促进的关系。党建工作离开生产经营这个中心任务，将成纸上谈兵、坐而论道。生产经营离开党建工作这个生命线，将是无源之水、无本之木。因此，在抓党建工作时，要坚决克服就工作抓工作的思维定式，自觉把完成生产经营任务、提高企业发展质量和效益、提高企业核心竞争力作为共同目标、共同责任、共同追求，准确把握生产经营对党建工作的需求，牢固树立“先有融入、后有作为，唯有融入、才能作为”意识，把服务中心、助推中心、保障中心作为党建工作的出发点和落脚点，努力推动党的建设与中心工作互促、共进、双赢。

4. 必须时刻跟上内外市场供求。企业是因市场需要而存在，并以营利为目的进行生产经营活动，向社会提供商品和服务的经济组织。没有市场一切都是空中楼阁。然而市场总是瞬息万变，只有跟得上、贴得紧，才能拿得下。企业党建要努力将党的先进性与企业的盈利性充分地结合起来，努力用党建引领市场发展，让党建成为企业贴紧市场、立足市场、扩大市场的“红色引擎”。通过主动走进市场，联系客户，及时了解员工、产品、服务在客户那里的具体情况，了解客户的真实想法和需求，了解市场发展的现状和态势。针对了解的情况，提出真正有利于企业产品的改进创新、服务的升级完善、成本的降低优化、竞争能力的提升、市场空间的拓展等方方面面的意见与建议、措施与办法，将干部员工的观念思路和市场供求一致起来、将自身能力、实力、特点、特色、优势和市场供求一致起来。

5. 必须用心研究企业发展追求。方向涉及根本、关系全局、决定长远。党的领导第一位的就是举旗定向。国有企业作为共和国的长子，既要承担经济责任，也要承担政治责任，还要承担社会责任。企业发展到底要追求什么样的发展？如何在承担责任中发展，在发展中更好地履行责任？如何实现员工价值、企业利益和社会效益三者综合效应的最大化？这些都是企业党建需要用心研究的重大课题。企业党建必须站在对党负责、对人民负责、对历史负责的高度，研究并适时提出企业发展的最新使命、愿景、价值观，让组织发展有方向，让员工成长有奔头。一个企业，只有在共同使命、愿景、价值观的牵引下，才能打造出所属人员一起成长的“我们的企业”“我们的单位”，也激励着每一名干部员工高度自觉地为之奋斗。这样，团队的凝聚力和战斗力就会增强，组织建设就会更加高效。

二、追着问题去，就是要紧紧抓住一个“查”字，全面掌握企业运行中方方面面的情况，找准工作切入点

底数清才能方向明，找准问题才能对症下药。习近平总书记指出“问题是创新的起点，也是创新的动力源”“调查研究是谋事之基、成事之道”。做好新时代国有企业党建工作也必须坚持问题导向，大兴调查研究之风，坚持有什么问题就解决什么问题，什么问题难就重点解决什么问题，什么问题突出就着力攻克什么问题。

1. 开展好岗位履职大检查。事业发展，关键在人。如何做到人事

匹配、人岗相宜、人尽其才、才尽其用？这是企业人力资源管理的重要岗位职责，也是党建思想政治工作一个极其重要的课题。通过员工岗位履职情况大检查，让员工写实自己的工作内容、工作成效、工作量，畅谈岗位感受、履职需求，我们可以进一步辨识企业岗位设置的合理性、必要性如何，选人用人的导向性、公正性如何，激励约束机制的科学性、有效性如何，岗位技能培训的针对性、实用性如何，思想政治工作的亲和力、感染力如何，等等。针对发现的情况，持续完善相关配套机制和措施，通过竞争、考核、一人一事的思想政治工作、典型选树等手段，将合适的人才放到合适的岗位上，并着力灌输好“岗位靠竞争、收入凭贡献、有为才有位、有位必有为”的理念，进一步调动好员工工作的积极性、主动性、创造性。

2. 开展好管理问题大盘查。加强管理是企业的永恒主题。有效保障企业的生产经营高效有序运转，防范经营风险，是企业党政共同的责任。开展管理问题大盘查就是要从上到下、从头到尾、从里到外对企业进行体检，看看企业从战略到决策、从决策到执行的程序是否严谨规范、流程是否简洁顺畅、信息是否真实有效、制度是否完备管用、效果是否符合预期；系统诊断一下人财物产供销六大要素管理情况，计划、组织、指挥、协调、控制五项职能发挥情况。针对盘查出的问题，给出对策，进一步抓好管理环节的衔接、规章制度的优化、工作效率的提升、经营风险的防控，推进各项工作规范化、流程化、制度化、信息化建设，及时完善制度、修正办法、精简流程，以形成大家能够甩开膀子、迈开步子，简简单单、顺顺当当工作的氛围，以释放出企业最大的创新创造创效活力。

3. 开展好安全风险大排查。习近平总书记明确提出，“落实安全生产责任制，要党政同责、一岗双责、齐抓共管、失职追责”。企业党组织主动抓安全生产不仅是保一方平安的政治任务，也是义不容辞的工作职责。其中，加强安全风险排查是促进安全生产主体责任和监督管理责任落实的有效途径，也是建立安全生产长效机制，超前预防生产安全事故的重要手段。安全风险大排查必须本着查找问题、消除隐患的理念，注重实效，对重点区域、设施、设备、环节、措施、制度、资料、人员进行逐一排查，做到横向到边、纵向到底，全覆盖，不留死角、不留盲区、不留漏洞、不走过场、不打折扣。通过排查进一步掌握、梳理、分析企业存在的安全隐患和薄弱环节，研究制定从源头解决的方法和办法，并明确责任人，落实整改时间，从根本上消除各类安全隐患，杜绝各类生产安全事故的发生。

4. 开展好干部作风大巡查。巡查工作是考察干部的显微镜，下情上达的直通车，反腐倡廉的监督哨，党内的保健医生。党的十八大以来，经过持之以恒纠正“四风”，党风政风为之一新，党心民心为之一振，形成了推动改革发展的磅礴合力。但干部作风建设永远在路上，我们必须始终保持驰而不息狠抓作风的高压态势。开展干部作风大巡查，就是要通过个别谈话、查阅资料、现场走访、审计、信访等方式，及时发现干部队伍中存在的问题。坚持有错必纠、有责必问，对主管工作重视不够、抓得不紧的，有思想、作风、纪律等方面苗头性、倾向性问题的，要及时约谈提醒、诫勉批评；对不认真履行职责的，该调整的调整、该处理的处理；对问题严重、违法违纪的快查快处，绝不姑息迁就；也要为勇担当、敢负责、善作为的干部鼓劲加油，以努力营造出风清气正、干事创业的浓厚氛围。

5. 开展好民情民意大调查。知屋漏者在宇下，知政失者在草野。开展民意调查是了解民意、反映民情、凝聚民心的重要渠道，是企业想问题、办事情、做决策的“源头活水”，是防止和纠正工作偏差、减少和避免工作失误的“参照坐标”，也是检验干部民主作风、胸襟气度的“重要标尺”。开展民情民意大调查就是要以蹲点调研、集中座谈、个别交流、问卷、信箱、网络聊天、信访等各种形式，全方位多角度倾听方方面面的情况与诉求，问政于民、问需于民、问计于民。尤其要让领导干部走进基层一线、走进员工家庭，与员工坐在一起，进行面对面、心贴心、实打实的交流，真实了解员工群众在想什么、盼什么、愁什么，难在哪里、忧在何处，最需要企业干什么，以及对工作有什么金点子、好建议。通过民情民意调查让党员干部感受到责任和义务、受到鞭策和警戒、找到差距和努力方向。

三、奔着效果干，就是要时时联系一个“出”字，想方设法为企业高质量发展强根铸魂，选准工作着力点

结合国有企业政治与经济双重属性，针对查摆的问题，企业党建急需作为，也大有可为。但党建工作涉及面广，涉及内容多，眉毛胡子一把抓不行，东一榔头西一棒更不行，必须抓到点子上。要抓到点子上，就必须强化结果导向，切实围绕中心、服务大局，着力在“出神、出策、出力、出效、出彩”上下功夫。

1. 着力在“出神”上下功夫。这个“神”就是队伍的精气神。“只要精神不滑坡，办法总比困难多。”身心健康、工作专注、斗志昂扬、充满活力的精气神，是一个人也是一个团队干好事业的强大内生动力。提振队伍精气神要从“补精、益气、提神”这个根本入手。补精，就是要点燃理想之火，让员工对自己的事业始终保持一种锲而不舍、持之以恒的炽热追求，始终保持一种奋发向上、不甘落后的燃烧激情。益气，就是不断为员工鼓劲加油，带领队伍朝着既定的目标，在矛盾、困难和挑战面前不犹豫、不动摇、不退缩，始终保持一种百折不挠、前仆后继的如虹气势。提神，就是聚精会神，在实际工作中始终保持一种风风火火、雷厉风行的工作状态，始终保持一种精神抖擞、目光专注的精神风貌。精气神不是相互孤立的，而是相互滋生、相互助长的，我们要把精气神作为一个整体来提振。

2. 着力在“出策”上下功夫。这个“策”就是为企业发展出谋划策、建言献策、把好决策。俗话说“三个臭皮匠，顶个诸葛亮”“千难万难，充分发动群众就不难”。工作中，我们要善于依靠群众、发动群众、组织群众，围绕企业发展中的突出问题、紧迫问题、难点问题、关键问题，一起开动脑筋，集思广益、群策群力，共思发展之计，共谋发展之策，充分让大家思维在相互碰撞中不断产生智慧的火花，以找到更多更好破解难题的“金钥匙”。挑选这些“金钥匙”，党组织要充分用好民主集中制，量中求质，多中选优，把好决策的“方向关”“程序关”“议论关”“拍板关”。对关系长远、风险偏大的问题，应当反复斟酌，周密权衡；对时效性比较强的突发性问题，要审时度势，当机立断，果断决策；对科技含量较高的重大问题，要善于借助“外脑”科学决策。

3. 着力在“出力”上下功夫。这个“力”就是团队的执行力、战斗力、创造力。“一分部署，九分落实；三分战略、七分执行。”发展思路和目标确定之后，执行就是决定因素。党建工作要充分发挥考核的“指挥棒”“风向标”的作用，把健全完善员工考核评价机制作为推动工作最有力的杠杆，推动“闲人找事做、懒人变勤快、能人跳更高”；要充分发挥思想政治工作的独特优势，善于用发展的目标来统一团队的思想，善于用团结的力量来推进具体工作，引导大家互帮互助，同舟共济，协力攻坚，努力形成“一家人、一条心、一起干”的浓厚氛围；鼓励干部员工以火一样的激情和“时不我待，舍我其谁”的干劲，去做别人没有做过的事，去走前人没有走过的路，带领大家从“惯例”中走出来，从“框框”中跳出来，以新知识、新视野、新理念解决新问题、开拓新局面、实现新发展。

4. 着力在“出效”上下功夫。这个“效”就是工作的效率、效益、效果。要以干部作风建设为抓手，有效解决存在的办事拖拉、推诿扯皮、不担当不作为、慢作为乱作为等现象；积极推进企业信息化、智能化建设，大力应用先进设备，着力打通所有信息孤岛，大力提升企业办公自动化、生产自动化水平；积极推进管理流程优化，打通“中梗阻”，压减管理层级，精简业务链条；着力引导大家都来当“账房先生”，千方百计降本减费、想方设法挖潜增效、全力以赴增收增效，真正做到经营一元钱、节约一分钱；着力推进产品创新、技术创新、服务创新和商业模式创新力度，统筹和优化资源要素配置，提升创新创效水平；引导一切工作向善作善成、善始善终、尽善尽美聚焦，把成绩晒在阳光下，晾干效率、效益提升中的水分，使之成为真正有利于企业健康发展，经得起群众、实践和历史检验的成果。

5. 着力在“出彩”上下功夫。这个“彩”就是讲好精彩故事、提炼精彩经验、选树精彩人物。在当下信息爆炸、众声喧哗的年代，酒香也怕巷子深。党建工作必须要有阵地意识，要能打造出独具特色、时效性强、经验鲜活的“看点”“亮点”与“先进典型”，及时发出单位的好声音、强声音、大声音，抢占宣传舆论工作的制高点，牢牢把握思想引领的主导权，形成并放大单位的品牌效应。工作中，党建工作者要学会“边干边吆喝”，及时去发现并讲好身边精彩故事，用精彩故事感染员工、获取外界价值认同，为企业凝聚发展正能量；对工作中的新思路、新做法、新措施要能及时总结归纳提炼，形成可借鉴、可复制、可推广的鲜活经验，不断提升企业的影响力；对工作中涌现的先进典型，要能及时选树、宣传，发挥好榜样示范作用，努力营造出学习先进、争当先进、赶超先进的浓厚氛围。

（本文发表于《石化人力资源管理》2019年第1期）

（四）
党建内容如何分类

“一生二，二生三，三生万物。”企业基层党建工作尽管内容多、涉及面广、具体要求高，但依然可以合并同类项，按照“日常性、基础性的党建工作，阶段性、专题性的党建工作，长期性、系统性的党建工作”划分为三大类，分别可称之为**“常态”**工作、**“动态”**工作、**“状态”**工作。

“常态”工作：就是要立足“有条有理”，做到工作有安排、有落实、有记录。这些日常性、基础性工作关键是要及时开展、不能遗漏，在做好常规任务分解落实的同时，一旦接到上级最新的具体任务，要及时添加到工作清单中，落实到具体的责任人。

“动态”工作：就是要立足“有声有色”，做到工作有载体、有特点、有声音。重点在“放大自己单位的特点与优点、解决生产经营的重点与难点、展现富有成效的看点与亮点”上下功夫，关键在于因地制宜创新工作方式方法、形成不同凡响的效果。

“状态”工作：就是要立足“有型有势”，做到工作有典型、有经验、有氛围。重点要围绕“人安定、心温暖、事顺畅”，坚持党管干部、党管人才的原则，用好思想政治工作这个传家宝，切实把全面从严治党的要求落到实处，着力营造风清、气正、劲足的氛围。

匹配党建资源　打造党建优势
——以“常态、动态、状态”为区分

基层党建内容多、涉及面广、具体要求高，不同单位、不同时间节点、不同环境下的党建工作内容、重点、目标又都不一样。眉毛胡子一

把抓不行，东一榔头西一棒更不行，必须要讲逻辑、按条理、分层次，应以“面上覆盖、点上突破、质上提高”为工作思路，以“常态、动态、状态”为内容区分，建立起条块清晰、层次合理、力量匹配的科学工作体系，这样抓党建才能要点不丢、重点突出、亮点闪现。

一、抓好“常态”工作。所谓“常态”工作就是指必须要做的日常性、基础性的党建工作。对待这些工作，应该立足“有条有理”，做到工作有安排、有落实、有记录

党的建设包括政治、思想、组织、作风、制度、纪律等多项内容，每项内容都有严格的具体的要求。其中，三会一课、党员发展、干部考核、民主评议、专题组织生活会等都是必须不折不扣完成的规定动作，制度完善、群团建设、信访稳定、廉政建设、民主管理等都是必须结合实际年年有创新的固定项目。这些工作，耳熟能详，有章可循，甚至是按部就班的，关键是不能遗漏，不能落空，还要能接地气、出效果。

1. 列出必做内容不遗漏。2017年中国石化集团公司基层党支部建设工作会议报告中高度概括了基层党建的主要任务就是“抓班子、带队伍、强三基、保稳定、促发展”。我们可以对照这五项任务，将党章要求的、制度规定的、上级安排的所有基层党建日常工作、考核内容罗列出来，归归类，并结合单位实际，认真谋划，拿出每项内容的工作计划，经党委会、支部大会、党员大会等讨论，拿出一张详细的全年党建工作运行大表。有了这张运行大表，基层党建日常工作内容、措施、目标、时间节点、责任主体一目了然，以此更可以进一步规范统一基础资料、工作职责和工作流程，这也为基层党建工作标准化运行提供了保证。

2. 逐条分解责任到人头。习近平总书记指出“不明确责任，不落实责任，不追究责任，从严治党是做不到的”。非常可喜的是在“两学一做”学习教育中，基层党组织都依据主体责任和领导班子成员“一岗双责”的要求，建立了党组织和班子成员抓党建的岗位责任清单，清单中对各级党组织和其领导班子成员抓党建的责任有了详细而具体的规定。我们把列出的大表发放到各位领导手中，由其对照责任清单认领其应负责的具体工作内容，并由其进一步完善工作条目的内容，一道在大表上注明。对没有认领的由党组织研究指定，对涉及责任人较多的内容条目经研究指定主要负责人，这样就确保了党建日常工作责任的分解落实。

3. 及时提醒督导抓落实。作为企业，大家的主要精力用于生产经营，会在不知不觉中将党建与生产经营割裂开来，使党建工作常处于说起来重要，忙起来不要的境况。党建的资料常出现不完善、不及时、不主动填报；一些计划中开展的党建活动被一推再推，甚至被遗忘或变成了走过场；党建责任落实中遇到的困难和发现的问题，常得不到及时反馈，得不到及时解决。这就需要党群工作部门与专职党群工作人员负起责任，建立定期和不定期检查提醒的工作机制，及时收集情况、及时督导，推动我们的党员干部种好责任田，也促使党员干部在日常工作中主动结合党建要求，将党建工作与生产经营任务一同谋划、一道部署、一起落实。

二、抓好“动态”工作。所谓“动态”工作就是指重点要干的阶段性、专题性的党建工作。对待这些工作，应该立足“有声有色”，做到工作有载体、有特点、有声音

党建工作每个阶段有每个阶段的主题和重点。如：中央先后开展的党的群众路线教育实践活动、“三严三实”专题教育、“两学一做”学习教育都是那个阶段每个单位党建工作的重点。这些普遍开展、重点要做、媒体聚焦的工作，由于单位的性质不同、工作载体不同，容易形成亮点。如果形成亮点，不仅可以以点带面推动单位党建工作水平的整体提升，还可以提升单位的品牌形象。所以，阶段性、专题性的党建工

作，我们必须集中精力、结合实际、着力做好。

1. 着力放大自己单位的特点与优点。在一个竞争激烈的市场上，不管是谁想要锥立囊中，突出自己，都要先确立自己的长板（优势），这是你能够被人认识的首要条件。党建工作要形成品牌影响力，也要用好“长板理论”，要抓住自己单位的特点、优点做文章，将党建工作与单位的竞争优势打造相结合，努力把单位的特点放大打造为特长、把优点放大转化成优势，这也将反过来更加凸显党建在企业发展中的政治优势。如：油田科研单位，它的特点和优点集中在技术创新能力强和高水平人才聚集上，党建就要围绕打造油田增储上产的“杀手锏”技术和培养油田发展急需的高精尖人才，重点发力，工作才能有的放矢、效果倍增。

2. 着力解决生产经营的重点与难点。习近平总书记强调，国有企业党建工作要坚持服务生产经营不偏离，把提高企业效益、增强企业竞争实力、实现国有资产保值增值作为党组织工作的出发点和落脚点，以企业改革发展成果检验党组织的工作和战斗力。“围绕中心、服务大局”始终是基层党建的政治使命；同时，有为才能有位，基层党组织能否发挥三个作用，就看我们能否团结带领干部员工啃下生产经营中的硬骨头、打开创新发展的新局面。基层党建也只有置身于企业生产经营管理、改革发展稳定的第一线，急生产经营之所急，想生产经营之所想，当先锋、打头阵，逢山开路、遇河搭桥、攻城拔寨，才能体现出党的先进性。

3. 着力展现富有成效的看点与亮点。舆论历来是影响单位发展的重要力量。在当下信息爆炸、众声喧哗的年代，酒香也怕巷子深，党建工作必须要有阵地意识，要能打造出独具特色、时效性强、经验鲜活的“看点”和“亮点”，及时发出单位的好声音、强声音、大声音，才能抢占宣传舆论工作的制高点，牢牢把握思想引领的主导权，形成并放大单位的品牌效应。所以，我们对工作中的新思路、新做法要能及时总结归纳提炼，形成可复制的经验；对工作中涌现的先进典型要能及时选树，形成引领发展的榜样，以宣传促进党建、以党建带动宣传，主动去赢得外界的认可、干部员工的认同，从而更好地激发党建工作的活力。

三、抓好“状态”工作。所谓“状态”工作就是指久久为功的长期性、系统性的党建工作。对待这些工作，应该立足“有型有势”，做到工作有典型、有经验、有氛围

看一个单位党建工作好坏，最为关键的指标应该看它班子是否团结有力、队伍是否稳定和谐、经营是否安全有序。这些都是一个单位的状态，这些状态出现了问题，你说在党建上做了多少工作、取得多少成效，都苍白无力。所以，基层党建工作任何时候就要把打造和维护单位良好状态作为工作的重中之重，时刻要去琢磨思考，想方设法把大家的积极性、主动性、创造性保护好、调动好、发挥好。

1. 在体现“人安定”上下“实”功夫。要坚持党管干部、党管人才的原则，努力探索新形势下干部队伍建设和人才队伍建设的规律，不断创新工作的思路和方法，党政一起把员工的岗位设对、把人才用活，让人与事相匹配、人与岗相适宜，人与人相和谐，实现人尽其才、才尽其用。通过单位业务梳理、人才个性分析、岗位需求调查，结合职能调整、岗位交流、项目组合，让单位所有的事，都有合适的人去做、去管；让所有的人，都做与其能力素质相匹配的事、合适的事，同时强化员工之间的相互理解、相互支持、相互配合，体现“1+1>2”的协同效应，最大限度盘活现有人才资源，努力形成企业发展与个人成长的双赢局面。

2. 在体现“心热乎”上做“深”文章。要发挥思想政治工作的优势，努力解决员工最关心、最直接、最现实的利益问题，让员工得实惠、普受惠、长受惠，从而实现聚人心、暖人心、得人心。在政治上关心员工，让大家有说话的地方、有倾诉的空间、有展示的渠道，使有为者有位、让吃苦的人吃香。在工作上营造“鼓励创新、宽容失败”的氛围，引导大家以百折不挠的韧劲、奋发有为的干劲、敢闯敢试的拼劲将各项工作不断向前推进。生活上尊老爱幼、扶贫帮困、知寒问暖，让职工感受到自己真正被组织关心和理解，从而提升对企业的归属感和幸福感，努力在单位上下形成浓浓的开心工作、安心工作、用心工作的氛围。

3. 在体现“事顺畅”上从“严”要求。要切实把全面从严治党的要求落到实处，坚持“一把尺子量到底”，立规矩、定底线、亮红线，以严的标准要求干部、严的措施管理干部、严的纪律约束干部。围绕生产经营中心工作，坚持问题导向，全方位、多角度、多层面强化服务、监督和保障职能，抓好管理环节的衔接、规章制度的优化、工作效率的提升、经营风险的防控，推进各项工作规范化、流程化、制度化、信息化建设，及时改进制度、修正办法、精简程序，以形成风清气正的干事创业氛围，让大家能够甩开膀子、迈开步子，简简单单、顺顺当当、痛痛快快地工作，力求发挥出每一名员工最大的创新创造创效能力。

（本文发表于《石化人力资源管理》2017年第3期）

（五）
党组织书记如何履职

基层党建强不强，关键看“头羊”。企业各级党组织书记作为基层党建工作第一责任人，会不会抓党建，能不能抓好党建，不仅是一个政治担当的问题、工作能力的问题，也是一个方法逻辑问题。身处改革发展的主战场、保持稳定的第一线、服务群众的最前沿，基层党建工作事无巨细。党组织书记要不打乱仗，切实履行好从严治党的主体责任，就得抓主要矛盾和矛盾的主要方面，用心把工作关键点找出来，立足点、串成线、展到面。这些工作关键点在哪？有哪些呢？归纳起来就是**“分调析理、说学斗唱”**这八个字，具体讲就是**“分任务、调干部、析问题、理秩序、说道理、学知识、斗歪风、唱和谐”**。

分任务：就是要根据上级下达的各项指标和工作任务，做好“工作分工、指标分解、薪酬分配”。科学调整组织结构、岗位设置、班子分工，让专业的人干专业的事；合理分解各项工作指标，既不鞭打快牛，也让大家感受到压力，能够跳起来摘桃子；同时用薪酬分配这个“指挥棒”，去激发干部员工创新创造创业的热情。

调干部：就是要坚持党管干部原则，努力把干部用对用好，让高喊跟我上的人扛旗、让大呼我要上的人冲锋、让敢说我能上的人兴奋。安排那些想带队伍也会带队伍的干部当队长，负责团队建设；给那些想表现想展示的干部冲锋陷阵的机会，在火线识别干部；想方设法把有本事、能干事、有想法的干部积极性调动起来。

析问题：就是坚持对历史负责、对当下负责、对未来负责的态度，分析解决历史遗留问题不能躲、分析解决当下紧要问题不能拖、分析解决重大潜在问题不能忘。新官要理旧账，尽快趁早解决历史遗留问题，越早越快可能成本越低；当下的问题要立马解决，小问题不能拖成大问题；对潜在的风险必须分析防范到位。

理秩序：就是要切实抓好安全生产、抓好合法经营、抓好内部协同，努力从根本上消除各类安全隐患、消除违规违纪违法经营风险、消除各种内斗内耗，确保企业经营始终处在安全、合法、高效的运转状态。这是企业可持续高质量发展的大局，是行政管理的重点任务，也是党组织书记稳定一方义不容辞的政治责任。

说道理：就是要理直气壮讲好大道理、入情入理讲好小道理、与时俱进讲好新道理。大道理必须大讲特讲，这是立场问题；小道理必须说到群众心坎上，良言热语才能叩开心扉，真情才能赢得真心；新道理必须会讲，不说过时的、老掉牙的话。通过把情况说清楚、把道理说明白、把听众说感动，才能赢得方方面面的支持。

学知识：就是要高度重视学习、善于进行学习，通过学习成为理念上的领先者、方法上的革新者、战略上的谋划者。让自己的理念能够跟得上时代的步伐，成为指引员工群众前进的思想灯塔；能够摆脱思维定式，创造性地提出发展的新思路新方案新举措；能够以开阔的视野，及时正确指出企业发展路径、提出企业重点战略任务。

斗歪风：就是要能够举一反三、不厌其烦，敢抓敢管、真抓真管、严抓严管、常抓常管，拔烂树、正歪树、治病树，必须坚决把以“低老坏、宽松软、慵懒散”现象为代表的坏风气斗下去，以维护企业拼搏进取的干事创业氛围。好风气和坏风气总是相伴而生，单位风气好与坏就看是东风压倒西风还是西风压倒东风。

唱和谐：就是要有大和谐的概念，努力搭建员工之间的连心桥、与客户之间的友谊桥、与对手之间的合作桥，集众智登高望远，合群力聚沙成塔。企业内部，需要凝心聚力、握指成拳，切切实实把大家的心连到一块、粘在一起，做到一家人、一条心、一起干；在企业外部，同样要能广交朋友，当好资源的“链接者”。

分调析理　说学斗唱
——企业基层单位党委书记履职关键字

企业基层单位党委书记，身处改革发展的主战场、保持稳定的第一线、服务群众的最前沿，工作承上启下，事无巨细，要切实发挥好“把方向、管大局、保落实”作用，眉毛胡子一把抓不行，东一榔头西一棒更不行，必须要讲逻辑、按条理、抓关键，立足点、串成线、展到面。这些关键点有哪些呢？归纳起来就是“分调析理、说学斗唱”这八个字，具体讲就是“分任务、调干部、析问题、理秩序、说道理、学知识、斗歪风、唱和谐”。把这些点做好了，扩展了，就可以把基层党建工作连线成面，带动企业各项事业的发展。

分任务

一支竹篙难渡汪洋海，众人划桨开大船。基层单位就如一艘航行在大海上朝指定目标前进的大船，党委书记就是船长。显然，要让大船快速平稳航向目的地必须依靠团队的力量，依靠船员们高水平、高质量、高效率的分工与协作。要实现高水平、高质量、高效率的分工与协作，船长必须着力在“工作分工、指标分解、薪酬分配”上下功夫。

1. 着力在工作分工上下功夫。管理的首要任务就是工作分工。从专业角度讲，让专业的人干专业的事，理所当然；从经营角度讲，最合理的是多少人就干多少事，多少事就用多少人；从能力角度讲，岗位工作范围尽可能在能力边界之内。工作分工涉及组织架构、管理流程、岗位设置、人事匹配，等等，这些都是企业的重大事项，是党委书记必须参与和主抓的事项。如何做好工作分工？前提无疑是知人晓事。就是要把单位的人与事都搞得很清楚，熟悉每件事的专业性质、工作内容与难易程度，熟悉队伍的年龄结构、专业结构等。在熟悉的基础上，按照科学的方法将业务分门别类划分整合，持续优化企业组织架构、管理流程和人员组合，以形成分工更合理、配合更流畅、运转更高效的工作系统。

2. 着力在指标分解上下功夫。指标是对任务的定性与量化，是衡量部门和岗位业绩的具体尺度。指标分解的好，不仅能体现出千斤重担众人挑，还能激励大家都跳起来摘桃子；分解的不好，则会引发多方怨言，甚至造成快牛被打失去斗志、慢牛躺下来玩的被动局面。但在企业中由于部门业务和岗位职责千差万别，纵向比相对容易，横向比相对困难，想让总指标绝对均衡公平地分解到部门和岗位几乎不可能，唯有尽可能合理。因此，从带好队伍的角度看，党委书记必须高度重视指标分解工作，应该以数据和事实说话，综合考量过去和现在环境的发展和变化，以及企业和各部门、各岗位的实际状况，本着实事求是、量力而行、适度加压的原则，上下充分沟通、左右反复结合，尽可能让方方面面都满意。

3. 着力在薪酬分配上下功夫。薪酬是对员工承担具体工作任务能力的认可，是对其辛勤付出的一种回报，也承载了员工对于未来工作的一种预期。华为创始人任正非讲："企业管理最难的工作是如何分钱""钱给多了，不是人才也变成了人才"。在任正非看来，好的利益分配机制才是企业持续发展的动力。话说的虽然有点绝对，但华为的成功无疑有力论证了薪酬分配就是企业最有效、最给力、最管用的"指挥棒"。作为党委书记要想在单位引导形成任务面前"员工想干、愿干、积极干、你追我赶"的生动局面，就必须把薪酬分配这个"指挥棒"用好，切实推动薪酬分配向创效单位倾斜、向生产一线倾斜、向关键要害岗位倾斜、向付出多贡献大员工倾斜，让多劳多效者多得、实干苦干者实惠。

调干部

毛泽东说："领导者的责任，归结起来，主要地是出主意、用干部两件事。"邓小平说："我的抓法就是抓头头，抓方针。"出主意，就是抓方针；用干部，就是抓头头。抓住了这两条，也就抓住了做领导的根本。工作任务分解后，能不能完成，完成的成效如何，干部是决定的因素。党委书记必须坚持党管干部原则，努力把干部用对用好。

1. 让高喊"跟我上"的人扛旗。"人不率则不从，身不先则不信。"党员干部带头冲在前、干在先，是我们党走向成功的关键。革命战争年代，喊一声“跟我上”和吼一声“给我上”，一字之差、天壤之别。高喊“跟我上”，是需要底气和豪气的。这种底气和豪气，是源于坚定的理想信念和坚强的党性修养。越是挑战多困难大的时候，越需要那些敢于动真碰硬、善于改革创新、长于协调不同利益诉求的干部。党委书记作为干部管理工作的第一责任人，就是要强化选人用人的政治标准，坚决换下那些畏首畏尾、碌碌无为、四平八稳的干部，大力选拔那些政治品行过硬、能够驾驭全局、敢抓敢管敢担当的“狮子型”干部当队长，让这样的干部去带领团队、引导员工们奋发向前，大胆试、大胆闯。

2. 让大呼“我要上”的人冲锋。习近平总书记指出：“担当大小，体现着干部的胸怀、勇气、格调，有多大的担当才能干多大的事业。”党员干部主动担当作为怎么体现？一个重要方面，就是看他困难面前敢不敢迎难而上、矛盾面前敢不敢主动化解、歪风面前敢不敢坚决斗争、失误面前敢不敢承担责任、“老大难”问题敢不敢突破。当下的市场竞争异常残酷，企业发展需要一大批有激情、想干事、会干事、干成事而又不出事的干部。党委书记就是要推动单位建立差距明显的薪酬激励机制、力度空前的岗位晋升和淘汰机制，给予那些锐意进取、敢于冲锋、主动作为的干部更多的成长机会，让他们站排头、当先锋、打头阵、攻难关，以此激发整个团队发出“嗷嗷叫”的声音。

3. 让敢说“我能上”的人兴奋。干事创业，首要是状态，关键在状态。良好的精神状态，是做好一切工作的前提。有些干部工作不在状态，不是能力不行而是动力不足，或者是用错了位置，有劲使不出来。作为党委书记，必须牢固树立“人人都是人才，人人皆可成才”的理念，想方设法从思想上、机制上去引导激励干部主动担当作为。要能与每名干部深入地交流，了解他们的想法，解除他们的困惑，尤其要能为想干事、敢干事的干部撑腰鼓劲、主持公道，让“辛苦”的干部不“心苦”；要进一步健全干部成长培养机制、业绩考核评价机制、岗位交流机制，树立能力加业绩用人导向，按照人事匹配、人岗相宜的原则去使用干部，让有本事、能干事的干部都兴奋起来，成为主动干事、高效干事的骨干。

析问题

矛盾无处不有，问题无处不在，发展的过程就是一个不断解决矛盾和问题的过程。是否具有强烈的问题意识，是衡量领导干部思想作风、工作标准、领导方法的重要标志。问题有的显而易见，有的深藏于复杂的表象之中，有的则通过别的形式反映出来。党委书记推动工作的能力如何，关键要看其洞察问题、分析问题、解决问题的水平。

1. 分析解决历史遗留问题不能躲。所谓历史遗留问题，是指在以往的工作中，因各种因素制约而未能得到及时解决的问题。这些问题年久日长，时过境迁，错综复杂，处理起来往往牵一发而动全身，故人们都称其为“老大难”或“棘手问题”。领导干部把历史留下的问题处理好，既是责任所系、义务所在，是领导能力、工作业绩的体现，也是高尚品德和宽广胸怀的体现，更可以抽丝剥茧厘清问题的来龙去脉，发现工作中的漏洞和短板，发现工作的科学规律，吸取一些经验和教训，为当下和将来工作提供有益的启示。所以，党委书记面对历史遗留问题不仅不能躲，更应主动作为，以“钉钉子”的精神推动问题逐一解决，并举一反三，堵塞漏洞、消除盲点、补齐短板，让企业卸下包袱，轻装前行。

2. 分析解决当下紧要问题不能拖。当下紧要问题对企业发展往往影响最直接、表现最明显、群众最关注。如果紧要问题得不到及时解决，小问题会变成大问题，新问题会变成老问题，容易解决的问题会变成棘手的难题，而且问题会越积越多，导致恶性循环。所以，党委书记必须要有当下紧要问题当下解决的意识，坚持有什么问题就解决什么问题，什么问题难就重点解决什么问题，什么问题突出就着力攻克什么问题。为了更好地发现问题和找到解决问题的方法，党委书记更要经常去基层一线开展调查研究，问政于民、问需于民、问计于民，和干部群众一起把需要攻坚克难的硬骨头找出来，把需要闯的难关、需要蹚的险滩标出来，把苗头性、倾向性的问题列出来，并找准根源，对症下药，协力攻克。

3. 分析解决重大潜在问题不能忘。人无远虑，必有近忧。重大潜在问题就是未来可能会出现，且一旦出现后就会产生比较大影响与危害的问题。潜在问题由于发生在未来，又隐藏在事物背后，不那么容易看出，而且它又不在决策的直接目标范围之内，因此极易被人们所忽视，从而给企业未来发展带来风险。党委书记作为企业发展的第一责任人，为官一任就要造福一方，既要对现实负责，也要对历史负责，更要对未来负责，工作中必须要始终树立风险意识，注意重大潜在问题的研究，通过信息积累、思维分析、逻辑推理、可行性论证等科学程序和手段，积极探寻和发现事物发展的规律，科学预见形势发展走向和隐藏其中的风险挑战，提前采取有力有效措施，强基固本，打好化解未来风险的主动仗。

理秩序

利莫大于治，害莫大于乱。企业内部运行稳定有序，是企业发展最基本的条件。尤其在市场竞争空前激烈的当下，两军对垒，最怕是自乱阵脚。企业要赢得竞争，首先要把内部的堡垒巩固好，秩序理顺，确保企业经营始终处在安全、合法、高效的运转状态。这是企业发展的大局，是行政管理的重点任务，也是党委书记义不容辞的政治责任。

1. 切实抓好安全生产。道路千万条，安全第一条。安全生产任何时候都是企业的头等大事。忽视安全抓生产似火中取栗，不顾安全求效益如水中捞月。习近平总书记明确提出，“落实安全生产责任制，要党政同责、一岗双责、齐抓共管、失职追责”。党委书记必须清楚自己也是企业安全生产的第一责任人。工作中，抓安全生产要当仁不让、冲锋在前，以斩钉截铁的态度、敢于担当的真诚，履行好安全生产监管职责，紧紧盯住安全生产中的热点、痛点、难点、堵点，着眼全员、基础和持久化，采取强有力措施，下重手、用猛药、打组合拳，“甘当铁匠硬碰硬，不做瓦匠和稀泥”，切实强化全员安全意识，堵塞安全漏洞，建立长效机制，努力从根本上消除各类安全隐患，杜绝安全生产事故的发生。

2. 切实抓好合法经营。“欲求木之长者，必固其根本；欲流之远者，必浚其泉源。”依法合规经营是企业赖以生存的根本，实现可持续发展的源头保证。伴随我国全面依法治国建设的不断推进，公平公正的市场竞争环境日趋完善，法律法规既是依法合规经营企业的“护身符”，也是违法违规经营企业的“夺命符”。党委书记必须高度重视企业依法合规经营问题，大力开展依法合规知识的教育和宣传，切实提升全员依法合规经营意识，推动确保依法合规经营的各项规章制度、标准和流程的完善和执行，强化安全、环保、财务、内控、审计、法律、纪检监察等相关工作职能的履行，主动识别评估规避日常经营中违法违规风险，严格惩戒各种违法违规行为，为实现企业高质量发展保好驾护好航。

3. 切实抓好内部协同。“相互补台，好戏连台；相互拆台，立马垮台。”企业整体运行效能、效率、效果完全取决于内部各部门、各岗位、各工序之间协同配合的程度。那如何让企业内部各部门、各岗位、各工序之间做到高效协同呢？作为党委书记重点要在“立规矩、定规则、讲规范”上出实招，在“党政合心、干群合力、上下合拍”上做文章，在“结构优化、流程再造、制度完善”上下功夫，以形成企业整体一盘棋。在班子成员中常沟通、勤商量、多交心，相互尊重、理解、支持，坚持落实好民主集中制；在部门协作上多调研、真统筹、严要求，本着企业利益最大化原则及时重整部门并明确责权利；在管理流程上主动去疏通堵点、接续断点、减少节点；在具体操作上，重点从制度层面解决问题。

说道理

美国前总统克林顿有句名言："口才就是领导力。"也有人说，基层工作一半靠做、一半靠说。做是给人以模范，说是给人以启迪。党委书记作为做思想政治工作的"专业人士"，"说"是基本功，要能对上、对内、对外把情况说清楚、把道理说明白、把听众说感动，以赢得方方面面的支持和尊敬，为企业各项工作的开展铺路搭桥。

1. 理直气壮讲好大道理。什么是大道理？大道理就是揭示社会发展规律、规范人们基本行为的道理。从一定意义上说，大道理是信仰、根基、灵魂。"不闻大论，则志不宏；不听至言，则心不固。"人们只有用大道理武装头脑，才会自觉按照社会发展规律的要求，顺历史潮流而动；才会明白人生的价值，自觉将自己融入党和人民的事业之中；才会在错综复杂的形势和各种考验面前立定脚跟、涵养定力，正确把握人生之舵。尤其在信息爆炸的当下，各种思想相互激荡、各种文化相互交融、各种观念相互碰撞，鱼龙混杂、泥沙俱下。党委书记作为企业意识形态工作的第一责任人，更必须挺身而出，代表党和组织发出正义正确正面的大声音、高声音、强声音，引导、指导、主导人们的价值理念和行为。

2. 入情入理讲好小道理。小道理，是与大道理相比较而言的，一般泛指与局部的、个体的切身利益密切相关的道理。如果说大道理讲的是全局，那么小道理讲的就是局部；大道理强调长远利益和眼前利益的统一，小道理则偏重于眼前利益。不可否认，现实中大部分同志更关心眼前利益与切身感受。所以，党委书记在理直气壮讲好大道理的基础上，必须得设身处地，切中肯綮，多讲讲看得见摸得着、富有人情味的小道理，才能让员工敞开心扉，愿意接受你的观点。要讲好小道理，关键要把员工当亲人，多做换位思考，多包容体谅，多说知心话，真真切切去想员工之所虑、急员工之所难、谋员工之所求，多办员工期盼的事，多定员工想要的政策，把关爱送到员工的心坎上，让员工感受到浓浓的温暖。

3. 与时俱进讲好新道理。所谓新道理，就是指客观反映事物新变化规律的观念和理念、思想和思路、看法和办法。“凡益之道，与时偕行。”在科技进步日新月异的今天，5G、大数据、云计算、区块链、智能制造等新概念新产品新模式风起云涌。企业如果不及时更新思想观念，身子进了新时代，脑袋还停留于旧社会，新方法不会用，老办法不管用，势必踩不准发展的鼓点，跟不上时代的节奏。为了事业的发展，党委书记必须及时跟进学习了解新的知识、理念、方法等，并将新道理及时传递给广大干部员工，带领大家解放思想，转换脑筋，及时从“惯例”中走出来，从“框框”中跳出来，树立与时代和实践发展相适应的发展思维，以新知识、新视野、新理念解决新问题、开拓新局面、推动新发展。

学知识

高度重视学习、善于进行学习，是领导干部健康成长、提高素质、增强本领、不断进步的重要途径。领导干部的学习水平，在很大程度上决定着其工作能力和领导水平。党委书记作为单位发展的掌舵人，要认清发展大势、把握发展规律、统领发展全局、创造发展业绩，更要通过学习成为理念上的领先者、方法上的革新者、战略上的谋划者。

1. 成为理念上的领先者。机遇偏爱有准备的头脑，成功眷顾识时务的豪杰。习近平总书记指出：“发展理念是发展行动的先导，是管全局、管根本、管方向、管长远的东西……发展理念搞对了，目标任务就好定了，政策举措也就跟着好定了。”在瞬息万变的市场竞争中，理念领先是最重要的领先，观念滞后是最致命的滞后。现在市场竞争的特点不是大吃小，而是快吃慢。应对市场竞争必须早谋划、早应对、早行动，才能赢得主动、占得先机。最怕的是固步自封，停滞不前。谁能在一次次大机会、大变革中，拥抱变化，奋发作为，谁就能成为真正的领先者，甚至是领导者。所以，党委书记必须紧跟时代步伐，与时俱进学习前沿的理论、技术、工具等新知识，并及时更新自己的观念理念，以在顺应大势趋势中抓住发展机遇。

2. 成为方法上的革新者。创新是发展的第一驱动力。马克思说：“任何领域内的发展不可能不否定自己从前的存在形式。”新物种不断否定旧物种才有生命的发展；新的社会形态不断否定旧的社会形态，才有社会的进步。习近平总书记强调：“惟改革者进，惟创新者强，惟改革创新者胜。”墨守成规、因循守旧或者照搬照抄别人的经验，永远只能跟着别人的步伐走，永远不能做出突出的成绩。党委书记通过学习就是要开阔眼界，反观自省，博采众长，摆脱思维定式，大胆突破传统观念和方法的束缚，善于根据工作中的新情况、新问题，革故鼎新，创造性地提出改革的新思路、新方案，拿出新招数、新举措，采用新方法、走出新路子，去破解工作难题、打开发展僵局，赢得工作的主动权、主导权。

3. 成为战略上的谋划者。战略谋划是企业发展的灵魂，是方向性的大事。习近平总书记特别强调：“战略问题是一个政党、一个国家的根本性问题。战略上判断得准确，战略上谋划得科学，战略上赢得主动，党和人民事业就大有希望。”党委书记作为把方向管大局的人，必须高度重视战略谋划。要能通过学习，提高站位，以开阔的视野、敏锐的观察、深邃的思考，准确把握具有全局性、长远性和根本性的重大问题，抓住主体性、重点性、紧要性工作，认真规划、策划、计划企业今后的发展。要能弄清楚企业将重点发展什么，从哪里入手，工作先干什么、再干什么，业务上保哪些、放弃哪些，工作上施什么政策、用什么策略，及时修正企业发展愿景，指出企业发展路径、提出企业重点战略任务。

斗歪风

一个单位战斗力强不强，关键看这个单位风气如何。好的风气可以鼓舞士气、催生朝气、形成勇气。但好风气和坏风气总是相伴而生，单位风气好与坏就看是东风压倒西风还是西风压倒东风。党委书记作为单位作风建设第一责任人，让好风气占上风是职责之所在，必须坚决把以“低老坏、宽松软、慵懒散”现象为代表的坏风气斗下去。

1. 坚决和“低老坏”现象作斗争。“低老坏”是“低标准、老毛病、坏习惯”的简称。反思企业发生的大大小小安全生产责任事故，绝大多数和“低老坏”有关，一些低级错误甚至是一犯再犯。为什么“低老坏”现象屡禁不绝呢？关键是标准不高、处罚不狠、教育不够。企业必须要让管理的标准跟得上企业的发展，多用硬杠杠把低水平的东西挡在门外；对那些屡次再犯的要加重处罚，罚得让其心痛，让其留下“一朝被蛇咬，十年怕井绳”的记忆；对员工的教育更要做到常态化，尤其对一些老问题，要举一反三、不厌其烦，反复讲讲反复。党委书记重点要从思想和制度层面去剖析解决“低老坏”现象，发现一个问题就盯住解决一个问题，用制度把漏洞堵起来，用婆婆嘴绷紧员工遵章守纪的弦。

2. 坚决和“宽松软”现象作斗争。“宽松软”就是“严紧硬”的反义词。俗话说：“取法乎上，仅得其中；取法乎中，仅得其下。”作风建设就是如此，你一直坚持高标准严要求，队伍就能保持风清气正；反之，一旦放松要求、降低标准，队伍很快就会纪律松弛、人心涣散。党的十八大以来，以习近平同志为核心的党中央以踏石留印、抓铁有痕的决心和力度深入推进全面从严治党，形成了反腐败斗争压倒性态势，党心民心为之一振，党风政风为之一新。事实再次告诉我们，党风的变化是抓出来的，政风的好转是管出来的。所以，党委书记要带出队伍好作风，就必须坚持“严紧硬”，以上率下，做到敢抓敢管、真抓真管、严抓严管、常抓常管，严格把细致、精致、极致的标准贯穿于每项工作的每个环节。

3. 坚决和“慵懒散”现象作斗争。“慵懒散”就是“平庸、懒惰、散漫”的代名词。“慵”主要表现为：安于现状、因循守旧、按部就班、不愿尽责、不思进取，遇到问题绕道走，碰到矛盾就上交；“懒”主要表现为：不想干事、不作为、慢作为、办事拖拉、推诿扯皮、敷衍塞责、效率低下；“散”主要表现为：有令不行、有禁不止、我行我素、作风粗暴、态度冷硬、自由散漫。这些“慵懒散”现象得不到及时整治，那些“南郭先生”“撞钟先生”“好好先生”就会大行其道，就会出现“劣币驱逐良币”，从而败坏整个队伍的风气，贻误企业发展。党委书记在整治“慵懒散”问题上必须旗帜鲜明、态度坚决、行动迅速，坚决“拔烂树、正歪树，治病树”，以维护企业拼搏进取的干事创业氛围。

唱和谐

集众智才能登高望远，合群力方可聚沙成塔。实现企业的大发展离不开内部的凝心聚力、外部的携手合作。尤其在社会分工高度专业化的当下，企业发展更讲协同协作、共享分享、共生互生，靠“跑单帮”、当“独行侠”成不了大气候。在企业内部，党委书记需要去凝心聚力、握指成拳；在企业外部，同样要能广交朋友，当好资源的“链接者”。

1. 努力搭建员工之间的连心桥。让人民群众满意是我们党做好一切工作的价值取向和根本标准。在任何时候、任何情况下，与人民同呼吸、共命运的立场不能变，全心全意为人民服务的宗旨不能忘，群众是真正英雄的历史唯物主义观点不能丢。“血肉联系”喊在嘴上群众不信，“鱼水情深”做个样子群众不认，联系群众是“掏心窝子”的事，要的是面对面、实打实、心贴心。构建内部和谐，党委书记必须带头深入基层一线、走到员工身边，真实了解员工在想什么、盼什么、愁什么，难在哪里、忧在何处，最需要企业干什么，对工作有什么好建议，既及时解疑释惑、驱寒帮困、化解矛盾，也群策群力、加油鼓劲、携手攻坚，切切实实把大家的心连到一块、粘在一起，做到一家人、一条心、一起干。

2. 努力搭建与客户之间的友谊桥。管理学大师德鲁克说："企业唯一使命就是创造顾客。"顾客永远是企业存在的基础，企业要发展必须要获得尽可能多的客户，这是企业党政的共同使命。党委书记同样要走进市场，联系客户。从客户那里可以及时了解到我们的员工、产品、服务的具体情况，了解到其真实想法和需求，了解到市场发展的现状和态势，有利于找准融入生产经营抓党建的重点，有利于及时改进企业的工作，更好地服务客户。同时，在见客户的时候，党委书记可以主动输出企业的发展理念和价值观，宣传企业的产品与文化，以取得客户对企业认知、认可和认同。通过与客户之间党建交流、业务交流，也可以进一步加深企业间、员工间的彼此了解和友谊，从而进一步扩大彼此的合作。

3. 努力搭建与对手之间的合作桥。战争的最高境界是和平。企业竞争的最高境界当然是合作，互惠互利，大家双赢。当下，企业之间的同质化竞争非常激烈，常常相互打价格战、资源消耗战，最终呈现大家一起亏的局面，这是低档次的竞争。企业应该主动走出这种损人不利己的怪圈，以一种开放包容合作的心态，主动向竞争对手伸出橄榄枝，争取信息互通、优势互补、合作共赢。党委书记尤其要带头树立"开放、包容、合作、共赢"的新发展理念，站在资源利用效率最大化的高度，主动推倒阻隔竞争对手的墙，通过党建交流、干部互访、员工联谊等形式，去学习对方的优点与长处，共同探讨携手拓展新业务新市场的可能，洽谈聚合双方资源实现共赢的可能，为彼此可能的合作建立起联系的桥梁。

（本文发表于《石化人力资源管理》2020年第4期）

（六）思想政治工作怎么做

思想政治工作是党的优良传统、鲜明特色和突出政治优势，是一切工作的生命线。加强和改进思想政治工作，事关党的前途命运，事关国家长治久安，事关民族凝聚力和向心力。

进入新时代，国际国内环境发生深刻变化，各种社会思潮纷繁复杂，员工群众的思想观念和价值取向更加多元，对做好思想政治工作提出了新的更高的要求。习近平总书记强调，面对复杂变化的国内外形势，思想政治工作只能加强不能削弱，只能前进不能停滞，只能积极作为不能被动应对；要把思想政治工作作为企业党组织一项经常性、基础性工作来抓。

如此重要的工作，涉及的面又非常广，怎么抓？就得树立结构化的思维，如庖丁解牛一般，按照事物的“结构”，将大问题分解成多个小问题，逐个击破，从而快速找到解决问题的思路。

做好思想政治工作必然要具备两个条件：一是得想干愿干，就是喜欢，因为喜欢是干好工作的前提，兴趣是最好的老师；二是得能干会干，就是抓得住其要害关键，能掌握其规律。

喜欢，可以用一个成语来形容，就是“情投意合”。看透本质、掌握规律，也可以用一个成语来形容，就是“明心见性”。这两个成语，直指其靶心，既告诉了我们干好这项工作的“起源、热源、灵源”，也告诉了我们如何做好这项工作的“要害、要点、要义”。

“情投意合、明心见性”这两个词，八个字，展开来，逐字理解，也正好揭示了思想政治工作的原理、规律，告诉我们要做好思想政治工作**“清楚情况是前提、必要投入是保障、有效沟通是重点、求真务实是**

原则、坚定立场是关键、同心同德是追求、举旗指向是使命、着眼长远是根本”，具体来说就是做好“紧盯舆情”等32件事。

再者，我们要明白思想政治工作说到底就是做人的工作。**“顺人性、暖人心、讲人情、聚人力”**始终是企业基层思想政治工作的核心要义。并要根据形势的变化，持续改进我们的宣传思想工作，能够**“抓住‘风吹草动’、瞄准‘凝心聚力’、做到‘识时达务’”**，把握工作主动权、唱响工作主旋律、当好工作主人翁。

情投意合　明心见性
——做好国有企业思想政治工作的关键词

加强和改进思想政治工作，事关党的前途命运，事关国家长治久安，事关民族凝聚力和向心力。要做好它，必须愿干想干、能干会干，既要与思想政治工作“情投意合”，还要能“明心见性”地把握思想政治工作的本性本质、要害要义。“情投意合、明心见性”直接点出了做好思想政治工作的关键，逐字拆开来表述，也正好提纲挈领地指出了做好国有企业思想政治工作的方法路径。

一、“情”字提示我们要能够“紧盯舆情、多研民情、掌握实情、精通世情”，知道“清楚情况是做好思想政治工作的前提”

知己知彼才能百战不殆！心中有数，手中才有“术”。人生地不熟，两眼一抹黑，是不可能干好思想政治工作的。思想政治工作涉及点多面广战线长，各个因素相互关联，牵一发而动全身，必须放宽视野，紧盯舆情、多研民情、掌握实情、精通世情，全方位了解工作所处的环境与具体情况。

1. 紧盯舆情。舆情是社情民意的焦点，是人们思想的“风向标”。自媒体时代，一件事、一个观点，甚至一句话都能迅速引起或大或小的群体思想共振。在“众声喧哗”中，人们的思想极易被扰动带偏，如能及时引导好，把大家反映的诉求与问题解决好、回应好，完全可以化不利为有利，化被动为主动，给企业发展带来正能量；反之，就可能让星星之火发展成为燎原之势，引发重大负面舆情，给企业发展带来严重冲击。我们必须紧盯舆情，全力掌控舆情，努力让舆情成为了解人们思想动态和诉求的重要窗口，成为化解各种思想问题的前哨阵地，成为树立企业良好形象的重要载体。

2. 多研民情。古人云：“善治须达情，达情始近人。”要提高思想政治工作的有效性，必须要有针对性，要了解员工群众思想问题存在的根源、产生的背景、心中的期盼，也就是说要察民情、知民意、顺民心，才能有针对性地进行思想政治工作。要想洞悉民情，最有效的方式莫过于切实转变工作作风，“放下架子，扑下身子”“上百家门、知百家事”，深入到群众中去，同吃同住同劳动，心贴心、面对面，详细了解群众的生活、生产、风尚习俗等情况，了解群众的疾苦与关切，虚心听取群众的意见和建议，并且努力进入群众的内心世界，了解其思想困惑、情感需求和价值追求。

3. 掌握实情。耳听为虚，眼见也不一定为实。现实中的问题往往是复杂的、五花八门的，很多时候没有亲眼看过都想不到会发生这样的事，会出现这样的问题。有的问题光看表象，只听一面之词，很难得出正确的判断、找到合理的应对之策，非得来个刨根问底地调查研究不可。要能通过深入调查研究，透过表象看本质，识破假象、认清真相、把握本相；经过抽丝剥茧，知其然更知其所以然，搞清事情的来龙去脉、前因后果和往来兴替，准确把握事情深层次矛盾和动因。并要善于运用逆向思维，站在事物的反面再去思考，在类比、对比、反比中进一步抓住主要矛盾，防止主观臆断。

4. 精通世情。中国人重人情、讲关系、爱面子。许多时候，朋友的话比领导的话管用，亲人的话比真理还真理，戴高帽子比直接批评好，钱比道理好使，小道理比大道理服人，善意的假话比真话重要，面子比里子重要，示弱胜于逞强，玩笑不能随便开！这就是现实，可谓“一方水土养一方人，一方山水有一方风情”，不同的自然环境、历史文化、群体基因，造就了不同地域的文化风俗、性格特征、思想观念和处事之道。做思想政治工作，就得精通当地的人情世故，合乎人之常情和处世之法，因地制宜、因人制宜、因事制宜、因时制宜开展工作；否则，就会处处碰壁，越理越乱。

二、“投”字提示我们要切实“投入人力、投入物力、投入财力、投入心力”，知道“必要投入是做好思想政治工作的保证”

没有投入就没有产出。面对复杂变化的国内外形势，新时代思想政治工作只能加强不能削弱，只能前进不能停滞，只能积极作为不能被动应对，更要强化在“人力、物力、财力、心力”方面的必要投入，以有效发挥其统一思想、凝聚共识、鼓舞斗志、团结奋斗的重要作用。

1. 投入人力。“为政之要，莫先乎人；成事之要，关键在人。”做好企业思想政治工作，关键因素很多，其中人始终是第一资源和核心要素。尤其在信息发达、员工文化素质普遍较高的当下，企业要做好思想政治工作绝对离不开一支高素质的思想政治工作队伍，更需要一大批能够为党守好思想政治工作阵地的忠诚卫士。中共中央、国务院印发的《关于新时代加强和改进思想政治工作的意见》明确要求：“打造专兼结合的工作队伍，配齐配强思想政治工作骨干队伍，充实优化兼职工作队伍，不断壮大志愿服务工作队伍……培养思想政治工作的行家里手。”我们必须严格贯彻落实。

2. 投入物力。打赢思想政治工作“现代战争”，既要兵精还要器利、弹药足。企业要能为思想政治工作有效开展提供良好的办公设施设备与场所，建好用好各级各类文化设施和阵地。要加强各类党性教育培训基地、爱国主义教育基地、科普教育基地等规划建设和管理使用，做好文化馆、图书馆、纪念馆、体育馆等规划建设和管理使用，充分发挥其在思想教育和服务群众中的作用。要加强企业党校、培训中心等建设，打造好群众身边的思想教育大课堂。要着力改善员工群众工作生活的环境，用好文化长廊、雕像雕塑等宣传载体，以物育人、以物化人，着力提振员工群众的精气神。

3. 投入财力。钱不是万能的，但缺少经费万万不能。保障政工人员合理的薪酬待遇、做好企业内外宣传、抓好文化阵地建设、搞好特殊群体困难帮扶、强化思想政治工作课题研究、深化新媒体技术应用、开展舆情监测管控，等等，都要有经费来保障。企业要牢牢把握思想政治工作的主导权、主动权和话语权，必须建立健全思想政治工作的经费保障机制。既要把日常思想政治工作经费列入企业年度经费总体预算，又要能根据需要及时安排专项资金推进专项工作。特别是在一劳永逸解决历史遗留问题、开展影响重大的宣传活动、更新迭代工作模式与技术等关键环节，要真舍得花钱。

4. 投入心力。人的思想具有复杂性、长期性、反复性的特点，决定了思想政治工作是“慢活”“细活”，需要有极大的耐心和责任心，需要进行极为深入细致的具体工作，来不得半点急躁。“磨破嘴，跑断腿，大爷大妈叫顺嘴”就是企业思想政治工作者工作情景的真实写照。工作生活中，我们常常会遇到一些蛮不讲理、油盐不进的“钉子户”。独栋房子挡在大马路中间，几年拆迁不了的有之；为一点蝇头小利，持续缠访闹访的有之。但这些大都属于人民内部矛盾，要避免矛盾激化，只有靠开动脑筋、想方设法去点化，靠满腔热情、以心换心去感化，靠久久为功、持续教育去转化。

三、“意”字提示我们要努力“满怀诚意、尽展善意、互解本意、浓厚情意”，知道“有效沟通是做好思想政治工作的重点”

沟通是人与人之间传递信息、交流思想、阐明意愿、增进理解、融合情感、达成共识的过程。毋庸置疑，思想政治工作的重点就是要实现有效沟通。要实现有效沟通，就得“满怀诚意、尽展善意、互解本意、浓厚情意”，为解决问题搭建起消除隔膜、朝着共同目标前进的桥梁和纽带。

1. 满怀诚意。精诚所至，金石为开。刘备三顾茅庐请孔明表明诚意，终获诸葛亮出山相助；廉颇负荆请罪表明诚意，终获蔺相如谅解。沟通目的是奔着解决问题去的，只有拿出实实在在的诚意，才能让人信服，愿意进一步沟通下去。如，2021年春节，为阻断新冠肺炎疫情传播，劝导人们就地过年，各地纷纷出台包括发放现金补贴等就地过年的举措，来表明诚意。这样劝导外地务工人员就地过年，就比单纯说教的沟通效果好很多。思想政治工作中，我们应该“诚”字当头与人沟通，沟通前做好充足的信息了解、内容准备，让对方感受到你可信、你的建议实在，才可以坦诚深入地交流。

2. 尽展善意。美国总统伍德罗·威尔逊曾有一句名言：“若你紧握双拳，来势汹汹，那我也必将挥拳迎战。若你说，让我们坐下谈谈，如果我们意见相左，那么这正是了解彼此观点的好机会。”中国也有两句老话：“张口莫骂赔礼者，伸手不打笑脸人”“恶语伤人三春寒，良言一句暖三冬”。彼此尊重是沟通的开始，也是沟通的前提，只有建立在尊重基础上的沟通，才能顺利地完成。事情再难总能找到解决的办法，头绪再乱总能理出一二。做好沟通一定要抱着事能解决的态度，加强语言和态度修养，学会好好说话，让对方从自己的语言、表情、声调中体会到真诚、温暖和关怀。

3. 互解本意。众所周知，沟通中存在“漏斗现象”。一个人心里想的是100%的东西，能表达出来的可能只有80%。而当这80%的东西进入别人的耳朵时，由于文化水平、知识背景等关系，只存留了不到60%。实际上，真正被别人理解了、消化了的东西大概只有40%。等到这些人遵照领悟的40%具体行动时，已经变成了不到20%。为避免“漏斗现象”，切实在沟通中了解彼此的真实想法，我们可以选择和组合语言沟通、书面沟通、集体沟通等不同的沟通形式，尽可能使用清楚明确的语言，尽量不要随意打断对方完整的表述，并一再确认其中涉及的时间、地点、人物、事项等关键要素。

4. 浓厚情意。“感人心者，莫先乎情。”感情是开启人们心灵之门的金钥匙。彼此感情距离近，沟通就容易顺利展开，会多体谅理解对方的观点和需求，都愿意奔着取得好的沟通效果而努力。感情距离远，人们彼此间存在着一道严密的相互提防的思想“警戒线”，沟通起来就生硬许多，容易出现一些误解曲解。所以，沟通中我们要尽可能展现自己真情实意、浓情厚意，用友善的情意拉近彼此的距离，让对方感受到被重视、理解、信任、关心，从而产生接近、倾听、倾诉的意愿。通过沟通最好建立友谊，形成常来常往的互动，让情感越发浓厚，为以后遇到问题彼此有效沟通打下基础。

四、“合”字提示我们要必须“正合组织、顺合时代、贴合中心、符合实际”，知道“求真务实是做好思想政治工作的原则”

求真务实，是我们党的一以贯之的优良传统和作风，是党的各项事业不断取得新胜利的根本保证。企业基层思想政治工作也必须始终把求真务实作为工作的原则，始终清楚我为谁代言、替谁服务、置身何处。想问题、做决策、干事情就得“正合组织、顺合时代、贴合中心、符合实际”。

1. 正合组织。思想政治工作是一定的阶级和政治集团，为实现一定的政治目标，有目的地对人们施加意识形态的影响，以转变人们的思想和指导人们行动的社会行为。不同阶级或政治集团的政治目标不同，思想政治工作的内容也各不相同。国有企业思想政治工作是党的工作的重要组成部分，理所当然要以党的旗帜为旗帜、以党的意志为意志、以党的使命为使命，深入宣贯习近平新时代中国特色社会主义思想，积极培育和践行社会主义核心价值观，全力为人民服务，为中国共产党治国理政服务，为巩固和发展中国特色社会主义制度服务，为改革开放和社会主义现代化建设服务。

2. 顺合时代。拿着旧地图，找不到新大陆。时代在发展，人们的思想在改变，思想政治工作的文化环境、工作内容、目标任务、方式方法也在不停地变化。拿宣传教育媒介来说，新兴媒体发展迅猛，给传统宣传造成了巨大冲击。报纸、广播、电视等传统宣传形式、运行机制已不能满足新时代发展的要求，必须与时俱进加大新媒体技术的运用，否则宣传教育效果就会锐减。再拿我国社会收入分配理念来说，从平均主义，到效率优先、兼顾公平，到更加注重公平，到如今扎实推动共同富裕，每个历史阶段有每个历史阶段的要求，思想政治工作必须根据最新的变化与最新的要求开展工作。

3. 贴合中心。任何一个组织中的各项工作，都是相互联系并构成一个完整的工作体系。中心工作在这个体系中占主导地位，其他工作都是围绕中心工作展开并为中心工作服务，从而保证整个体系的健康运行，实现组织的功能。思想政治工作是企业工作体系中重要的组成部分，为企业中心工作提供政治上、思想上的保证。同时，思想政治工作的属性是意识反作用于物质。离开了中心工作，思想政治工作就失去了发挥作用的客体，成为无源之水、无本之木，失去其存在的条件，也必然失去其存在的意义。思想政治工作只有紧紧贴合中心工作去做，才能充分发挥其服务保证作用。

4. 符合实际。坚持一切从实际出发，是人们正确地认识世界和改造世界的根本立足点，是无产阶级政党正确地制定和执行路线方针政策的前提，是我们做好各项工作的起码要求。不同单位的思想政治工作面对的问题、对象、条件等都不同，没有千篇一律、放之四海而皆准的方式方法，必须结合实际情况开展。如，你面对的是一群文化素质不高的群体，就得少谈那些人生哲学；面对的是员工急需解决的子女入园入学问题，拿出马上解决的措施才是正确之举；面对的是胃口大期待高的不合理诉求，就得坚决顶住，否则后患无穷；面对捉襟见肘的家底，就不能夸下海口、打肿脸充胖子。

五、“明”字提示我们要用力“辨明是非、了明政策、讲明道理、严明规矩”，知道“坚定立场是做好思想政治工作的关键”

思想政治工作是要用马克思主义的科学世界观和方法论扶植正确思想，批驳错误思想，使人们的思想沿着正确的方向发展。绝对不能为一时的稳定和谐而丧失原则立场，一味地迁就、退让、妥协，突破底线、冲破红线，给未来留下隐患，必须辨明是非、了明政策、讲明道理、严明规矩。

1. 辨明是非。辨明是非是站对立场的前提。纷繁的世界，站在不同的角度、用不一样的标准衡量得出的结论完全不一样。国有企业当然要按照中国共产党的价值理念评判事物，看它“人民拥护不拥护、赞成不赞成、高兴不高兴、答应不答应、满意不满意”，看它是“为公还是为私”，看它是否“有利于发展社会主义社会的生产力、有利于增强社会主义国家的综合国力、有利于提高人民的生活水平”，看它是否维护社会的公平正义、体现人性真善美，等等。从而给出真与假、对与错、美与丑、积极与消极等客观判断，采取褒或贬、扬或抑、赞成或反对、支持或禁止的态度和措施。

2. 了明政策。政策是依据一定的程序制定的，是规定人们具体行为的准则，对具体工作起定向、指导和规范作用，在一定的时间和一定的范围内保持很强的刚性。政策是开展思想政治工作的基础和依据。在基层工作中，大量的群众思想问题和情绪问题，主要是与政策误解误读、执行不当、贯彻措施走样、干部作风简单粗暴或群众正当权益得不到维护等实在的利益因素相关的。作为基层干部应该成为“政策通”，准确做好政策的理解、宣传、解释、运用和执行，要能把相关政策搞得明明白白、解释得清清楚楚、落实得原原本本，决不能搞“上有政策、下有对策”，让政策变形走样。

3. 讲明道理。我国素有“礼仪之邦”的美誉，自古就有“有理走遍天下，无理寸步难行”的古训。我们要相信社会之中，绝大多数人是讲理的，否则这个社会就不会正常运转。但是，我们也要理解由于每个人所处的环境、角色的不同，加上认知的差别，对事物看法想法不一致很正常，这也正是思想政治工作必要性、重要性之所在。讲明道理，就是用正确的思想去统一人们的思想。当然，让人心悦诚服接受你的道理并不容易，还得会说理。既需要逻辑推理，也要形象生动表述；既要就事论事摆事实，也要寓情于理谈感情；既要维护组织的利益，也要换位思考设身处地为对方着想。

4. 严明规矩。没有规矩不成方圆。习近平总书记指出：“我们这么大一个政党，靠什么来管好自己的队伍？靠什么来战胜风险挑战？除了正确理论和路线方针政策外，必须靠严明的规范和纪律……”党的十八大以来，党中央坚持从严治党，不断完善党内法规制度体系，把各项纪律和规矩立起来，并持续打虎拍蝇猎狐，对腐败分子形成强大震慑，有效唤醒了党员干部对党纪国法的敬畏和对廉洁自律的警觉。工作中，我们不反对大家表达不同意见和诉求，但是一定要有底线和红线意识。否则，有人得寸进尺，规矩一而再再而三被破坏，就会形成破窗效应，导致制度形同虚设，组织软弱涣散。

六、“心”字提示我们要持续“增强信心、凝聚民心、温暖人心、构筑同心”，知道“同心同德是做好思想政治工作的追求”

人心是最大的政治，共识是奋进的动力。习近平总书记指出：“中国特色社会主义进入新时代，必须把统一思想、凝聚力量作为宣传思想工作的中心环节。”“我们必须把人民对美好生活的向往作为我们的奋斗目标，既解决实际问题又解决思想问题，更好强信心、聚民心、暖人心、筑同心。”

1. 增强信心。信心堪比黄金贵，办法总比困难多。习近平总书记曾深刻指出：“信仰、信念、信心，任何时候都至关重要。小到一个人、一个集体，大到一个政党、一个民族、一个国家，只要有信仰、信念、信心，就会愈挫愈奋、愈战愈勇，否则就会不战自败、不打自垮。”当前，我们所处的，是一个船到中流浪更急、人到半山路更陡的时候，是一个愈进愈难、愈进愈险而又不进则退、非进不可的时候。此时，我们就是要用过去攻坚克难的历史告诉大家没有翻不过去的火焰山，用现实成功的案例引导大家看到发展的机遇和自身的潜力，用美好的愿景激起大家奋发有为的斗志。

2. 凝聚民心。得民心者得天下，失民心者失天下。习近平总书记指出：“我们党发展壮大起来不容易，夺取政权不容易，建设新中国不容易。老百姓衷心拥护中国共产党，就是因为中国共产党始终全心全意为人民服务、为各民族谋幸福。”工作中，我们必须始终牢记宗旨意识，坚持“以人民为中心”的发展思想，时刻把群众利益摆在第一位，用心倾听民声、用情体悟民意、用力化解民困，着力破解群众的操心事、烦心事、揪心事，让群众有更多、更实在、更直接的获得感、幸福感、安全感。只有真心实意为群众谋利益，才能真正拉近与群众之间的距离，赢得群众的信任与拥护。

3. 温暖人心。思想工作政治工作要有温度，说暖心话、办暖心事，才能打动人、感染人、引导人。现实中，许多矛盾的产生与升级，恰是因为一些干部和具体办事人员犯了官僚主义、耍了衙门作风，让“门难进、脸难看、话难听、事难办”，伤了群众的心、寒了群众的心。我们要让群众抛开顾虑，与你推心置腹地交流，你就得用体贴包容的良言热语叩开他们的心扉；我们要想能够打动群众，解开心结，就必须“挠到人的痒痒处”；我们要群众心甘情愿、口服心服做事情，就得办成办好让群众看得见、摸得着、得实惠的事，让群众实实在在地感受到组织的温暖，体会到领导的关心。

4. 构筑同心。“群力谁能御，齐心可穿石。”在历史上“兄弟同心，其利断金”的故事比比皆是。中国共产党成立以来，更是反复验证了什么叫“人心齐泰山移”。从抗击外辱到解放战争，从一穷二白到成为制造业大国、强国，从抗洪抢险、抗震救灾到抗击世纪疫情，同心合力始终是最强大的力量，和衷共济始终是最有效的方法。当下的世界正处在百年未有之大变局，大国博弈加剧，保护主义和民粹主义逆流涌动，贸易“逆全球化”愈演愈烈。形势越是严峻复杂，我们越要用共同理想信念凝聚意志，增强政治认同、思想认同、情感认同，同心勠力搬开一切制约发展的“绊脚石”。

七、“见”字提示我们要能够“广征意见、拿出主见、表达远见、纠正偏见”，知道“举旗指向是做好思想政治工作的使命”

旗帜引领方向，道路决定命运。无论是工作还是生活，方向对了，再慢也是进步；方向错了，南辕北辙，越走会错得越离谱。新时代，社会发展日新月异，诸多矛盾相互叠加，各种风险隐患交汇，不确定、不稳定因素大幅增加，人们更期待思想政治工作充分发挥引领前行的“导航仪”作用。

1. 广征意见。俗话说，“三个臭皮匠顶个诸葛亮”“知屋漏者在宇下，知政失者在草野”。一个人再聪明，他的精力总是有限的，想问题，攻难题，也会有百密一疏的时候。但当所有人都聚在一起商讨问题，共同攻坚克难时，一个人提出想法，另一个人补充，这样得出的想法会更为周全。同时，群众是各种方针政策的直接承受者，他们对于政令的效用和缺漏有着亲身感受，也最有发言权。所以，面对难题，我们要能问政于民、问需于民、问计于民，发动群众一起开动脑筋，集思广益，群策群力，让大家思维在相互碰撞中不断产生智慧的火花，就能找到更多破解难题的“金钥匙”。

2. 拿出主见。有主见才能主导、才能主事。面对“纷纷意见”，思想政治工作者不能使脑子单纯成为意见和材料的“仓库”，而要成为意见和材料的“加工厂”，进行独立的观察研究、分析判断，去粗取精，去伪存真，加工出自己的“主见”来，让群众感受到你是大家可以信赖的主心骨。要能拿出主见，必须胸怀全局，才能克服本位主义、功利主义，清楚什么事该怎么做，做到什么程度；必须勤学善思，用最新的理论成果和先进的科学理念武装头脑，才能明辨是非，抓住事情的本质和要害；必须因地制宜，根据事物的发展变化，具体问题具体分析，才能提出审时度势的意见和建议。

3. 表达远见。凡事预则立，不预则废。毛泽东主席曾说过：“只有当着还没有出现大量的明显的东西的时候，当桅杆顶刚刚露出的时候，就能看出这是要发展成为大量的普遍的东西，并能掌握住它，这才叫领导。”在形势瞬息万变的当下，人们最担心的是没有未来，最期待听到领导干部更多的“先见之明”，给其未来吃下“定心丸”。思想政治工作要凝聚大家的目光，聚合集体的力量，就是要能登高望远，对潜在的风险有科学预判，对发展的趋势有正确研判，把对策想在前，把工作做在先，及时表达远见卓识，引导员工群众见之于未萌、识之于未发，下好先手棋、打好主动仗。

4. 纠正偏见。不虑于微，始成大患；不防于小，终亏大德。行成于思，偏见往往导致行动上的偏向，如果得不到及时纠正，在时间的放大下，就会出现失之毫厘谬以千里的错误。当然，由于人与人之间的成长背景、教育程度、实践经验、利益立场、宗教信仰等方面千差万别，对同一问题有不同的看法和观点，也纯属正常。正是由于大家认知的不一样，才更有必要统一思想，形成正确的共识，把人们的错误认知及时纠正过来。纠正偏见关键在及时，重点在彻底，面对偏见甚至错误认知，既要“大声反驳”，更要循循善诱摆事实、讲道理，帮其掌握正确看待、科学分析问题的方法。

八、“性”字提示我们要注重“把握人性、归纳共性、关注个性、修炼品性”，知道“着眼长远是做好思想政治工作的根本”

思想政治工作说到底是做人的工作。人的思想总是在不断地发展变化，这个问题解决了又会出现这样那样的其他问题。从根本上提升思想政治工作的水平，必须着眼长远，用心去了解把握人性的特点、群众中共性的诉求与个别十分突出的问题，并持续提升自己的人格魅力。

1. 把握人性。人性本无好坏，都是趋利避害自然进化的结果。追求幸福、享乐、自由，逃避痛苦；喜欢批评别人，责怪抱怨别人；喜欢受恭维；有胜过别人的欲望，被人重视的渴望；贪婪、自私；找借口，不承认错误；等等，都是人性。怎么克服其消极面、激活其积极面，将消极转化为积极，是我们做思想政治工作必须要深入思考的问题。正如，我们可以通过让“有为者有位、实干者实惠、多劳者多得”，将个人的价值追求与企业的发展追求统一起来，将单位发展与个人获益统一起来，牵引“贪婪、自私”的人性，为员工拼搏成就自我中造就企业实现双赢注入满满的正能量。

2. 归纳共性。万物皆有规律可循，诸多矛盾之中总有共性问题。通过归纳总结找寻工作规律、共性问题是一个干部提升工作和学习效率必备的基本功。大家知道，企业情况纷繁复杂，事情千头万绪，尤其在改革步入深水区时，多年来积累的各种深层次矛盾逐步显现，思想政治工作面对的问题非常多，每个问题都同等对待、单独处理，费时费力也干不完。我们必须学会归纳共性，抓住事物间的共同特点和主要矛盾，把带有普遍性的诉求找出来，把重点要解决的关键问题标出来，把通用好用的经验与做法推广开来，分类施策，争取批量解决共性问题，让好经验好做法得到规模化应用。

3. 关注个性。“备豫不虞，为国常道。”习近平总书记指出：“我们必须始终保持高度警惕，既要高度警惕‘黑天鹅’事件，也要防范‘灰犀牛’事件；既要有防范风险的先手，也要有应对和化解风险挑战的高招；既要打好防范和抵御风险的有准备之战，也要打好化险为夷、转危为机的战略主动战……”现实中，每个单位都会有一些特别另类的人，有着一些不合常理的诉求；改革发展中总有一些事，要触碰到一些人的切身利益，易引发一些超出意料的情况。我们必须高度关注这些个性问题，主动做好风险隐患的排查、识别、防控与化解，尽量避免“黑天鹅”“灰犀牛”事件的出现。

4. 修炼品性。古人云：“其身正、不令而行，其身不正、虽令不从。”今人说：“喊破嗓子，不如做出样子。”做好思想政治工作“身教重于言教”，干部以身作则严于律己、公平公正、担当作为，敢于喊出“向我看齐、对我监督”，本身就是思想发动，就是无声的命令，就是不说话的思想政治工作。让人服从先得让人服气，干部就要有干部的样子，就是要能时刻用习近平总书记提出的好干部标准来衡量自己，用“三严三实”的要求来约束自己，用忠诚干净担当的行动照亮自己，持续修炼自己的品性，提升自己的能力，让自己成熟起来，成为员工群众值得信赖、愿意交心、自觉听从的人。

顺人性　暖人心　讲人情　聚人力
——企业基层思想政治工作的核心要义

众所周知，思想政治工作的对象是人，其力量和魅力就在于它能洞明人性、温暖人心、通达人情、聚合人力；就在于它能武装人、引导人、塑造人，鼓舞人。当下，经济社会深刻变革、信息技术日新月异、企业竞争空前激烈，人们思想更趋多样、多元、多变，个性越发彰显，却也更加渴望得到尊重、关心、理解与协作。要继续发挥出企业思想政治工作“凝心聚力、凝才聚智”的独特作用，展现其力量和魅力，我们必须顺应时代和人的发展，把“顺人性、暖人心、讲人情、聚人力”作为其核心要义。

顺人性

人性就是人的本性，是人类趋利避害自然进化的结果。人性本无好坏，在好的管理体系下，“坏蛋”会转变成“好人”。在差的管理体系下，“好人”也可能堕落成“坏蛋”。善用人性管理，每个人都可以是“天使”。而人性的特征中无疑是“贪婪”“自我”和“恐惧”最为凸显，我们必须熟悉它、顺应它、把握它、引领它。

1. 用正向激励牵引“贪婪”。贪婪就是不知足，尤其在名利方面，人们总是好了想更好，多了想更多。工作中，一些员工为了获得更多更好的名与利，不自觉中就动上了歪脑筋、要起了小聪明、打起了小算盘。这些现象，如果正面去理解，这也是人们对美好生活的向往，甚至是一个人奋发作为的动力源泉。思想政治工作如果“善解人意”，就不要觉得人们追名逐利是坏事，关键在于我们怎么去引导。如果我们在工作中能让员工真真切切感受到“有为者有位、实干者实惠、多劳者多得、吃苦者吃香”，员工就会主动将单位发展与个人获益统一起来，将个人的价值取向与企业的价值取向统一起来，就会自觉地用实实在在的付出去获取正当的更好的收益，个人对名利的“贪婪”反而转化成了推动企业发展、创新创效的强大力量。

2. 用岗位赋能成就“自我”。伴随着经济的发展和社会的进步，人的素质和价值追求在大幅提升。企业员工，尤其是年轻的员工，比以往任何时候都更加崇尚自我与独立，看重自我价值，渴望在工作中展现自我、证明自我、实现自我，并希望自身价值能得到社会、组织以及其他个体的充分尊重和认可。在员工眼中，现在的企业应该是帮助自己成长、实现自己想法、创造人生更大价值的平台，再也不愿意接受硬邦邦的约束。顺应这种变化，企业管理的核心也要由传统的“管控”转变为“激活组织，为人赋能”。企业要努力给每一名员工创造施展能力的平台和机会，让个体在企业的平台上发挥更大的价值。思想政治工作就是要顺应这种变化，积极地去为员工价值创造提供更好的工作环境与条件，搭建其展示和实现自我的舞台。

3. 用发展愿景去除“恐惧”。人最怕没有未来，未来是一种激励，也是一种安慰。新东方俞敏洪曾经说过：“世界上成功的企业，都是由梦想和远见作为核心条件的。”事实也是如此，优秀企业成长的背后，总有一股经久不衰的推动力，就是企业愿景和伟大目标激励企业和员工不断向前。就好像苹果公司的企业愿景是：让每人拥有一台计算机；腾讯公司的企业愿景是：成为最受尊敬的互联网企业。作为企业管理者，我们一方面需要为单位未来发展给出明确的使命和愿景、战略与规划，给员工一个清晰的可预见的美好未来；另一方面需要加大员工技能培训与岗位历练，促使员工学知识、练本领、强素质，增强员工驾驭未来的能力与自信。一旦员工对企业和自己的未来充满信心，自会铆足干劲向前奔，不用扬鞭自奋蹄！

暖人心

“政之所兴，在顺民心；政之所废，在逆民心。”习近平总书记多次强调：“人心向背、力量对比是决定党和人民事业成败的关键，是最大的政治。”企业发展亦如此。那如何让员工感受到组织的温暖，赢得员工的心？我们必须真正地去了解员工、体贴员工、帮助员工，和员工以心换心、以心暖心、以真情换真情。

1. 用良言热语叩开员工的心扉。思想政治工作主要内容就是通过说理，启迪人的思想，启发人的觉悟，提高人的认识，疏导人的行为。你说的话员工能不能听进去、员工能不能和你说真话道实情，这是一种能力也是一门学问。只有叩开员工的心扉，才能准确把握对方的心理状态和心理需求，拉近彼此的距离，从而产生推心置腹的沟通，你说的话才可能有的放矢，才可能解开员工的心结。因此，基层干部要在日常工作中努力锤炼沟通本领。练好沟通本领，关键要把员工当亲人，多掌握每个人的信息，了解不同对象的性格特点，多做换位思考，多包容体谅，多和员工群众说知心话、真心话，少说空话、大话，更不能说假话；既要敢讲“大道理”，又要多讲“小道理”，融“小道理”于“大道理”中，才能以理服人、以情感人。

2. 用细心关爱拨动员工的心弦。思想政治工作要打动人，就必须“挠到人的痒痒处”“帮在急需处”，让你的关爱符合员工的需要、体现员工的关切。做那些“花架子”“面子工程”“可有可无”无关员工切身利益的事，只会引起员工的反感。那如何拨动员工的心弦？习近平总书记指出："调查研究是谋事之基、成事之道。"基层干部一定要接地气、倾注真感情，深入基层、深入员工，开展细致入微的调查研究。只有常下基层，常到员工中去，你才知道谁家困难，困难程度如何；谁需要帮助，需要什么样的帮助；大家正在关注什么、关心什么。真正去想员工之所虑、急员工之所难、谋员工之所求，我们才能去办员工期盼的事，去定员工想要的政策，把关爱送到员工的心坎上，让员工感受到浓浓的组织温暖。

3. 用实事好事植入员工的心田。习近平总书记强调，既要做让老百姓看得见、摸得着、得实惠的实事，也要作为后人作铺垫、打基础、利长远的好事。员工的眼睛是雪亮的，我们只有多办这些实事好事，才能真正赢得员工发自内心的支持和拥护，真正形成凝心聚力、团结干事的强大合力。好事办好、实事办实，必须要从员工的利益和需要出发，既要符合员工的长远利益，又要兼顾员工的现实利益；既要经得起历史的检验，又要在当前得到员工的拥护和支持；既要解决员工的根本问题，又要考虑员工的眼前困难；既要满足员工的高层次需求，又要满足员工的基本需求。对于那些员工希望办、具备条件办的事，应当毫不迟疑、尽心竭力去办。还必须要有一以贯之的精神和一抓到底的决心，真正让好事办好，让实事办实。

讲人情

中国自古以来就是一个人情社会，我们的文化尤其讲究人情、关系和面子，人情面子是人际交往中不可逾越的媒介。而思想政治工作本质就是协调人与人、人与组织、人与社会的关系。基层干部必须熟稔人情面子的交际规则，努力成为人脉广泛的大朋友、员工信赖的好朋友、肝胆相照的真朋友。

1. 做人脉广泛的大朋友。企业就是一个小社会。老乡、校友、战友、亲戚、朋友、上下级等各种关系相互叠加、错综复杂。由于彼此性格、性别、年龄、文化程度、价值观等的差异，人与人之间关系更是亲疏远近各有不同。做思想政治工作，你不得不与各种类型的员工打交道，不得不顾及方方面面的关系。有的时候，为了做通某个人的思想工作，常常得“一把钥匙开一把锁”，你必须找到他对路的人，问题才会迎刃而解。尤其在情况紧急的时候，你会发现手中的人脉资源是越多越好，可获取信息的渠道也是越多越好。而这些人脉、信息渠道是要靠平时积累的。所以，我们平常必须保持热情待人、诚信做人，我们的各路朋友才会越来越多，可获取信息的渠道才会越来越多，可化解矛盾的资源才会越来越多。

2. 成员工信赖的好朋友。感情是处出来的，关系是走出来的。干部和员工走得有多近，员工和干部就会有多亲。我们常说要和员工打成一片，这不只是一句政治口号，需要具体的行动来实践。工作中，我们干部应该自觉地、主动地放下架子，扑下身子，和基层员工常见面、多交流、勤沟通。从脸熟开始，从小事做起，察民之情、体民之苦、排民之忧、解民之难，替员工代言、为员工办事、拜员工为师，慢慢与员工结成好朋友，员工才会把你当自己人看待，才会愿意和你掏心窝子，大胆地、放心地倾吐真情、讲出实话，从内心对你工作给予信任、理解、尊重、认可与支持，以至于主动帮你想办法、出点子、找路子，去化解一些棘手的难题和矛盾，实实在在地指出你工作的重点和要害，为我们决策提供极其宝贵的“真经”。

3. 处肝胆相照的真朋友。邓小平同志曾告诫我们，朋友要交，但心中要有数。这个数就是指对所交往的人要有判断力，谁是真正的朋友，谁是貌合神离，谁是包藏祸心，心里应该有杆秤。“同师曰朋，同志曰友。”真正的朋友应该是正直善良、顾全大局的人，是有利于我们更好地履行职责的人，有利于我们身心健康的人。那些敢于直言、善于提出批评意见的同志是可以信赖的朋友；那些想方设法巴结你、讨好你、满足你、不断用恩惠拉拢、腐蚀你的人，从根本上说，是要把你推向悬崖的人。在交友问题上，我们干部要有警惕性，要注意把握分寸，不要被表面现象所蒙蔽，不要为各种诱惑所动摇；要防微杜渐，对那些所谓的“感情投资”、形形色色的公关和不善之客，要当机立断，拒之千里，谨防交友不慎带来不良后果。

聚人力

思想政治工作成风化人、凝心聚力，最终成效还是要体现到更好地推进企业高质量发展上。看我们能不能通过富有成效的工作，最大限度地把人的积极性、主动性、创造性调动起来，把人的潜力挖掘出来、活力激发出来、能力展示出来、合力发挥出来，将员工个人的力量聚合转化为企业发展的强大力量。

1. 聚既奋发向上又志同道合的思想力。“三人行必有我师”“三个臭皮匠赛过诸葛亮”“只要思想不滑坡，办法总比困难多”“人心齐，泰山移”，这些耳熟能详的俗语，都在告诉我们一个事实，就是群众中蕴藏着无穷的智慧，统一大家的思想、集合众人的智慧，我们就掌握了攻坚克难的必胜法门，拥有了战胜一切的力量。思想政治工作是群众工作的一部分，我们必须紧紧依靠群众、广泛发动群众、有效组织群众，善于从群众中汲取智慧。通过充分发扬民主，广开言路，广泛听取员工意见，集思广益，努力把大家的思想统一到企业发展上来，凝聚到破解发展难题上来，鼓励大家把心中的想法、看法、办法讲出来、说出来。大家心往一处想，劲往一处使，就没有克服不了的困难，也一定可以不断创造奇迹，干成大事业。

2. 聚既八仙过海又携手合作的战斗力。“聚是一团火、散是满天星”是一个卓越团队的最生动写照。历史上楚汉相争就是最好的例证。刘邦出身草莽，以一介布衣，诛暴秦，抗强敌，平定天下。刘邦在总结成功经验时说：“夫运筹策帷帐之中，决胜于千里之外，吾不如子房；镇国家，抚百姓，给馈饷，不绝粮道，吾不如萧何；连百万之军，战必胜，攻必取，吾不如韩信。此三者，皆人杰也，吾能用之，此吾所以取天下也。”这段话既是对张良、萧何和韩信功劳给予的肯定，也是刘邦高超驭人之策和团队精神的点睛之作。可见“刘邦集团”中每个人都有长处，而且长处也得到了充分发挥，聚合彼此的优势，成就了最终的胜局。而项羽尽管出身高贵，个人能征惯战，堪称当世豪杰，但仅靠匹夫之勇，最后还是以失败而告终。

3. 聚既雷厉风行又久久为功的执行力。“一分部署，九分落实；三分战略、七分执行。”发展思路和目标确定之后，执行就是决定因素。把决断落到实处、把蓝图转化成现实，“增强执行力”是一道必答题。思想政治工作必须牢牢抓住“执行力”这个关键词，把健全完善员工考核评价机制作为推动工作最有力的杠杆，充分发挥考核“指挥棒”“风向标”的作用，营造出上下同心、目标同向、工作同步的浓厚氛围，引导和发动单位上下努力学会“抓全局的重点、抓重点的关键、抓关键的具体”，正确处理好“过程控制”中的每一道环节，并大力弘扬“定了干、马上办、办到底”的工作作风，确保做到定一件、干一件、成一件，始终保持好工作阶段性与连续性的统一，最终实现“一张蓝图绘到底”的战略目标。

（本文发表于《中国石油企业》2018年第10期和
《石化人力资源管理》2018年第3期）

抓住“风吹草动” 瞄准“凝心聚力” 做到“识时达务”
——切实做好新形势下国有企业宣传思想工作

当下，我们国家正处在决胜全面建成小康社会，迈向下一个百年目标的关键节点，美国正穷尽一切手段打压遏制中国发展；世界经济受新冠肺炎疫情大爆发拖累，正陷入深度衰退，市场竞争空前激烈，企业品牌塑造及维护的能力作用越发关键；互联网助推各类信息实现海量传播，不同思想文化充分交流交融交锋，员工思想更趋多元多样多变。社会发展整体进入了大调整、大变革、大转折时期。越是形势复杂，越需要树立正确导向；越是困难重重，越需要焕发精神力量；越是挑战严峻，越需要坚定必胜信心。做好新形势下国有企业宣传思想工作必须更加敏感敏锐敏捷，要能抓住“风吹草动”，瞄准“凝心聚力”，做到“识时达务”。

一、抓住“风吹草动”，就是要立足宣传思想工作的起点源点，正本清源，把握工作主动权

凡事预则立，不预则废。如今人人都有麦克风，个个都是新闻发言人，信息能瞬间扩散，新闻爆点和重大舆情随时发生。“众声喧哗”的舆论场中，人们的思想极易被扰动带偏，一条信息可以带火一个企业，也可能毁了一个企业。所以，一切“风吹草动”都应引起我们的高度警觉，不仅要争取及时消解转化不利因素，而且还要能主动出击，制造有利于我们的“风吹草动”。

1. 听风辨风能起风。俗话说“无风不起浪”。我们常用“风”来比喻事物的兴起、揭示变化的本源。但生活的经验与常识也告诉我们千万不能“听风就是雨”，要能够对听到的信息加以甄别辨别区别。当下信息的来源很多，有用无用、有害无害相互掺杂。首先，我们要能全面倾

听，做到"声声入耳"，通过捕捉尽可能多的与己相关的信息，确保不遗漏关键信息。其次，要能够边听边识别，从大小、强弱、高低、远近、好坏、对错等维度去分析判断，抓住主要矛盾和矛盾的主要方面，采取相应不同的措施。再者，要能从听到和辨别的信息中，找到风的源头，找到未来的趋向，变被动为主动，化可控为掌控，及时发出自己立场鲜明、观点分明、正大光明的大声音、高声音、强声音，先声夺人，抢占新闻舆论的制高点和主导权，为企业发展营造良好的舆论氛围。

2. 吹正吹清也吹新。正确的舆论可以引领社会、凝聚人心、推动发展，错误的舆论则会撕裂社会、搞乱人心、破坏发展。宣传思想工作一直是意识形态斗争的重要阵地，各种敌对势力同我们争夺人心、争夺群众，千万不能天真、不能大意、不能退缩，这是一场必须打赢的争夺战。企业宣传思想工作就是要按照团结稳定鼓劲、正面宣传为主的方针，从政治家办报、办台、办刊、办新闻网站的高度，坚持巩固壮大主流思想舆论，弘扬主旋律，传播正能量；就是要着力引导广大群众多看主流、不受支流支配；多看光明面，不受阴暗点影响；多看本质，不受表面现象迷惑；就是要主动适应传播格局新变化、传媒技术新发展、媒体融合新趋势，积极采用抖音、快手等新媒体新平台，以新方式为大家带来新故事，以新形象增添新活力，构建受众喜闻乐见、耳目一新的话语体系。

3. 对上对下亦对外。习近平总书记在2014年10月23日的《当前工作中需要注意的几个问题》中曾这样说过："要动员各方面一起做思想舆论工作，加强统筹协调，整合各类资源，推动内宣外宣一体发展，奏响交响乐、大合唱，把中国故事讲得愈来愈精彩，让中国声音愈来愈洪亮。"做好企业宣传思想工作也应如此，要让内宣外宣齐头并进、同向发力。要加强对上的信息反映，及时反映上级决策部署贯彻落实情况，反映干部员工良好的精神面貌，反映急需的政策与资源，争取上级的理解与支持；要加强对下的教育引导，精准解读政策、分析形势、聚焦任务、树好榜样，把大家的热情与干劲凝聚到干事创业中来；要加强对外的形象展示，密集生动讲好企业故事，及时回应外界关切，推介企业新理念新产品新服务、好经验好做法好典型，不断扩大朋友圈和客户群。

4. 牵动推动更驱动。“风吹草动”中“动”是状态，是结果，也是目的。企业宣传思想工作中“风”起来没有、“吹”的如何，“草”感受怎样？首先，要看能否牵动人的眼球，引来关注的目光。我们推出的话题、制造的概念、采用的方式方法，要能契合受众心理需求，否则你说得再多也是耳旁风。其次，要看能否推动实际工作、助力企业发展。围绕中心、服务大局始终是宣传思想工作的基本职责，不立足于生产经营和改革发展稳定来设置议题，就是偏题离题跑题，做的再多也是无用功。最终，要看能否驱动人的思想，形成内生动力。思想是行动的先导，人在思想上发生改变才是真正的改变。企业宣传思想工作要重在改变受众思想上下功夫，通过持续的理念的灌输，让受众在理想信念、价值理念、道德观念上与企业一致起来，自然而然地在行动上与企业同向同行。

二、瞄准“凝心聚力”，就是要紧扣宣传思想工作的中心环节，靶向发力，唱响工作主旋律

众力并则万钧举，人心齐则泰山移；人心是最大的政治，共识是奋进的动力。企业宣传思想工作本质目标就是凝心聚力。习近平总书记强调：“必须把统一思想、凝聚力量作为宣传思想工作的中心环节。”我们就是要按照总书记的要求，集中资源、集中火力、集中力量，瞄准“凝心聚力”，靶向发力、成风化人，把支持我们的人搞得多多的，把反对我们的人搞得少少的！

1. 凝注潮流主流学一流。习近平总书记强调：“宣传思想工作一定要把围绕中心、服务大局作为基本职责，胸怀大局、把握大势、着眼大事，找准工作切入点和着力点，做到因势而谋、应势而动、顺势而为。”

总书记从认识论的高度和方法论的角度，深刻阐释了做好宣传思想工作应具备的战略视野、全局意识、分析研判和实际操作能力，提出了加强和改进工作的具体要求，指明了努力的方向途径。工作中，我们就得按照习近平总书记的要求，时刻保持高度的敏锐性，洞察先机，顺应时代发展潮流，踏准时代发展节拍，以达到事半功倍的效果；自觉提高自我的站位，能从大局和长远角度看待审视事物，抓住主要矛盾和矛盾的主要方面，把有限的精力投入到有价值的地方；始终大张旗鼓地为一流企业、一流人物、一流做法、一流技术等宣传造势，引导大家见贤思齐，学习先进、赶超先进、争当先进。

2. 增添信心决心更暖心。“只要精神不滑坡，办法总比困难多。”宣传思想工作的对象是人，其力量和魅力就在于它能武装人、引导人、塑造人、鼓舞人。有温度的宣传思想工作，既要解决实际问题，又要解决思想问题，既要带来信心，坚定决心，也要带来温暖，带来力量。我们一方面要向广大干部员工大力灌输革命乐观主义精神，引导大家在困难与挫折面前充分看到自身发展的能力和潜力，看到希望，危中寻机，转危为机，树立志在必得的发展信心；在挑战与机遇面前主动扛起责任担当，树立“不破楼兰终不还，不获全胜不收兵”的决心，对定下来的事情全力以赴、一抓到底，努力干一件事成一件事；同时，也要积极了解群众利益诉求，采纳群众真知灼见，反映群众真实心声，回应群众重点关切，想群众之所想、急群众之所急，向群众传递好组织的温暖。

3. 聚焦问题难题会解题。问题是时代的声音，是事物矛盾的表现形式，无时不在、无时不有。我们党的历史就是一部认识问题、面对问题、回答问题、解决问题的历史。实践证明：问题不可怕，发现问题是好事，解决问题是大事，回避问题是蠢事，没有问题才是坏事。企业宣传思想工作在坚持正面宣传为主的同时，也要突出问题导向，大兴调查研究之风，勇敢地去发现问题、直面问题、揭露问题，围绕其中的突出问题、紧迫问题、难点问题、关键问题，诚恳地拜群众为师，坚持问政于民、问需于民、问计于民，从群众当中汲取智慧和力量，分析剖析透析问题的本质实质、根源起源和解决之道，集思广益，群策群力，共解发展之题、共思发展之计、共谋发展之策，推动企业把该完善的制度完善好，该堵上的漏洞堵塞住，该办的事办好办实，从而助力企业更好发展。

4. 汇合内力外力共给力。集众智才能登高望远，合群力方可聚沙成塔。当下的社会你中有我我中有你，企业发展更讲协同协作、共享分享、共生互生，靠“跑单帮”、当“独行侠”成不了大气候。企业宣传思想工作作为联系上下、沟通内外、聚拢人心的桥梁和纽带，更要成为吸引吸纳吸收支持企业发展诸方力量的“磁力场”。在企业内部，应该想方设法最大限度地去集聚既奋发向上又志同道合的思想力、既八仙过海又携手合作的战斗力、既雷厉风行又久久为功的执行力，着力构建同心协力的高效团队；在企业外部，应该千方百计扩大企业的知名度、美誉度、信任度，及时发布对外合作信息，宣传对外合作成果，努力去创造更大范围的品牌认知、理念认同、服务认可，为企业借力发展搭建更多的连心桥、友谊桥、合作桥，争取到更多外界人力财力物力等力量支持。

三、做到“识时达务”，就是要打造宣传思想工作的硬核能力，苦练本领，当好工作主人翁

“绣花要得手绵巧，打铁还需自身硬。”企业宣传思想工作是否能抓住“风吹草动”、瞄准“凝心聚力”，承担起举旗帜、聚民心、育新人、兴文化、展形象的使命任务，关键是我们从事这项工作的人要能硬起来、强起来，要能认清时势、通达事务，也就是能“识时达务”。“识时达务”既是企业宣传思想工作者的能力素质的基本要求，也是必须把握的基本工作原则。

1. 兼备意识知识胆识。一个人有什么样的职业态度，就会有什么

样的职业行为；而有什么样的职业行为，将产生什么样的职业结果。要干好宣传思想工作，首先得有积极作为的意识。兴趣是最好的老师，热爱是做好工作的前提，只有想干愿干才能积极干。只要我们天天想着宣传，时时关注人的思想，就一定能精诚所至金石为开。其次得有广博深厚的知识。宣传思想工作是“在大脑里面搞建设”，是一项十分复杂的系统工程，涉及心理学、新闻学、传播学、政治学、信息学等方方面面知识，没有高素质、强内功干不好这“瓷器活”。再者得有守正创新的胆识。在是非争论、维护大局上，要敢于碰硬、敢于批评、敢于斗争、敢于发声、敢于负责；在工作方式方法上要敢于采用新技术新模式新载体，大力进行理念创新、手段创新、基层工作创新，才能勇立时代潮头。

2. 掌控时区时机时长。时、度、效，是宣传工作的核心和精髓，是做好宣传思想工作的重要方法论。其中，掌控“时”最为基础最为关键，要有“时区时机时长”的概念。所谓“时区”就是要选对受众，选对发力的地点，并且在哪个山头就唱哪支山歌，而不是谁都是我的菜，哪里都是我的地盘，搞“大水漫灌”“一个腔调”，应该将有限的工作资源因地制宜用在刀刃上，用在关键处；所谓“时机”就是要把准舆论引导的最佳时机、重要节点，什么问题第一时间报道、第一时间介入，什么问题看看后续发展再说，要有精准的时间概念，不滞后也不超前；所谓“时长”就是要掌握好分寸火候、注重量变质变关系，什么问题就宣传一次、什么问题跟踪宣传，什么问题淡化宣传、什么问题强化宣传，等等，时间短了不管用，效果不好，时间长了也会惹人烦，效果大打折扣。

3. 力求练达辞达畅达。习近平总书记指出：“宣传思想工作是做人的工作的，人在哪儿重点就应该在哪儿。”和“人”打交道，最难就是沟通，要想同频共振就得人情练达、言辞顺达、信息畅达。“人情练达”，就是要懂得人情世故，对世事有通透的理解，对人性有深刻的认识，从而让宣传思想工作顺应人性特点、贴近生活实际、契合大众需求，能够深入人心，打动人心，赢得人心。“言辞顺达”，就是要能准确明了的表达，善于把文件语言生动化、把抽象概念形象化、把深刻道理通俗化，言之有理、言之有据、言之有物、言之有序地发布信息、阐释观点和解疑释惑。“信息畅达”，就是要让自己和受众之间的信息顺畅通达，能以立体思维、互联网思维、全媒体思维构建自身信息传递的“全程媒体、全息媒体、全员媒体、全效媒体”，实现与受众之间无障碍信息互动。

4. 坚持务真务实务效。“人无信不立，业无信不兴，国无信则衰。”真实永远是宣传思想工作的生命线，是其传播力、引导力、影响力、公信力的基础。宣传思想工作唯有务真务实方可持久，才能始终赢得受众信赖。“务真”，就是“求是”，就是坚持探究真理、揭示真相、传播真知、传递真情，坚持去伪存真、抱诚守真、返璞归真，坚持客观反映事物的本质实质特质；“务实”，就是坚持实事求是、深入实际，一切从实际出发，讲事实、说实话、道实情、出实招、办实事，杜绝假大空虚。当然，要充分发挥宣传思想工作的作用，仅靠务真务实是远远不够的，还得在“效”字上下足功夫。要能练就过硬的脚力、眼力、脑力、笔力，善用新工具、巧用新方法、活用新理念、常用新媒体，使工作体现时代性、把握规律性、富于创造性，更具亲和力、吸引力、感染力。

（本文发表于《石化政工研究》2021年第2期）

（七）
政治生态如何建设

风清气正的政治生态始终是企业高质量发展的必备条件。而打造风清气正的政治生态关键在高层、要害在中层、支撑在基层。

要强化高层垂范。通过培养勤学善思的习惯、提升调查研究的水平、成为遵章守纪的标杆、争做民主决策的表率、严格选人用人的标准，始终保持高层正面积极向上的良好形象。

要破除中层懈怠。通过催生干事创业的使命感、强化不负信赖的责任感、赋予不可或缺的存在感、给予实干实惠的获得感、制造竞争淘汰的危机感，使大家都紧张起来、忙碌起来、担当起来，让想干事、真干事、干实事成为主流导向。

要激发基层活力。通过鼓励员工大胆直言、支持基层开拓创新、包容各种鲜明个性、尽可能一碗水端平、选树过硬先进典型，把基层干部员工的积极性、主动性、创造性调动起来。

强化高层垂范 破除中层懈怠 激发基层活力
——打造风清气正的企业政治生态

“蓬生麻中，不扶而直；白沙在涅，与之俱黑。”什么样的政治生态造就什么样的队伍和文化。习近平总书记指出：“政治生态好，人心就顺、正气就足；政治生态不好，就会人心涣散、弊病丛生。”企业要实现高质量发展离不开风清气正的政治生态，而打造风清气正的政治生态关键在高层、要害在中层、支撑在基层，这其中重点就是要强化高层垂范、破除中层懈怠、激发基层活力。

强化高层垂范

风成于上，俗形于下。企业高层一言一行、一举一动，无形中都会形成一种风气、提倡一种追求、引导一种方向。打造风清气正的企业政治生态，高层身体力行是最有效的示范，以上率下是最有力的引导，其务必要培养勤学善思的习惯、提升调查研究的水平、成为遵章守纪的标杆、争做民主决策的表率、严格选人用人的标准，始终保持正面积极向上的良好形象。

1.培养勤学善思的习惯。勤学善思始终是企业高层领导坚定理想信念、跟上时代发展的根本应变之道，也是领导干部提升人格魅力和能力素养，赢得他人的支持与尊重的基本途径。企业高层领导也只有勤学善思，才能增强工作的科学性、预见性、主动性，才能使领导和决策体现时代性、把握规律性、富于创造性，避免陷入少知而迷、不知而盲、无知而乱的困境，才能克服本领不足、本领恐慌、本领落后的问题。试想，那些天天沉浸于琐碎事务，浮在表面做文章，靠念秘书写的稿子、凭过时经验决策的领导，怎么能带领队伍爬坡过坎、闯关夺隘？怎么能令手下信服？

2.提升调查研究的水平。调查研究作为一种揭示真相、探求规律、推动工作的过程、手段和方法,是我们党的传家宝,是做好各项工作的基本功。俗话说，脚下沾有多少泥土，心中就沉淀多少真情。领导干部要掌握大量的来自一线的真实鲜活的材料，形成有情况、有分析、有建议、有措施的调研成果，就不能搞形式主义，不能搞人到心不到的“蜻蜓点水”式调研，不能搞丧失主动权的“被动调研”，不能搞“嫌贫爱富”式调研，而应深入实际、深入群众、深入一线，用心察民情、听民声、问民意，用情找差距、找不足、找症结，用力想办法、补短板、强弱项。

3.成为遵章守纪的标杆。“教者，效也，上为之，下效之。”企业高层领导如果能坚持规矩面前人人平等、纪律面前没有特权、制度约束没有例外，带头遵章守纪，就能引领和带动属下自觉遵章守纪；相反，就会成为破坏纪律规矩的“第一扇破窗”，进而造成范围更大、不可挽回的“破窗效应”。所以，高层领导更要增强自律意识、标杆意识、表率意识，从我做起，以身作则，带头学习理解规章制度、法律法规，谨记不可触碰的“红线、底线、高压线”，把遵章守纪自觉体现到学习、工作、生活的方方面面，凡是要求别人不做的，自己首先要不做，要求别人做到的，自己首先要做到。

4.争做民主决策的表率。“拍脑门”“一支笔”是决策失误并造成巨大损失时有发生的重要原因。习近平总书记强调：“作决策一定要开展可行性研究，多方听取意见，综合评判，科学取舍。”这里的“多方听取意见”实质上是民主决策的基本要求。企业高层领导要防止随意动议、临时动议、动议由少数人或个人说了算等问题的发生；要着力完善决策咨询制度，尽可能广泛听取各方意见，做到问政于民、问需于民、问计于民，着力求得“最大公约数”，使决策尽可能切合实际、体现民意。只有如此，把不同意见统一起来，把分散的好建议集中起来，才能更好地实现决策的科学性。

5.严格选人用人的标准。选人用人始终是一个单位政治生态的风向标。选对一个人，温暖一片心；用错一个人，伤及一片心，贻害一方发展。企业高层在选人用人上必须严格标准，用“放大镜”近距离全方位观察人，深入考察识别其道德品行、工作能力、专业素养、敬业精神、工作业绩等，公道对待干部、公平评价干部、公正使用干部，使选出来的人才组织放心、群众满意、干部服气，而不能搞平衡照顾、论资排辈、降格以求，更不能搞小圈子、任人唯亲，在少数人中选人。对那些不胜任、不称职和不作为、乱作为、损害群众利益的人员更要及时做出处理和调整。

破除中层懈怠

志不求易者成，事不避难者进。中层干部，是企业发展的核心力量，他们处于“上传”和“下达”的枢纽位置，是连接“头脑”和“四肢”的“脊柱”，企业的高效运作离不开他们。在市场竞争异常激烈的当下，企业发展慢不得、等不起，机遇稍纵即逝，战略执行稍有偏差就可能前程尽毁、满盘皆输，企业必须想方设法让中层干部主动作为、奋发有为、担当善为。

1. 催生干事创业的使命感。使命感是人的内在的永恒的核心动力。一个人的使命感越是强烈，他的工作激情与生活热情就越是强烈。没有谁愿意碌碌无为过一生，都想成为更好的自己，关键是我们要去点燃他们奋斗的激情，让成就企业的发展愿景和具体目标成为中层干部个人的使命追求。企业要能为中层干部确立普遍信服接受的使命、愿景、价值观，让中层干部觉得这就是我想干愿干的事、这个目标切实可行、这样的理念我非常认同，我心甘情愿死心塌地不辞辛劳地为之奋斗。同时，企业也要切实做好典型选树、榜样宣传，教育引导中层干部向先进看齐，促动其积极作为。

2. 强化不负信赖的责任感。责任感和责任心是一个人成功和赢得他人信赖的必备条件。职位越高、权力越大，承担的责任也就越大。企业中层干部能够走到中层管理岗位，离不开组织的培养、领导的信任和群众的支持，而手中的权力也是一把双刃剑，担起责任就能对得起组织、领导、群众，不负责任则害人、害己、害组织。企业要对中层干部做好日常的谈心谈话和责任感教育，让其发自内心地认识到自身的责任，珍惜今天所拥有的工作权利,珍惜来之不易的工作岗位，珍惜组织、领导和同事的信任，从而不计较一时的得失与委屈，始终把心放在工作上，把工作放在心上。

3. 赋予不可或缺的存在感。有为才能有位，有位更需有为。企业中层如果能为上级献良策、解难题、当先锋、开新局，必然领导器重，在领导那儿他“不可或缺”；如果能为下级当表率、办实事、纠偏差、添干劲，必然群众敬重，在群众那儿他“不可或缺”。但如果只当个传话筒、做个南郭先生，也完全可以变得可有可无。当然，有些中层干部的“混”，也可能是因为“心寒了”，或者被人为地晾在一边。要让中层干部起到顶梁柱作用，就得让其体现价值，让其有机会参与到重大决策、重要项目、重点工作中来，有机会发表专业的意见和建议，有落实职能范围内任务的实权。

4.给予实干实惠的获得感。水不激不扬，人不激不奋，获得感对于中层干部而言，是最好的“强心剂”。中层干部通过埋头苦干、真抓实干，最终高质量完成各项工作任务后，内心必然渴求得到认可和回报。及时给予兑现、肯定和奖励，就能够持续激励其担当作为、善作善成。当初答应完成任务后兑现什么就兑现什么，千万不能打折扣，更要用好表扬、表彰和激励机制，真正让典型成为典型，让榜样成为榜样。而且奖就奖得让人有感觉，让人记得住，让人都心向往之；千万别搞那些不痛不痒、口惠实不至、撒胡椒面的奖励，那样只会适得其反，让人生厌，挫伤干事者的热情。

5.制造竞争淘汰的危机感。井无压力不出油，人无压力轻飘飘。不可否认现实中确有一些混日子的中层干部，有的因为年龄大的原因，感觉自己工作时光不多了，多一事不如少一事，不愿得罪人，但求无过不求有功；有的因职务职级等限制，遭遇了职场“天花板”，觉得没有晋升空间了，产生了“到站”思想，满足于守摊子、当“太平官”。这种现象如果不及时加以制止，就会败坏整个队伍风气、贻误企业发展。企业就是要建立起严格的中层干部竞争淘汰机制，在干部队伍中形成“鲶鱼效应”，使大家都紧张起来、忙碌起来、担当起来，让想干事、真干事、干实事成为主流导向。

激发基层活力

“问渠哪得清如许，为有源头活水来。”基层始终是企业一切工作的落脚点，是企业创效的主体、创新的源头、创造的前线、创业的根基。基层干部员工中不仅蕴藏着极大的改革动力和创新智慧，而且眼睛是雪亮的，他们最清楚企业工作中存在的突出问题。打造好的政治生态必须要想方设法激发基层活力，把基层干部员工的积极性、主动性、创造性调动起来。

1.鼓励员工大胆直言。“知屋漏者在宇下，知政失者在草野。”毛泽东主席曾讲：“学个孔夫子的‘每事问’，任凭什么才力小也能解决问题。”在互联网高度发达的今天，人们更容易接收各类信息，也更愿意主动表达自己的感受与观点，有事好商量，有事也必须商量。企业治理就是要走好用好群众路线，通过线上线下的结合，广开言路、诚心纳谏、释疑解惑，把该公开的内容公开到位，该解释的解释清楚，该征求意见的面都顾及，也切实把一线期盼、群众智慧、主流意见、基层经验充分吸收到工作中来。否则，工作中就易产生隔阂误解、脱离实际，群众不买账、工作难收场。

2.支持基层开拓创新。基层是企业距离市场、产品、群众最近的地方，是困难、矛盾、问题最集中的地方，创新始终是引领发展的第一动力。许多工作没有先例可循，没有经验可用，没有模式可搬，“没有一点闯的精神，没有一点‘冒’的精神，没有一股子气呀、劲呀，就走不出一条好路，走不出一条新路，就干不出新的事业。”我们不能让基层的干部员工戴着镣铐跳舞，整天当言听计从的小学生，而是应该积极营造宽松的创新环境，鼓励其以创新的思维、创新的思路、创新的举措，大胆闯、大胆试、大胆干，努力跳起来“摘桃子”。当然鼓励创新，不是鼓励蛮干，企业更有责任在基层创新中发挥好指导、引导作用。

3.包容各种鲜明个性。鲁迅先生说过：“猛兽总是独行，牛羊才成群结队。”那些“有棱有角”的人看似难以相处，但大多都是有思想见地，不随波逐流的有识之士。干事创业不仅需要善抓落实、踏实肯干的执行者，更需要有思想、有头脑、有谋略，敢想敢干、敢说敢做的人。如果干什么事都唯唯诺诺、可方可圆，说白了就是没有思想、没有主见、没有原则、没有底线。基层是各类人才的“跑马场”，组织需要优秀人才彰显个性、崭露头角、脱颖而出。而基层团队建设更不需要性格千人一面、做事千篇一律，而是希望大家在同一目标和规则的指引下，八仙过海各显神通。

4.尽可能一碗水端平。“管理者偏心，员工寒心。”员工能谅解管理者因经验不足而出现的失误，却无法容忍企业管理者的不公正之风。如果亲一派、疏一派，厚一伙、薄一伙，“一个锅里做出两样饭”，势必导致企业内部怨气丛生、人心涣散。实践证明，搞小圈子的管理者，圈子会越搞越小，干不成大事。要想客观地对待员工，把一碗水端平了，企业管理者不能与一部分或个别人过分亲密，而同时过分疏远另一方。在工作问题上，要坚持一把尺子量到底，自觉将法规政策内化为心中的戒尺，一切按制度来、按程序走、按规矩办，不要戴“有色眼镜”看人，更不能“看人下菜”。

5.选树过硬先进典型。一个典型就是一面旗帜，一个模范就是一座丰碑。运用榜样的力量，抓好典型示范，是我们党思想政治工作的优良传统。但不可否认，现实中一些单位政绩观不端正，或为了迎合形势，或为了个人需要，把抓典型当作追求“轰动效应”、展示“政绩”的重要手段，为了凸显政绩、虚构成绩，人为拔高典型形象，创造出“高大上”的典型，让典型丢掉了公信，失去了市场，起到的作用适得其反。所以，选树先进典型一定要实事求是，要经得起考验，经得起推敲，对尚不够标准的，决不能上“人工肥”、盖“保鲜膜”、进“温室养”，人为地拔高、垫砖。

低油价给油田人力资源管理带来一次变革的机遇

当下，国际油价持续低迷，油田企业大都陷入亏损困境，人员结构性富余、单位劳动生产率低下的问题更加凸显。问题倒逼改革，实现机构与人员减肥消肿，建立起精干高效的干部员工队伍，已经是油田生存发展必须迈过去的坎，也恰是人力资源管理实现现代化、市场化改革成本最低、阻力最小、负面效应最轻的一次难得机遇。但怎么“瘦身”、如何“健体”，我们必须有全局性的眼光，系统的思维，更要有壮士断腕的决心，要从顶层设计开始，统筹谋划，科学推进。

一、应按照“人事匹配”的原则，在定岗定编上动真刀子，全力打造精干高效的员工队伍

人多事少，必然人浮于事，效率低下；人少事多，也会顾此失彼，风险丛生。最合理的就是多少人就干多少事，多少事就用多少人。通过重新定岗定编，把人的规模与事的大小、难度及工作手段、条件三者匹配起来，去掉不该干的事、不用多余的人、充分发挥好先进设备与技术手段的效能，我们才能真正实现机构精干化、管理扁平化、生产专业化、行为市场化。

1. 开展好事的有效性分析，果断取舍。企业不是福利机构，存在的目的就是要创造经济效益。我们应该以经济效益为中心，结合“十三五”规划，更加明确发展的方向与重点，对自己所做的大事小事再来一次彻底剖析研究，再来一次清理整顿，整体统筹和优化资源配置，对有效益、有前景、也是自己擅长的就着力强化；无效、低效，甚至不该企业干的事，自己不擅长、专业不对口、发展无前途的事，该退出的退出、该关停的关停、该合并的合并、该压减的压减、该外包的外

包、该移交的移交，要杜绝效益的出血点、流失点。

2. 开展好人的结构性分析，科学分流。理清了我们该干的事，也就清楚了企业用工总量应该控制在多大规模，对比现在的规模应该压减多少人员。为保证压减工作的顺利，就需要对现有人员的结构，尤其是年龄结构、用工分布情况进行细致分析，抓住减员主要矛盾与矛盾的主要方面，优化劳动组织形式和岗位设置，依据集团公司文件和国家法律法规进一步畅通退出和分流渠道，修订完善提前退休、内部退养、转岗安置、解除劳动合同等具体可行的而且有吸引力的减员政策，确保岗位富余人员能够平稳地减得下来。

3. 开展好物的适配性分析，提质提效。经过多年的信息化建设与设备的持续更新，应该说当下油田无论是装备还是软件都具备一定的先进性，完全可以大幅提升工作效率和效能。我们决不能开着奔驰、宝马，跑在高速公路上，却和拖拉机跑得一样快、一样耗油。我们需要对照行业先进水平，来一次全方位对标，看一看我们的低速、高耗到底是车的问题、路的问题还是驾驶问题。车的问题就修车、路的问题就修路、驾驶的问题就解决驾驶的问题，就是要发挥出先进设备与手段最大效能，不能让优质资产闲耗空转。

二、应按照“人岗相宜”的原则，在选人用人上来场真革命，着力构建才尽其用的体制机制

做到人事匹配之后，紧接着就是人员配置问题，也就是要“量体裁衣”、选好人、用好人，就是要按照“岗得其人”“人适其岗”的原则，根据不同的人不同的能力与素质、专长与爱好将不同的人安排在各自最合适的岗位上，追求单位需求与个人愿望的最大公约数，努力做到“人尽其才，才尽其用”。

1. 想方设法让各类人才如鱼得水。有研究表明，一个人才如果在与其

才能不对口的岗位上工作，其才能将有30%被无形吞没，甚至会一事无成，阻碍事业的进步。因此，我们要全面分析了解每一名干部员工的基本素质、业务素质、适应能力和个性特征，再通过科学设置岗位、合理界定职责、开展企业与员工需求对话，持续优化人员配置，尽可能让所有的事，都有合适人去做、去管；让所有的人，都做与管相应的事、合适的事，真正用人所长，避人所短，量才适用，使各类人才的才能与智慧都用在刀刃上。

2. 千方百计让优秀人才浮出水面。要彻底去除岗位论资排辈、干部能上不能下、人员能进不能出、收入能高不能低的坏毛病，牢固树立“岗位靠竞争，收入凭奉献”的思想，进一步改进完善现有个人绩效考核方式，实行关键绩效指标法和行为锚定法相结合，日常绩效考核和定期绩效考核相结合，能力与态度相结合，组织鉴定与群众测评相结合，建立更为科学有效的干部员工考核评价体系。同时，通过搭建技术比武、论文交流、难题招标、成果展示等舞台、赛道，使优秀人才能够看出来、站出来、用起来。

3. 全力以赴让精英人才跃过龙门。比尔·盖茨曾经说过：如果把我们最优秀的20名员工拿走，微软将变成一个无足轻重的公司。精英人才是企业得以快速向前发展的“发动机”，只有让精英人才在竞争中显露，才能为企业创造更强的生命力。宰相起于州部，猛将发于卒伍。精英就蕴含在群众之中、人才之间，我们必须完善精英人才的培养、举荐、发现机制。要通过技能大赛、民主推荐、组织考察、绩效考核、自我推荐等方式敞开举才渠道，把精英人才、拔尖人才、领军人才、管理帅才找出来，让他们发挥更大作用。

三、应按照“人人争先”的原则，在团队建设上下足真功夫，努力形成你追我赶的人文环境

原子弹威力来之于核裂变释放出的巨大能量，而氢弹则是利用原子

弹爆炸产生的超高温和超高压，再产生核聚变而释放出更大规模的能量。在日趋残酷激烈的市场竞争面前，团队建设就是要追求个体“裂变”基础上的聚变，努力实现1+1＞2，才能经受住一场场大仗、恶仗、苦仗的考验。

1. 要让高喊跟我上的人扛旗。雁飞千里靠头雁，船载万斤靠舵人。有多大的担当才能干多大的事业，尽多大的责任才会有多大的成就。什么样的干部就会带出什么样的团队。越是挑战多困难大的时候，越需要敢于动真碰硬、善于改革创新、长于协调不同利益诉求的领导干部。这就需要我们强化政治标准、实绩导向，坚决换下畏首畏尾、碌碌无为、四平八稳的领导干部，大力选拔政治品行过硬、能够驾驭全局、敢抓敢管敢担当的“狮子型”干部当队长，由这样的干部带领团队、引导员工奋发向前，大胆试、大胆闯。

2. 要让大呼我要上的人冲锋。用什么样的人、不用什么样的人，对广大干部员工、对整个队伍建设具有重要的导向作用。当下的企业竞争异常残酷，俗话说狭路相逢勇者胜，有人扛旗还得有人跟着冲锋，油田发展需要一大批有激情、想干事、会干事、干成事而又不出事的干部员工。工作中，我们要建立差距明显的薪酬激励机制、力度空前的晋升和淘汰机制，就是要形成鲶鱼效应，给予那些锐意进取、敢于冲锋、主动作为的员工更多的成长机会，让他们当先锋、打头阵、攻难关，以此激发整个团队发出嗷嗷叫的声音。

3. 要让敢说我能上的人兴奋。一花独放不是春，百花齐放春满园。团队需要的是心往一处想，劲往一处使；需要的是分工协作，优势互补；需要的是团结友爱，关怀帮助；需要的是风雨同舟，甘苦与共。经过结构精简、岗位挑选留下的员工应该说都是不可放弃的宝贵资源，都有破茧成蝶、实现自我价值的渴望与能力。工作中，我们不能轻易落下一个人，要侧重在“绩效考核”“薪酬调整”“职位评聘”与“文化建设”等方面多想办法，努力让所有人都兴奋起来，都成为必须干事、主动干事、高效干事的一员。

“夫战，勇气也。”邓小平同志说过，“没有一点‘闯’的精神，没有一点‘冒’的精神，没有一股子气呀、劲呀，就走不出一条好路，走不出一条新路，就干不出新的事业。”历史的机遇不可丧失，提着那么一口气，鼓着那么一股子劲，坚持全面深化改革不动摇，我们定能化危为机，开辟出发展新境界。

（本文发表于《石化人力资源管理》2016年第4期）

（八）
安全工作怎么抓

道路千万条，安全第一条。在企业抓好安全生产是头等大事！习近平总书记强调，安全生产要坚持党政同责、一岗双责、齐抓共管、失职追责，管行业必须管安全，管业务必须管安全，管生产经营必须管安全。

企业党组织要高度重视安全生产工作，将安全生产融入党建工作，与党建一起抓、资源一起用、工作一起推，做到同谋划、同部署、同推进、同督查。尤其要在“人”字上下功夫，从全员思想意识上实起来，牢固树立科学的安全理念，全力营造“我要安全”的浓厚氛围；从员工岗位素质上强起来，用心打造扎实的安全基础，着力构建“我能安全”的铜墙铁壁；从干部履职尽责上严起来，确保践行有效的安全管理，大力提升“我保安全”的扎实本领。

要抓住“一把手”不放，让其把安全生产第一责任人的责任扛起来，拿出大思路、实措施、硬办法，想干会干，真抓实干，埋头苦干，确保企业安全生产。

抓安全关键要在“人”字上下功夫

2019年3月21日，江苏响水化工园区发生特大爆炸事故，造成重大人员伤亡与财产损失。消息震惊全世界，也给我们再次敲响了安全生产的警钟，告诉我们安全是一切工作的基础，没有了这个基础，万有一失，一失万无！纵观国内安全生产形势，各路安全工作不可谓不重视、不可谓不努力，要求是越来越严，处罚是越来越重，投入是越来越大，措施是越来越多。可是重特大安全生产责任事故仍然时有发生，虽然原因是多方面的，但背后都深刻反映出现实社会人们思想的浮躁、安全能力素质的不足、管理者履职的懈怠，归根到底还是人的问题。为了确保安全生产，我们在加大硬件投入的同时，关键要在“人”字上下功夫。

一、要从全员思想意识上实起来，牢固树立科学的安全理念，全力营造“我要安全”的浓厚氛围

安全意识淡薄是发生事故的罪魁祸首，忽视对安全意识的培养是最大的安全隐患。抓安全生产，我们必须从思想入手，始终绷紧安全生产这根弦。安全理念、安全提醒、安全要求就得天天讲、反复讲，让大家真正将“安全第一，预防为主”记到心里、刻在脑中，要让科学的安全生产理念变成干部员工的本能反应。

一是要牢固树立“不抓安全就是瞎忙”的理念。忽视安全抓生产似火中取栗，不顾安全求效益如水中捞月。事实一再证明，不安全就是最大的浪费，也是最大的经济损失。一旦出了事故，给企业造成的直接损失少则几千、几万，多则百万、上亿……，而且还有后续方方面面的间接损失。若伤及人员，还会给个人、家庭带来灾难和痛苦，也会给社会带来伤害，影响企业在社会上的声誉，损失难以估量。所以我们必须学

会算安全账，算一算出了事故以后给员工、给家庭、给企业乃至给管理者自己带来的损失，从根本上厘清安全与效益的关系。不能两眼只盯着指标、盯着生产、盯着眼前暂时的利益，还要看到安全对效益的重要性，坚决做到先安全再生产，不安全不生产。否则，实现企业可持续的高质量发展将是天方夜谭，再忙都是瞎忙。

二是要牢固树立“一切事故都可避免”的理念。事故的发生离不开“人的不安全行为”和“物的不安全状态”及其相互联系。如果预先对工作场所、设备等工作对象、劳动工具及人的行为进行风险辨识，预先采取针对性的预防措施，事故是完全可以避免的。以生产黑火药起家的杜邦公司，正是出于对“一切事故都可避免”这一理念坚定不移的认同和孜孜不倦的实践，尽力斩断“事故链”的每一个环节，圆满实现了“零伤害、零职业病和零事故”的长周期安全目标，成为现代企业安全生产的典范。现实的榜样就摆在这里，只要我们积极借鉴杜邦公司的成功做法，消化吸收其安全理念，始终把安全放在想事情、做决策、干工作的首要位置，在事故预防上下足真功夫，把一切安全隐患消灭在萌芽状态，安全事故就一定可以避免。

三是要牢固树立“人的生命最为宝贵”的理念。世间万物，生命最宝贵。习近平总书记说“人命关天，发展决不能以牺牲人的生命为代价。”“发展是硬道理”没有错，但发展绝非不计代价，更不能被曲解是一切为发展让路，甚至包括人的生命。我们搞建设、谋发展，最终目的不是创造多少GDP、上多少项目、盖多少高楼大厦，而是让人民过上更加幸福美好的生活。人没了，发展还有什么用；人没了，还怎么能发展？在发展的过程中，我们必须坚持“以人民为中心”，始终把“生命高于一切”的理念落实到生产、经营、管理的全过程，处理好速度质量效益的关系，切不可片面追求发展。也只有把安全生产与生命联系起来，方能不麻痹、不逞能、不蛮干，做到不伤害自己、不伤害他人、不被他人伤害、保护他人不受伤害。

四是要牢固树立“日常小节不容忽视”的理念。古语云：“只一个俗念头，错做了一生人，只一个俗眼目，错认了一世人。”对隐患的认知同样如此，一次不起眼的错误认知或者一次不经意的违章就有可能埋下重大事故隐患，给安全带来巨大威胁，甚至是灾难性的后果。正如蝼蚁之穴可以溃千里之堤、一个甲烷气泡就引发了BP公司墨西哥湾钻井平台爆炸。小事酿大祸，例子举不胜举。做好安全工作，我们必须有正确的态度，安全无小事，不能有丝毫侥幸心理，发现问题，就要“小题大做”。只有树立起“防患于未然”的忧患意识，保持心细如发，随时注意发现、察觉自己身上、工友身边以及每一道施工工艺、细小环节和点滴小事中存在的安全隐患，及时采取自保、互保、联保等方式去排除、处理隐患，才能真正防患于未然。

五是要牢固树立“制度落实全在人为”的理念。面对频发的安全生产事故，我们并不缺少相关管理制度规定。可以说在影响安全生产的诸多因素中，最大的问题就是有章不循，有令不行，有禁不止。面对违章违纪，我们往往见怪不怪，司空见惯；明知不对，少说为佳，多一事不如少一事；面对问题和矛盾，往往遮掩回避，不负责任，敷衍了事，大事化小，小事化了，不敢碰硬，怕得罪人。以麻木不仁的精神状态抓安全，迟早要出事故。可以说，制度再好，管而不严等于白管，抓而不实等于不抓，最终只能是形同虚设，沦为“纸老虎”“稻草人”。落实安全生产制度，绝不能只有“三分钟热度”，必须强化刚性约束，画一之法、令行禁止。只有确保安全制度落地生根，安全制度才能成为干部员工实实在在的“护身符”。

二、要从员工岗位素质上强起来，用心打造扎实的安全基础，着力构建“我能安全”的铜墙铁壁

一栋大厦的拔地而起，离不开一批高素质的建造者。同样，确保企

业的安全生产也要依靠高素质的员工，依靠我们的员工能够熟练掌握岗位安全生产技能，自觉遵守规章制度，拥有强烈的工作责任心和一以贯之的小心谨慎的工作态度，以及具备应对危急时刻科学快速反应的能力，这是我们抓好安全生产的保障。

一是要强化“技能过硬”的素质。武艺练不精，不是合格兵。对员工而言，具备过硬的岗位操作技能和安全生产技能，能够胜任本职岗位，是保证安全生产的要素之一。现如今生产作业系统性、联动性、智能化程度是越来越高，对员工应知应会能力的要求也随之提高。如果没有应对处理各种突发问题过硬的基本功，遇到问题就可能反应迟钝，手足无措，手忙脚乱，使问题蔓延扩大，最后酿成事故，给企业造成财产损失，带来人身伤害。所以，员工平时要加强先进设备和技术的学习，本着“干什么、练什么，缺什么、补什么”的原则，主动学、自觉练、用心钻，苦练基本功，能够熟知本工种的作业规程、安全规程、操作规程，以确保在紧急情况下从容应对各种突发问题，及时准确处理各类岗位风险，确保安全生产。

二是要强化“遵章守纪”的素质。遵章守纪无疑是安全生产的基础和前提。据统计，全国每年上百万起的事故中，95%以上是由违章指挥、违章操作、违反劳动纪律导致的。可以说，安全生产的各项规章制度、操作规程、法律法规都是实践的结晶，是血的教训、生命代价总结出来的。所以，我们必须对安全生产规章制度心存敬仰，心有敬畏，绝不能跟规章制度“讲条件”“要回扣”。任何时候都要自觉维护制度权威，从我做起，从现在做起，从点滴小事做起，把遵章守纪始终贯穿于整个生产过程之中，是认真地而不是轻率地、是长久地而不是临时地、是自觉地而不是被迫地，严格遵守各项安全生产规定和操作规程，把遵章守纪变成自己工作和生活的一个良好习惯，真正用遵章守纪保障企业安全生产，实现企业高质量发展。

三是要强化“爱岗尽责”的素质。一个人的对待岗位的态度和工作责任心，决定着其工作的好坏和成败。安全是一项长期工作，能否持续保持下去，员工的责任心是关键。有了责任心，就能充分发挥主观能动性，丰富制度的内容，弥补制度的不足，创造性地落实制度；有了责任心，就会自觉把岗位职责、分内之事铭记于心，该做什么、怎么去做及早谋划、未雨绸缪；有了责任心，就会一心扑在工作上，不因事大而难为、不因事小而不为、不因事多而忘为、不因事杂而错为。我们要通过爱岗模范宣传、“我为安全做诊断”等一系列活动，增强员工的岗位认同，自觉做到“心中有责不懈怠”，主动履行岗位职责，排查隐患、堵塞漏洞。同时，做到了爱岗尽责，锤炼岗位技能、严格遵章守纪也会成为员工自发的需求。

四是要强化“小心谨慎”的素质。小心驶得万年船，谨慎能捕千秋蝉。安全是做乘法，稍不留神，事故的幽灵就会出现在眼前，无论哪个环节出了纰漏，工作全部归零。许多血的教训，无不是麻痹大意、行为鲁莽、糊涂胆大酿成的悲剧。所以，工作应该是越干胆越小。因为胆小，工作才会谨慎、细心，处处考虑到安全，时时防止事故的发生，不给安全隐患留下丝毫的漏洞。安全生产也是一项极其细致的工作，生产中的每个环节、每道工序、每一部位都应小心翼翼，谨慎从事，容不得丝毫“胆大马虎”。毕竟，再完善的制度，再严密的措施，再频繁的检查，最终还需要人的操作。胆小不仅要成为管理者的意识，更应成为全体员工的共识，人人谨小慎微，个个做好防范，安全之舟才不会颠覆，安全工作才会稳固。

五是要强化“紧急避险”的素质。根据《中华人民共和国安全生产法》的规定，劳动者发现直接危及人身安全的紧急情况时，有权停止作业或者在采取可能的应急措施后撤离作业场所。紧急避险权是劳动者自己可以直接做出的一项重要决定权。实践中，如何判断“直接危及人身安全的紧急情况”，什么样的措施算是“可能的应急措施”，都需要我们平时切实加强有关应急知识的学习与演练，能够对生产中工艺流程、设备运行、人员操作等过程中的异常危险，还有可能突发的自然灾害、暴恐袭击、火灾、爆炸、化学污染等，进行超前预测，科学预防，能够熟练掌握安全逃生、生命救护技能和特情处置方法，增强自救、呼救、互救应急处置能力，当突发情况出现时，能够知道如何最大程度地保护自己和他人不被伤害或少受伤害。

三、要从干部履职尽责上严起来，确保践行有效的安全管理，大力提升“我保安全”的扎实本领

干部是企业管理的骨干力量，协调推进企业本质安全，归根到底要靠各级干部来带头、来组织、来落实。习近平总书记强调，管行业必须管安全，管业务必须管安全，管生产必须管安全，而且要党政同责、一岗双责、齐抓共管。干部必须以斩钉截铁的态度、敢于担当的真诚，履行安全监管职责，这也是我们抓好安全生产的关键。

一是要练就“听”的本领。“兼听则明”。干部对上级关于安全生产的要求和指示，要能听得清楚明白，迅速有力地贯彻落实到位，绝不能左耳朵听右耳朵出，走过场、打折扣；对上级检查出的问题，必须认真整改，并举一反三，不能阳奉阴违。江苏响水爆炸事故就是一起对上级要求阳奉阴违、屡教不改的典型案例，代价惨重。对同行关于安全生产的经验和教训，要能听的用心，要从别人的事故中，吸取教训，对照自己查漏补缺，立行立改，不能再犯别人犯过的错误；对别人好的经验做法要大力借鉴运用，让自己少走弯路。对基层关于安全生产的建议和反映，要能听得入心，一线同志是最了解安全生产真实情况的，提出的意见和建议，往往也是最直接、最现实、最中肯的，我们必须虚心请教，真心采纳好的意见和建议。

二是要练就“看”的本领。干部不仅要会听别人说，自己还要练就一副“火眼金睛”，能够深入现场仔细观察，围绕“人、机、料、法、环”五个要素，看数据资料的真实性、完备性、异常性，看工作内容的

合法性、工作措施的合理性、工作行为的合规性和工作结果的合格性，看人是否有不安全行为、物是否有不安全状态，看工序之间衔接的科学性、稳定性，看生产环境的安全性、条理性、规范性，等等。要通过“看”，找出不安全现象与隐患，当发现危及人身安全与健康的重大不安全因素时，立即采取停工、紧急撤离等应急措施；对发现的一般问题，要揪住不放，严格落实整改措施，实行包案限时销号，确保风险可控；要通过“看”，透过现象寻找隐患的源头，拿出治本举措；寻找到安全管理的规律，拿出高效办法。

三是要练就“讲”的本领。重视安全生产，怎么强调都不为过。身为干部，任何时候都要主动做企业安全生产的宣传者、推动者、践行者。围绕安全生产，干部必须练就“会讲”的真功夫，做到敢讲、善讲、大讲、特讲、常讲，坚持与会必讲、与事必讲、与人必讲，大张旗鼓地讲、图文并茂地讲、举一反三地讲，保持百讲不厌、常讲常新。通过时时、处处、事事提安全要求、谈安全责任、道安全道理、说安全细节、讲注意事项，让员工听得耳朵起茧子，使安全观念、安全意识潜移默化根植在员工心中。尤其批评违章违规现象，更要拉下黑脸，讲重话、狠话，讲得违反者面红耳赤、刻骨铭心、永不再犯。当然，讲就要讲到点子上，说就要说内行话，这需要干部平时必须勤学善思好问多实践会总结，以不断增加自身知识的储备。

四是要练就“补”的本领。亡羊补牢为时不晚。事故一旦发生，干部要能及时补救，及时地把“窟窿”补起来，阻止事态扩大，避免遭受更大的损失。事后要认真分析原因，坚持问题导向，强化底线思维，把安全形势考虑得复杂一些，把安全问题考虑得严峻一些，举一反三，修补好思想漏洞、监管漏洞、作风漏洞和技术漏洞，及时消除各类隐患。平时还要有一种“常补不懈”的思想。因为事物总是在不断发展和变化，原有的“漏洞”补好了，还会出现新的漏洞。即使原有漏洞补好了也会复发，只有认认真真修补并常补不懈，才能保证“羊圈”牢固，杜绝“亡羊”事情的发生。同时，要按照“党政同责、一岗双责、管业务也管安全”的要求，干部之间、部门之间及时补位，相互补台，携手同心织好安全生产的防护网。

五是要练就“抓”的本领。“打蛇打七寸”，干部抓安全必须抓重点、抓关键、抓要害。工作要分清轻重缓急，能够突出重点并善于攻克难点，切忌“眉毛胡子一把抓”，更不能“东一榔头、西一棒子”；针对薄弱环节和共性问题，能够整合方方面面的力量，采取“靶向”工作法，精确“制导”，直取问题“病灶”，该投的投到位，该管的管到位。要建立起事前、事中、事后全程跟踪的过程管控机制，及时匡正人与物的状态；立足长治久安，牢牢抓住制度建设这个“牛鼻子”，努力形成主体明确、层级清晰、具体量化的无缝责任链条；并坚持从严考核、奖惩到位，给安全管理装上“铁嘴钢牙”，切实让先进者受奖励、达标者受鼓励、后进者被鞭策、失职者被问责，努力开创出人人、时时、处处讲安全的良好局面。

（本文发表于《石化人力资源管理》2019年第2期；《中国石油企业》2016年第1期，文章标题为《管理尽责练就安全本领》）

一把手抓安全生产要有“123456”的理念

道路千万条，安全第一条。安全生产任何时候都是企业的头等大事，更是企业一把手的重要职责之所在。但安全生产涵盖企业全员、全领域、全天候，无时不在、无处不在、无所不在。一把手作为企业安全生产的总负责人，职责偏重于谋划、统领和总揽，抓的重点应该是主要矛盾，决不能眉毛胡子一把抓、东一榔头西一棒子，必须纲举目张，要有大逻辑、大视野、大思路，要有“123456”的理念。

树立一根红线

习近平总书记指出："人命关天，发展决不能以牺牲人的生命为代价。这必须作为一条不可逾越的红线。"总书记的话直抵人心，为企业安全生产画出了一条红线，提醒我们人是最宝贵的财富，企业发展不能捡了芝麻，丢了西瓜，坚决不能要"带血的GDP"。人没了，发展还有什么用？人没了，还怎么能发展？所以，一把手抓安全必须要把"生命高于一切"的理念落实到生产、经营、管理的全过程，决不能讲条件、犯迷糊、打折扣，决不能麻痹、逞能、蛮干，要时刻提醒自己不伤害自己、不伤害他人、不被他人伤害、保护他人不受伤害。

保持两种心态

心态决定状态，状态决定成败。"安全心态"具备与否，不仅会在一定程度上影响一把手对安全生产的看法，也会影响其执行标准化作业制度的力度，还会影响到企业安全生产的具体结果。具备"安全心态"，就是要时刻绷紧安全生产这根弦，平常不能松，节点不能乱。

1. 越是平常越要"小心谨慎"。小心驶得万年船，谨慎能捕千秋蝉。很多人认为，安全生产有"淡""旺"季之分，平常是"淡季"，生产节奏稳定，一切按部就班、驾轻就熟，安全生产不会有什么大问题。然而，"淹死的都是会水的"，很多安全事故恰恰就发生在平常，或因一时思想麻痹，或因一丝疏忽大意，或因一次不以为然，血淋淋的教训面前，其共性往往都是"轻视、蔑视、不重视"心态的存在。所以，平常工作应该是越干胆越小。因为胆小，工作才会谨慎、细心，处处考虑到安全，时时防止事故的发生，不给安全生产留下丝毫的漏洞。

2. 越是节点越要"忙而不乱"。越忙的时候，意外和急迫的事情就越多，越容易乱，一乱就会错二连三，此时极需要稳定心神、抖擞精神、聚精会神。稳定心神就是事情再多也要稳住心、定住神，分得清轻重缓急、拿定最优方案再去做，不能冒冒失失、火急火燎；抖擞精神就是要变压力为动力，繁忙之时不能再按部就班，要以超常规的举措应对超常规的工作负荷，该加班的就得加班，该增添人手和装备的就得增添人手和装备；聚精会神就是要集中精力聚焦于任务的完成，重点问题重点攻克，不分心不走神不松劲，一鼓作气打赢安全生产攻坚战。

做好三个考量

兵法有云，对于一场战役而言，关系到胜负的，天时、地利、人和至关重要。在安全生产这场没有硝烟、永无止境的"战役"中，要想立于不败之境，同样要考虑到"天时、地利、人和"，要能做好"量时度势"抓安全、"量体裁衣"抓安全、"量力而行"抓安全。

1."量时度势"抓安全。所谓"量时度势"就是要按照当下季节与形势抓安全。每个季节有每个季节的特点，安全生产的重点各不相同。如：夏季，天气炎热、雷雨天气多、空气潮湿，安全生产就得重点针对防台防汛、防雷、防中暑、防火做好安排；冬季，天气寒冷、气候干燥、草木枯萎、道路易结冰，安全生产就得重点针对防火、防滑、防寒、防冻、防交通事故等做好安排。与此同时，也要考虑在国庆、两会、春节等特殊的节点和政治敏感时期，确保安全生产更是讲政治讲大局的体现，更要上心用心，细之又细、慎之又慎，确保万无一失。

2."量体裁衣"抓安全。所谓"量体裁衣"就是要按照最新的规范、最新的要求抓安全。安全生产只有规定动作，没有自选动作。随着安全监管的全面从严，国家和地方、上级部门根据形势发展、现实要求，特别是一些血淋淋的教训，不断地在制定、修改、完善有关安全生产的各种法律法规和要求，陆续出台各类新的规定和要求，在持续改变我们安全生产工作依据的条件。这就要求我们，必须时刻关注新的政策、措施、规范和要求，结合企业实际及时修订完善自己的规章制度，调整生产工艺和流程，时时事事讲规矩，在规范内行为做事。

3.“量力而行”抓安全。所谓“量力而行”就是要按照自身的实际能力大小承担相应业务和工作，不逞强不逞能。俗话说，没有金刚钻，不揽瓷器活。生产负荷超载、超速、超支、超期，等等，越过自身能力边界的形成的事故层出不穷，一次次为我们敲响安全生产的警钟。明知不可为而为之，心存侥幸心理，违章指挥、违章作业、违反劳动纪律“三违”现象屡禁不止。根据对全国每年万起事故的原因进行分析，95%以上是由于“三违”而导致的。作为单位一把手，必须有能力边界意识，尽力而为更要量力而行，从我做起，杜绝各种逞强逞能行为。

常使四个动作

万物本原归一，诸事法理相通。一把手抓安全就和中医问诊治病道理类似。中医问诊治病讲究“望、闻、问、切”，通过观气色、听声息、询问症状、指摸脉象，来确定病因，对症下药。在安全生产管理中，认真用好“四诊”疗法，也能敏锐发现各类问题，给出科学合理的对策，以消除安全隐患。

1.“望”。就是一把手要经常望管理者的“黑脸”拉下没有、违章者“红脸”出现没有、员工家属的“笑脸”露出来没有。“严是喜欢，松是害”，安全管理人员在企业安全生产中至关重要，就是要敢于当“黑脸包公”，及时指出员工在生产中错误的操作行为，阻止投机取巧的心态。对违章人员要按照“四不放过”原则，大胆批评、严格处罚，让其认识到错误，红脸出汗，铭记在心，以避免重犯同类错误。要从观察员工家属脸色，感知企业安全管理工作的成效，企业安全保障到位了，员工家属对家人工作安全放心了，自然会露出“笑脸”。

2.“闻”。就是一把手要能多闻现场气味、多听各方声音。当你闻到了不该有的气味或者听到异常的杂音，肯定是设备出现异常状态，如电机发热、减速机缺油、搅拌器不水平、超压等，要及时处理。同时，通过听汇报、召开座谈会、个别谈话，积极主动听取员工对安全工作的心声、诉求、愿望及不同意见，也可以听话辨音，全面分析掌握安全生产的形势，了解员工安全意识是否强，对安全工作是否重视，安全技能掌握是否熟练，是否有好的经验做法，听他们是否刻意彰显什么，刻意回避什么，等等，从而集思广益实现安全生产最优化。

3. “问”。就是一把手要能围绕安全生产主动发问、询问、质问，通过沟通和交流，了解问题的发生、形势的演变、现有的症状、处置经过和其他有关情况，进行综合分析而作出合理诊断。不少人看过中医，知道中医的“十问歌”：“一问寒热二问汗，三问头身四问便，五问饮食六问胸，七聋八渴俱当辨，九问旧病十问因，再将诊疗经过参，个人家族问个遍……”十问言简意赅，几乎包括了问诊的所有内容。企业一把手也要向中医学习，抓准主诉问深全，结合本单位实际，总结一套自己“问”安全问题的方法。

4. “切”。就是一把手要在“望、闻、问”的基础上，由此及彼，由表及里，去粗取精，去伪存真地分析，把握安全生产工作脉搏，切中安全工作中问题和要害，未病先防、既病早治、愈后防复，科学开出对症的“良方”。要能开出“良方”，除了掌握大量生产信息，也要具备深厚的“医学”知识储备。一把手就是要能熟悉方方面面的情况，知道各种病的治疗方法，建立健全检查监督、安全预警、问题整改、跟踪监督、结果激励、责任追究等多位一体安全管理运行机制，从而实现安全管理由被动应付向主动防御转变。

把握五条原则

事物总是一体两面、对立统一、相生互补的。安全生产涉及上下级、域内外、软硬件、宣传与考核、处罚与教育等，是综合性、系统性、整体性、一体性很强的管理工作，必须坚持综合统筹的辩证思维整体抓抓整体，多管齐下、左右开弓、协同发力。否则，就会以偏概全、顾此失彼。

1. 把握“上下一致”原则。就是在安全生产的要求上必须保持政令畅通、令行禁止、杜绝例外，定下来的要求必须一诺千金、一视同仁、一个标准、一把尺子、一以贯之、一抓到底。“上面雷声大，下面雨点小”，上热下冷、要求层层衰减是长期以来存在于企业安全生产工作中的通病，也是安全生产事故频发的重要原因之一。要实现上下一致，首先上级领导要以身作则，率先垂范、行为示范、立身为范。对那些严于律人、宽以待己的管理干部，要坚决予以从重惩罚；对那些阳奉阴违、表里不一的干部员工，要坚决予以从严处理。

2. 把握“内外协同”原则。就是在安全生产的统筹上必须要有一家人、一条心、一盘棋、一股劲、一个目标的思想，形成齐心合力、齐抓共管、齐头并进的局面，以万众一心保证万无一失。现在企业业务很少固定于一个地点一个区域，大都是以本部为核心扩展开来，各类资源在相互间充分流动。为了保证企业整体安全和资源利用最优化，企业必须建立一套统一标准、统一指挥、统一调度的安全生产管理体系，域内域外不分彼此，层层压实安全生产主体责任，个体不能讲条件、打折扣、有差别，才能确保工作的有序衔接、内外资源的统筹利用。

3. 把握“软硬互补”原则。就是在安全生产的投入上既要依靠“硬”的物质条件改善，也要依靠“软”的能力水平提升，不可偏废。在硬件上该投入的就得投入，该维修的就得维修，该淘汰的就得淘汰，不能舍不得花钱，这是企业安全生产的前提。但也不是说设备足够先进、足够新，设施足够完善，安全生产就万事大吉了，员工的安全技能、安全意识、规则制度、生产工艺流程、安全文化建设这些“软件”也非常关键，同样是实现本质安全的重要组成。一把手只有同步加大软硬件人财物等各方面的投入，才能不断提升企业的本质安全水平。

4. 把握“虚实结合”原则。就是在安全生产的氛围营造上既要有大张旗鼓、形式多样、活泼生动、入耳入眼的宣传教育，也要有实打实的考核和奖罚。反思企业发生的大大小小安全生产责任事故，绝大多数和“低老坏”有关，一些低级错误甚至是一犯再犯。为什么“低老坏”现象屡禁不绝呢？主要原因是教育没有让其入脑入心、刻骨铭心、记忆犹新，处罚少了、弱了、轻了。对那些屡教不改、屡次再犯的一定要加重处罚，罚得让其心痛，让其留下“一朝被蛇咬十年怕井绳”的记忆，这样才能使其重视安全生产，不把安全教育当成耳旁风。

5. 把握“刚柔并济”原则。就是在安全生产的教育上既要以规章制度为刚性依据严格管理硬碰硬，更要通过思想和生活层面关注关心关爱员工，激发人的自我安全意识觉醒，实现“要我安全”到“我要安全”的转变。许多员工出现“三违”现象和事故，背后的原因有的是思想和生活上出了问题。如果我们不去分析现象背后的原因，只处罚会治标不治本，甚至会适得其反。如果思想政治工作同步跟上，既帮助其解决思想认识问题，又帮其解决遇到的实际困难，真情换真心，使员工自觉自愿地改正错误、提升安全本领，效果肯定是最好的。

抓实六项重点

安全生产是企业一项长期的系统的基础性工程，非一日之功，也不可能一蹴而就。一把手必须要有久久为功的思想，抓住其中关键要害，牵一发而动全身，推动企业安全生产持续改进，尤其要重点抓好岗位责任的落实、风险隐患的控治、规章制度的完善、设备设施的改进、人员素质的提升和安全文化的养成。

1. 抓岗位责任落实。习近平总书记多次强调，责任制是安全生产的灵魂，并明确要求实行党政同责、一岗双责、齐抓共管、失职追责，强调管行业必须管安全、管业务必须管安全、管生产经营必须管安全，强调所有企业都必须认真履行安全生产主体责任，做到安全投入到位、安全培训到位、基础管理到位、应急救援到位，等等。习近平总书记关于安全生产的系列论述与指示批示，为强化安全生产责任体系提供了根本遵循。一把手抓安全生产就是要沿着总书记的指引，紧紧牵住责任制这个“牛鼻子”，层层压实责任，打造完整责任链条，才能真正形成安全生产工作齐抓共管的局面。

2. 抓风险隐患控制。风险识别控制和隐患排查治理是摆在事故之前的两道防线。一把手就是要能成为这两道防线的强力守卫者，坚决阻断由“风险”到“隐患”再到“事故”的过程链条，杜绝事故发生。要建立风险识别、隐患排除的常态化工作机制，建立并持续完善安全风险清单，对识别出来的风险，要按其性质分级采取相应的管控措施，严格落实责任制，坚决避免出现无人管的“真空地带”。对排查出的事故隐患，要实施销号管理，逐一落实治理措施，对一时无法解决的，必须进行风险研判，坚决把隐患掌控在安全地带。

3. 抓规章制度完善。俗话说，没有规矩不成方圆。规章制度就是企业的规矩。安全生产规章制度是企业规章制度中的一个重要组成部分，是保证劳动者的生命安全和健康、保证各项生产活动顺利进行的重要手段。但安全生产制度建设是一项需要依据新情况不断调整优化完善的系统工程。一把手尤其要关注重点岗位、重点环节、重点作业场所的制度建设，突出对易产生事故隐患、易发事故等部位的制度防范，强化安全监管考核奖惩制度的改进，通过织密管理制度的笼子，使得安全生产时时受控制、事事凭依据、处处有遵循。

4. 抓设备设施改进。实践证明，堵小窟窿可防大隐患，“牢”固才能防“亡羊”。企业设备设施的完好、完整和先进程度既决定着生产的效率，也决定着事故发生的概率。为了保证安全生产，企业要舍得必要的投入来持续改善改进生产设备设施，绝对不能只顾眼前的利益，“凑合”“带病”运行设备设施。有道是，舍得舍得有舍才有得。在安全生产上的必要投入，得到收益的是完全归仓的收益，利益长远的收益。一把手作为把家过日子的当家人，要知道孰轻孰重，把眼光放得长远一些，安全生产上该花的钱，一分也不能少不能省。

5. 抓人员素质提升。人是安全生产的实践主体，也是其最活跃最重要的因素。人的安全意识如何、安全知识的多少、劳动技能的高低、防范能力的强弱，直接作用于安全生产的具体活动，直接决定其行为，直接影响安全效果，对安全生产起决定性的作用。一把手必须始终关注安全生产中人员素质的提升，要能从全员思想意识入手，牢固树立科学的安全理念，营造“我要安全”的浓厚氛围；强化岗位练兵，着力提升员工岗位素质，构建起“我能安全”的铜墙铁壁；严格干部履职尽责管理，大力提升管理者“我保安全”的水平。

6. 抓安全文化养成。安全文化是安全生产及管理的基础和背景、理念和精神支柱，一经形成，对安全生产的影响就具有惯性和持久性。良好的安全文化，能促使人们在生产活动中，自觉地、主动地采取安全行为，化解安全风险，保障安全。一把手作为企业安全文化设计者、倡导者、践行者，就得结合自身实际，对标先进，积极吸纳科学先进的理念、提炼总结好的做法和经验，使之上升并转化为企业的信条，内化于员工的心灵，外化为集体行为、习惯和性格，固化为规则、制度和机制，从而形成企业强大的安全生产核心能力。

（九）
党组织、党员、干部作用如何发挥

党的基层组织是党全部工作和战斗力的基础，是落实党的路线方针政策和各项工作任务的战斗堡垒。任务和作用归结到一点，就是“**把方向、管大局、促落实**”，其工作重点就是“**举旗帜、抓班子、带队伍、强管理、谋发展、保稳定**”，成为企业改革发展稳定的“**定盘星、指南针、磁力场、压舱石、主心骨、发动机、守护神**”。

把方向：就是要**把准政治方向**，毫不动摇坚持党的领导、加强党的建设，严守政治纪律，做好意识形态领域工作，坚持全心全意依靠员工办企业，确保企业成为党和国家最可信赖的依靠力量；就是要**把准发展方向**，坚定不移地走中国特色国有企业发展道路，以服务国家需要、保障国家安全为根本方向，用新发展理念引领发展，确保企业发展符合国家大政方针和产业政策，符合企业战略部署；就是要**把准改革方向**，坚持将“三个有利于”“两个一以贯之”作为深化改革的目标指向和检验标准，确保改革朝着建立中国特色现代国有企业制度不断迈进；就是要**把准经营方向**，坚持市场化、国际化、法治化原则，以经济效益为中心，以市场为导向，提高发展的质量，依法合规、诚实守信经营，在开放合作、互利共赢中提升竞争实力。

管大局：就是要把“坚持在大局下行动，议大事，抓重点，加强集体领导、推进科学决策，推动企业全面履行经济责任、政治责任、社会责任”的要求具体化，切实做到**管好重大决策**，明确“三重一大”内容，规范企业各治理主体决策范围，进一步健全议事规则和决策流程，确保科学民主高效决策；**管好重大责任**，把对党和国家、对企业单位、对员工群众负责，集体责任和“一岗双责”统一起来，确保经济、政治、社会“三大责任”全面履行到位；**管好重大风险**，增强风险管控意识，有效化解改革发展、生产经营、安全环保、廉洁从业、意识形态、信访稳定等影响大局的风险，确保大局稳定；**管好重大协调**，统筹协调好党委与董事会、监事会、经理层的关系，协调好班子成员之间、上下级之间、干群之间的关系，充分调动各方面的积极性。

促落实：就是要把“管干部聚人才、建班子带队伍、抓基层打基础，领导群众组织并发挥其作用，凝心聚力完成企业中心工作，把党中央精神和上级部署不折不扣落到实处”的要求具体化，切实做到：**思想上促进落实**，坚持用习近平新时代中国特色社会主义思想武装队伍，深入人心做思想政治工作，尊重关爱员工群众，凝聚干事创业、争创一流的强大力量；**组织上促进落实**，配强各级领导班子，用好各级干部，充分发挥各级党组织和广大党员干部的作用，打造政治坚强、本领高强、意志顽强的干部队伍；**人才上促进落实**，大力实施人才强企工程，研究用好人才政策，加大成长成才成果激励，提升充满活力、支撑企业发展的人才实力；**监督上促进落实**，整合监督力量，坚持全面监督、日常监督、专项监督相结合，构建权威高效、保障一流的监督体系。

举旗帜：就是引领正确方向，纠正错误倾向，当好大政方针的宣传员、监督员、指导员。尤其是要当好“指导员”，在重要事项上能告诉大家“大方向、大原则、大框框”“往哪走、怎么走、顺利走”。如：在收入分配上，就是要把“实干者实惠”“多劳者多得”“吃苦者吃香”“收入凭贡献、幸福靠奋斗”等理念落到实处，持续推动员工绩效考核制度的完善，对助力企业发展取得好成绩的同志要及时给予物质和精神奖励。如：在选人用人上，就是要把习近平总书记对国有企业领导人员提出的“对党忠诚、勇于创新、治企有方、兴企有为、清正廉洁”好干部标准立起来。在企业基层落实总书记好干部标准，就是要做到**“不让英雄落泪、不让真金埋没、不让雷锋吃亏、不让青年耽误、不让大龄者无望”**。把那些为企业发展冲锋陷阵、攻坚啃硬的“英雄”，那些爱岗敬业、默默奉献的“雷锋”，那些有本事、有能力的“真金”，那些年富力强、干劲十足的“青年”，那些经验丰富、业务娴熟的“大龄者”都用起来。

抓班子：就是要把领导班子建设放在突出位置，强化班长抓班子的政治责任，通过抓思想、强政治，抓团结、增合力，抓作风、作表率，抓监督、防风险，抓制度、促规范，以形成一级抓一级、一级带一级的工作格局。搞好班子团结，必须坚持民主集中制、按程序议事决策，时时处处以事业为重，讲原则、顾大局，有问题摆在桌面上，及时消除误解、解开心结；要坚持经常开展批评和自我批评，对班子成员一些不好的苗头性问题，要及时谈话提醒；要注意提升班子成员个人的修养境界，促使其能容言、容事、容人，有个性但不能任性，不能自以为是、自行其是。还要讲究工作方式方法，促使班子成员之间要相互尊重、相互补台，不争你大我小，不搞个人说了算，不说不利于团结的话，不做不利于团结的事，成为队伍团结的标杆。

带队伍：就是要强化思想引领，培育优良作风，提升整体素质，坚持严抓细管，着力打造一支政治过硬、业务过硬、作风过硬的党员干部队伍和员工队伍。**带队伍最怕“把队伍带歪了、带散了、带丢了”**。把队伍带歪了，就是发生了方向性错误，这是要翻车的，如果发生这样的情况，给企业带来的将是灾难性的结果；把队伍带散了，就是队伍一盘散沙，缺少凝聚力，也就没有战斗力；把队伍带丢了，就是领导的话没人听了，领导变成了独行侠。党组织带队伍就得从思想上、行为上和成长上带。积极倡导和灌输正确的价值观、方法论，帮助干部员工及时消除理念上的困惑、思想上的疑惑、心态上的迷惑；严格执行各项规章制度，及时纠正错误行为，让党员干部做好行为示范；给干部员工配好师傅、压担子，多给成长进步的机会，多搭建脱颖而出的舞台。

强管理：就是要旗帜鲜明地把党的建设贯穿于生产经营管理全过程，

坚持融合互动、一体推进，积极促进企业管理水平的提升。要抓住“人”字不放，扎实抓好思想教育、岗位练兵、人员调配、激励约束措施的完善，着力提升人的思想认识，提升人的岗位技能，激发人的积极性，让大家愿意改进管理、适应从严管理，引入先进管理；抓住“事”字不放，紧盯财务、审计、内控、ERP等具体管理业务，着力简化工作的流程、提升工作的效率，减少工作的风险，把大事办妥，把难事办成，把新事办好，把好事办实；抓住“物”字不放，以“安全、先进、高效”为标准，着力查找物的隐患、减少物的闲置、补全物的短板，切实提升企业本质安全水平、提升资产设备利用率、增强生产现代化水平。

谋发展：就是要坚持发展是第一要务。从国际形势来看，当今世界正处在百年未有之大变局中，全球动荡源和风险点增多，民粹主义、单边主义、贸易保护主义等逆流涌动，严重干扰全球化趋势。受新冠肺炎疫情影响，国际交往受限，全球经济下行风险凸显，各种不确定不稳定因素相互叠加，企业改革发展面临诸多风险挑战。同时，国内外形势在变，发展的内涵也在丰富和完善。新时代的发展，不能再沿袭粗放发展模式、简单地追求增长速度、以牺牲环境为代价，而要努力实现更高质量、更有效率、更加公平、更可持续的发展。可以说，如何在一个更加不稳定不确定的世界中谋发展，如何统筹推进疫情常态化下疫情防控和企业发展工作，如何不折不扣地将以习近平同志为核心的党中央提出的一系列新理念、新思想、新战略落到实处，已成为企业党组织当前乃至今后一段时间的重要议题之一。

保稳定：就是要坚持稳定是第一责任。稳定是企业发展的重要基础和前提，没有稳定的环境，发展就无从谈起。稳定也是一个单位党建好坏的窗口和关键的衡量指标。当下，改革正进入深水区，啃的都是硬骨头，不可避免地会产生一些矛盾，有些矛盾甚至还会比较尖锐。面对这些矛盾，党组织就是要迎难而上，让广大党员干部深入做好群众工作，经常分析队伍思想状况，密切跟踪焦点问题，深入分析热点问题，积极应对难点问题，晓之以理，动之以情，约之以规，多做打基础、利长远、惠百姓的实事，多办顺民意、解民忧、增民利的好事，帮助员工在经济上解困、生活上解忧、思想上解结、情绪上解闷，使思想政治工作的触角延伸到每一个角落，以确保员工队伍稳定、企业生产经营大局稳定。

造梦　造势　造才　造法　造福
——企业党组织要充分发挥凝心聚力的“磁力场”作用

众力并则万钧举，人心齐则泰山移。在国有企业，党组织始终就像一个个巨大的“磁力场”，把员工群众紧密地团结在一起，从而形成了一个个攻坚克难、推动发展的坚强战斗堡垒。当下，世界正处在百年未有之大变局，大国竞争与博弈加剧、地区冲突和贸易战持续演进，新技术、新产品、新模式层出不穷，人们思想更趋多样、多元、多变，企业内外部不稳定、不确定因素大量增加。企业发展更需握指成拳，更加期待党组织发挥好凝心聚力的“磁力场”作用，通过“造美好未来之梦、造众拾共举之势、造支撑发展之才、造科学运营之法、造安康有为之福”，来汇合、聚合、统合集体的思想和力量，以进一步形成一家人、一条心、一起干的强大发展合力。

造梦

心中有梦想，未来有方向，脚下有力量。优秀企业成长的背后，总有一股经久不衰的推动力，就是企业的美好愿景和伟大目标激励着企业和员工不断向前。那党组织如何提出企业的美好愿景和伟大目标，也就是如何为大家造一个美好未来之梦呢？就必须用心理解未来社会需求、认真聆听员工群众渴求，深入研究企业发展追求。

1. 用心理解未来社会需求。“万物得其本者生，百事得其道者成”。企业为什么存在？那是因为社会需要，因为你有能力参与某个领域的专业分工。企业要在未来实现生存与发展，就必须为未来社会所需要，能够参与未来社会的某个领域的专业分工。社会在发展，时代在进步，每个时代有每个时代的特点和独特的发展规律，顺应它，凡事可以事半而功倍；不顺应它，就会事倍而功半；违反它，就会得不偿失，甚至满盘皆输。柯达、摩托罗拉、诺基亚，等等，就是一个个背离时代发展需求而失败的典型案例。当下我们可以预见未来社会一定是绿色、低碳、数字化、网络化、智能化的，这样的社会需要什么？我们能做什么？企业党组织必须用心去理解，以找到自己的定位，这是造梦之基。

2. 认真聆听员工群众渴求。“事不关己，高高挂起。”再美好的企业发展梦想也得靠广大员工群众去实现，员工群众才是企业梦的主人翁。只有员工群众感觉到企业梦与个人梦息息相关，企业前途与个人命运紧密相连，确信在实现企业发展的同时也能实现自我的追求，企业梦才能对员工群众具备强大的吸引力、感召力。所以，党组织要科学绘就企业发展美好愿景，必须走到员工群众中去，去认真聆听员工群众对发展的渴求。听听在他们心中，我们的企业应该是什么、追求什么、成为什么、要为他们做什么；个人的愿望、追求和最关心的事。“兼听则明”“三个臭皮匠赛过诸葛亮”，通过认真聆听广大员工群众的想法，集合大家的智慧，我们造的梦才会成己达人、成人达己，这是造梦之源。

3. 深入研究企业发展追求。好高骛远是空想，脚踏实地才是梦想。在用心理解未来社会需求、认真聆听员工群众渴求的基础上，党组织就要结合企业实际，实事求是地评估自己具备的能力、拥有的实力、发展的潜力、前进的动力，深入研究自己的企业应该秉持什么样的发展理念与追求。学习阿里巴巴公司提出“让天下没有难做的生意”“成为一家活102年的好公司”那样的使命和愿景。科学定位企业的业务领域、使命担当、发展愿景、战略路径，切实将业务的相关性、发展的前瞻性、路径的科学性、实现的可行性充分结合起来，从而给出一个前途光明且高而可攀、大而可成、远而可达的发展梦想，让员工真真切切感受到企业未来很美好、使命很光荣、前程可期待，这是造梦之要。

造势

《孙子兵法》上说：“激水之疾，至于漂石者，势也。”湍急的流水，飞快地奔流，以致能冲走巨石，这就是势的力量。对企业发展而言，“势”就是企业的外部环境、内部氛围，是当下的情势、态势、气势，是一种无形的影响力、控制力、支配力。“善战者，求之于势”，党组织引领企业发展，既要顺势而为、借势而上，也要造势而起。

1. 在扩大品牌认知上下功夫。好酒也怕巷子深。市场经济某种意义上也是注意力经济，企业要做大，首先是要扩大认知圈，让更多的人、更大范围知晓你的企业及产品。在互联网高度发达的当下，媒体格局、舆论生态、受众对象、传播技术都在发生深刻变化，特别是互联网正在媒体领域催发一场前所未有的变革。以前我们熟悉的报纸、刊物、电台、电视台，正在越来越迅速地淡出人们的视野，特别是年轻人的视野。微信、微博、抖音、快手、今日头条等新型媒体触达受众速度更快、范围更大，已经成为人们获取信息的主渠道。党组织必须主动适应这种形势的发展，去学习新型媒体的特点，熟悉其运作方式及传播规律，不断创新和扩展自身的宣传手段与方式，以让自身的品牌触达更多的受众。

2. 在寻求理念认同上下功夫。志不同道不合不相为谋。在企业内部，团队要极具战斗力，一定是靠共同的理念与价值观把大家聚合在一起。也只有基于理念与价值观的一致，团队成员才会心甘情愿不计报酬、不计得失、不辞辛劳、不分彼此，加班加点、废寝忘食地工作，以实现事业的共同发展。在企业外部，随着经济社会发展和消费的持续升级，投资、合作、消费等也都越来越重视理念的认同。当年孙正义投资马云的公司就是最典型的投资投理念认同的案例之一。现在人们消费多数只买对的不买贵的，也是典型特征。所以，企业要聚集属于自己的团队成员、合作对象、消费群体，重点要考虑的是价值理念的趋同，而不是谁都是我的菜。取得价值理念的趋同，当然离不开持续地更新理念与宣贯解读。

3. 在巩固体验认可上下功夫。现代营销学之父菲利普·科特勒研究发现：企业获得新客户的成本是挽留现有客户的5倍，顾客流失率降低5%，利润增长25%以上；客户留存的重要性是所有企业都认识、认可的。所以，企业要实现高质量发展，更要在留住优秀老员工，拴住老客户上下功夫。吸收新员工、新客户也许可以靠理念、靠颜值，而留住优秀老员工，拴住老客户，最终得靠好的企业文化、企业管理、用户体验。这也要求我们做一件事像一件事，做一个产品或服务就做精它，做到极致。把工作、产品和服务做到极致，既是态度，也是能力，更是作风建设。当企业内部的员工感觉工作顺心顺手，外部客户体验了产品和服务都说好，愿意成为回头客，成为企业粉丝的时候，企业发展必然势不可挡。

造才

企业因人而起，无人则止。人永远是企业发展的根本因素。可谓人才兴则事业兴，人才强则企业强。任何时候，党组织都要牢记“党管干部、党管人才”的重要职责，牢固树立“人才是第一资源”“没有人才、一切归零”理念，切实加强各类人才的使用和培训，努力把企业建设成为人才集聚之地、人才辈出之地、人才向往之地。

1. 想方设法让各类人才如鱼得水。“君子用人如器，各取所长”，人才作为一种特殊的资源，合理使用最为关键。有研究表明，人才如果在与其才能不对口的岗位上工作，其才能将有30%被无形吞没，甚至会一事无成，阻碍事业的进步。因此，党组织应该按照“岗得其人”“人适其岗”“人尽其才”的原则，去全面分析了解每一名员工群众的基本素质、业务素质、适应能力和个性特征，根据不同的人不同的能力与素质、专长与爱好将其安排在各自最合适的岗位上，追求单位需求与个人发展的最大公约数，尽可能让所有的事，都有合适的人去做、去管；让所有的人，都做与管相应的事、合适的事，真正用人所长，避人所短，量才适用，实现人才能力、业绩和价值的有机统一。

2. 千方百计让优秀人才浮出水面。习近平总书记指出：“用一贤人则群贤毕至，见贤思齐就蔚然成风。选什么人就是风向标，就有什么样的干部作风，乃至就有什么样的党风。”工作中，党组织必须坚持正确的选人用人导向，树立“有为者有位，在位者必须有为”的思想，破除岗位论资排辈、干部能上不能下、人员能进不能出、收入能高不能低的藩篱，不断去改进完善个人绩效考核方式，实行关键绩效指标法和行为锚定法相结合，日常绩效考核和定期绩效考核相结合，能力与态度相结合，组织鉴定与群众测评相结合，建立更为科学有效的员工群众考核评价体系。同时，通过搭建业务竞赛、汇报交流、难题招标、成果展示、挂职锻炼等舞台、赛道，使优秀人才能够看出来、站出来、用起来。

3. 全力以赴让精英人才跃过龙门。雁飞千里靠头雁，船载万斤靠舵人。比尔·盖茨曾经说过：“如果把我们最优秀的20名员工拿走，我可以说微软将变成一个无足轻重的公司。”精英人才是企业得以快速向前发展的“发动机”，让精英人才在竞争中显露，在事业发展中“挑大梁”“唱主角”，必然能为企业创造更强的生命力。宰相起于州部，猛将发于卒伍。精英就蕴藏在群众之中、人才之间，党组织应持续完善精英人才的培养、举荐、发现机制。可以通过各类大赛、民主推荐、组织考察、绩效考核、自我推荐等方式敞开举才渠道，把精英人才、拔尖人才、领军人才、管理帅才找出来，提拔其到关键岗位、要害岗位、吃劲岗位，当先锋、打头阵、攻难关，成为推动企业更好更快发展的顶梁柱。

造法

思路决定出路，方法决定成效。企业发展的道路上，总是充满着各种困难和矛盾、风险和挑战，亟待破解、化解、消解。党组织作为引领大家干事创业的主心骨，是想主意、出主意、拿主意的，员工群众期待党组织在企业运行和发展的方方面面拿出章法、办法、方法、解法。这些“法”从何而来？还得以问题、需求、目标为导向。

1. 坚持以问题为导向。问题是时代的声音，是事物矛盾的表现形式，无时不在、无时不有。我们党的历史就是一部认识问题、面对问题、回答问题、解决问题的历史。实践证明：问题不可怕，发现问题是好事，解决问题是大事，回避问题是蠢事，没有问题才是坏事。面对企业发展中存在的种种问题，我们没必要大惊小怪，更不要粉饰、掩盖、回避、拖延，而要将其看成改进工作、推动发展的突破口，勇敢地发现问题、直面问题、研究问题，对问题进行系统分析和解剖研究，找出问题的实质根源，挖掘问题产生的深层次矛盾和内在机理，坚持有什么问题就解决什么问题，什么问题难就重点解决什么问题，什么问题突出就着力攻克什么问题，该完善的体制机制完善起来，该堵塞的漏洞堵塞好。

2. 坚持以需求为导向。需求是供给的动力源，没有需求的供给往往做的是无用功。有时候，党组织想方设法延伸为民服务领域，群众却不欢迎，变成了“聋子的耳朵——摆设”；殚精竭虑为群众办实事，群众却不领情，成了“剃头挑子一头热”。究其原因，都是供给偏离、脱离、远离了真实需求。这也提醒我们，党组织为企业出谋划策、建言献策、把关决策都必须紧跟、紧盯、紧贴着真实的需求。掌握真实的需求，就必须深入一线、深入群众、深入市场、深入客户，及时掌握第一手资料、了解最真实的情况。再基于实际情况，用心思考我们的党建工作该怎样供给、供给什么、何时供给，以什么方式供给。绝不能为标新立异而搞所谓的新思路、新举措，表面轰轰烈烈，实则是画蛇添足、无事生非。

3. 坚持以目标为导向。目标指引方向、统领工作全局。有了明确的目标，剩下的就是如何选择和制定到达目标的最优路径和方法问题。历史实践告诉我们，只要思想不滑坡、办法总比困难多，千难万难发动群众就不难，前进的道路上没有翻不过的火焰山，也没有趟不过的通天河！工作目标面前，党组织关键是要坚定必胜的信心，并以之为导向，组织群众，集思广益，群策群力，把集体的创造力汇聚起来，释放出来。通过座谈、研讨、意见征集等方式，与大家共研问题、共思良策、共同攻关，集中集体的智慧并在科学的决策理论指导下，以科学的思维方式，应用各种科学的分析手段与方法，按照科学的决策程序，合力为实现目标“造法”，找到灭火的“芭蕉扇”和渡河的“大乌龟”。

造福

治国有常，利民为本。我们党的根基在人民、力量在人民，人民是我们党执政的最大底气。中国共产党人的初心就是为中国人民谋幸福。人民对美好生活的向往，就是我们党的奋斗目标。企业党组织必须始终坚持全心全意为人民服务的宗旨，把为民造福作为一切工作的出发点和落脚点，大力提升员工群众的安全感、温暖感、赋能感。

1. 大力提升员工群众的安全感。安全感是人类生存最基本、最底层的生理、心理需求，是一个人身心健康的基础。没有安全感，其他一切无从谈起。党组织为员工群众“造福”，首先要关注的是员工的身心健康，给大家一个安心踏实工作的环境。要切实提升企业安全生产的能力与水平，该投入的投入到位、该培训的培训到位、该严管的严管到位、该防范的防范到位；要切实保证员工群众的工资和福利待遇的正常发放，推动各项惠民利民决策部署落地生根，尤其要帮扶救助好生活困难群众；要妥善处理好改革发展稳定的关系，把握好改革的时机、节奏和力度，统筹兼顾好各方的合理利益诉求；必须切实维护好企业内部的公平正义，强化治安治理与矛盾调处，杜绝打击报复、人身攻击等情况。

2. 大力提升员工群众的温暖感。“政之所兴，在顺民心；政之所废，在逆民心。”习近平总书记多次强调：“人心向背、力量对比是决定党和人民事业成败的关键。”企业发展亦如此。那如何让员工感受到组织的温暖，赢得员工的心？党组织必须坚持从群众中来，到群众中去，既身入群众，更心入群众，真正地去了解员工、体贴员工、帮助员工，和员工以心换心、以心暖心、以真情换真情。要尽可能多掌握每个人的信息，了解不同对象的性格特点，多包容体谅，多和员工群众说知心话、真心话，倾听大家的诉求，关心大家的冷暖，多去想大家之所虑、急大家之所难、谋大家之所求，去办大家期盼的事，真正把关爱送到员工的心坎上，切实让大家感受到浓浓的组织温暖。

3. 大力提升员工群众的赋能感。天高任鸟飞，海阔凭鱼跃。在当下物质生活极大丰富的情况下，大多数员工开始追寻更大的自我价值实现，希望能够借助组织的力量，给自己赋能，以创造更大的业绩与人生成功。党组织须顺应时代发展和员工的自我实现的需求，积极创造条件为员工赋能。要把教育培训作为员工最大的福利，作为一项长期性、系统性的基础工作抓细抓实抓出成效，帮助员工提升技能、挖掘潜能、激发动能；要能提供一系列鼓励员工创新创造创业的政策、资金、硬件设施等支持，孵化好员工的创意、创见和创新，为员工大展身手提供全方位的支持；要大力畅通员工成长成才的通道，通过建平台、搭舞台、设擂台，压担子、架梯子，让更多人才脱颖而出，有更大的发展空间。

（本文发表于《石化人力资源管理》2020年第2期）

党员领导干部须当好干事创业的“风向标”

教者，效也，上为之，下效之。在一个企业，一名党员领导干部就是一面旗帜，一言一行、一举一动都是单位发展的“风向标”，下级在学，群众在看。其做出的良好示范带头作用是一个单位最好的执行力。当下，企业发展正处在“快时代”，各种思潮激荡，各种矛盾凸显，新技术、新产品、新模式层出不穷，发展中处处充满着各种不确定性，企业发展往哪个方向走？具体工作如何抓？员工群众更加期待党员领导干部以身作则、率先垂范、统领有力，当好干事创业的“风向标”。

一、带头在坚固“底板”上下功夫

基础不牢，地动山摇。毫无疑问，一个企业要实现高质量发展，安全是前提条件、人才是基本保证、信心是关键支撑、班子是核心所在、文化是力量源泉。这些都是企业发展的最最基础的“底板”，必须板板过硬、块块结实，企业发展才有可能走得开、走得稳、走得远。

1. 安全生产必须抓实。道路千万条，安全第一条。安全生产任何时候都是企业的头等大事。忽视安全抓生产似火中取栗，不顾安全求效益如水中捞月。作为党员领导干部必须始终秉持“抓安全就是抓效益、抓安全就是抓发展、抓安全就是抓稳定”的工作理念，牢固树立安全生产的红线和底线意识，以斩钉截铁的态度、敢于担当的真诚，履行好安全生产监管职责，要紧紧盯住安全生产中的热点、痛点、难点、堵点，着眼全员、基础和持久化，采取强有力措施，下重手、用猛药、打组合拳，“甘当铁匠硬碰硬，不做瓦匠和稀泥”，切实强化全员安全意识，并建立长效机制，全力以赴打好安全生产保卫战，切实为企业实现高质量发展保驾护航。

2. 人才队伍必须建强。企业的“企”字，因人而起，无人则止。人永远是企业发展的根本因素。可谓人才兴则事业兴，人才强则企业强。党员领导干部必须牢固树立“人才是第一资源”“没有人才、一切归零”理念，紧紧围绕企业发展战略，既立足当下又着眼长远，既遵循规律又创新突破，坚持在创新机制中吸引人才、在创新实践中识别人才、在创新活动中培育人才、在创新事业中成就人才，努力做到寻觅人才求贤若渴，发现人才如获至宝，举荐人才不拘一格，使用人才各尽其能，想方设法把企业建设成为人才集聚之地、人才辈出之地、人才向往之地。要把我们的事业发展好，干一番大事业，就要有这种眼界、这种魄力、这种气度。

3. 发展信心必须提振。“心态决定状态，态度决定高度。”良好的心态是积极状态的催化剂。所以，我们常讲“信心比黄金重要”“只要思想不滑坡、办法总比困难多”。作为党员领导干部，都是带队伍的人，更要深知带队伍就是带信心、带野心、带欲望、带状态。无论前路有什么样的艰难险阻，任何时候都要保持一种乐观情绪和进取状态，始终相信“没有趟不过的通天河，没有翻不过的火焰山”“吾心信其可行，则移山填海之难，终有成功之日”，处处用担当凝聚人心，靠作为鼓舞士气，让员工从我们的言行中看到发展的希望，得到奋进的正能量。一旦我们的员工对企业、对领导、对自己充满信心，自会铆足干劲向前奔不用扬鞭自奋蹄！

4. 班子团结必须维护。“同心山成玉，协力土变金。”领导班子是一个单位的核心，核心出了问题或者发生了不和谐，特别是主要领导之间出现了裂痕，其他干部员工就会六神无主，就会导致企业人心涣散。

所以，党员领导干部都应像爱护眼睛和生命那样，珍惜和维护班子的团结，善于容人、容言、容事，坚持分内之事当仁不让，分外之事积极协助，重大问题协商解决，始终把团结共事作为一种本事来锤炼；坚持大事讲原则、小事讲风格，思想上不争权，行动上不揽权，始终把团结共事作为一种品德来培养；坚持“不利于团结的话不说，不利于团结的事不做”，始终把团结作为一项政治纪律来要求，努力保持领导班子一条心、一盘棋、一起干。

5. 先进文化必须塑造。在日益激烈的市场竞争环境下，大家已普遍认识到，企业文化是一个企业真正的“灵魂”，是企业各项经营活动的“统帅”，是企业具体行动的“指南”。企业要想出类拔萃，基业长青，就必须打造一流的企业文化。在塑造先进企业文化过程中，党员领导干部更要发挥模范带头作用，主动成为先进企业文化的倡导者、推动者、践行者、完善者、建设者和传播者。积极借鉴好的做法，吸收先进的理念，持续修正、完善、精炼、提升自己的价值理念，并将其渗透在企业经营发展全过程中，内化在干部员工的心灵深处，外化为干部员工的集体行为、习惯和性格，固化为规则、制度和机制，从而形成企业强大的核心竞争力。

二、带头在增厚“脚板”上下功夫

市场如战场，谁掌握有用信息多谁主动，谁策略好谁占先。怎么获取更多的有用信息，做出最优的决策？习近平总书记指出“调查研究是谋事之基、成事之道”。党员领导干部必须经常走出办公室，多听听方方面面的意见和建议，以掌握最实时、最鲜活、最真实、最全面的信息，才能拿出最优的工作举措。

1. 须常跑上级明方向。方向错了，失之毫厘谬以千里。企业发展必须顺应上级业务部门和政府的产业规划、行业要求、政策指向。有时候，政策就是企业发展最大的红利、最大的商机。党员领导干部处在下情上传、上情下达的中间层，必须发挥好桥梁纽带作用。对拿不准的决策、遇到的疑难杂症多听听上面的意见，寻求上级指点迷津和政策支持，避免鲁莽行事；对理解不深的政策措施多主动请教，释疑解惑，确保准确领会，避免误操作；对遇到的重大事项及时汇报，如实反映情况，听取工作指导和要求，避免自以为是、擅自做主。同时，也要充分利用好上级部门和政府机关掌握的资源多、信息多这一关键，学会借势、借资源，为企业发展服务。

2. 须常跑基层取真经。“知屋漏者在宇下，知政失者在草野。”群众是生活的先知，冷暖甘苦感受最深刻；群众是智慧的源泉，改革发展体会最清楚；群众是施政的基础，政令得失反映最真实。在《反对本本主义》一文中，毛泽东主席就曾给那些“遇到困难问题，只是叹气，不能解决”的人开出药方，“迈开你的两脚，到你的工作范围的各部分各地方去走走，学个孔夫子的‘每事问’，任凭什么才力小也能解决问题，因为你未出门时脑子是空的，归来时脑子已经不是空的了，已经载来了解决问题的各种必要材料，问题就是这样子解决了。”可以说，破解难题，创造在基层，办法在群众。千计万计，群众路线是第一计；千难万难，问计群众就不难。

3. 须常跑现场掌实情。耳听为虚，眼见也不一定为实。党员领导干部听到的汇报、看到的材料很多是经过“包装”的，有的早已不是“第一现场”，而是“第二现场”“第三现场”，要真正摸透情况，在听汇报、看材料的同时必须经常走到现场去，身到才能心到，心到才有实策。只有亲自去查看、去甄别、去比对、去溯源，才能得出情况到底是真的还是假的，是夸大了还是缩小了，表里是否如一。同时，许多新情况、新问题也常常突发于现场，表现出很强的即时性、突变性和偶发性。如果党员领导干部不到现场、不感同身受、不换位思考、不触景生情，就很难找到解决问题的办法，很难做出精准而快速的决策，就可能让小事变成大事，小患酿成大患。

4. 须常跑市场找机会。企业是因市场需要而存在，并以盈利为目的进行生产经营活动，向社会提供商品和服务的经济组织。没有市场一切都是空中楼阁。然而市场总是瞬息万变，只有跟得上、贴得紧，才能拿得下。尤其一些炙手可热的“大单子”“新单子”“好单子”主动送上门来的概率极低，但有没有这些单子，企业发展会是冰火两重天。所以，党员领导干部必须做好经常性的市场调查研究工作。只有到市场一线去，到竞争对手那儿，到协作伙伴那儿，到各种前沿展会、销售场所等地方，才能见微知著，准确了解当下热点、流行趋势、潜在需求、对手动向，从而见招拆招，及时做出相应的战略及策略调整，从而抓住那些稍纵即逝的发展机遇。

5. 须常跑客户听意见。关系是跑出来的，感情是处出来的。为留住大客户、老客户，不断扩大与其合作的业务量与业务范围，增强彼此之间的黏性，党员领导干部必须主动做好经常性的拜访工作，这既显示出对客户的高度重视，也诚恳地征求意见，更站高一个层面展望更大的合作范围。在与客户的互动中，我们可以进一步宣传我们的产品与服务，企业的特长与优势，先进的理念与方法，第一时间回答客户的问题、解决客户的需求、改进自身的工作，同时了解客户好的想法、潜在的需求，想客户所想、急客户所急，为客户排忧解难，进一步拉近彼此的距离，努力进入愉快合作、扩大合作、长期合作、深度合作的境地，互相共享资源，携手发展的新空间。

三、带头在挺直“腰板”上下功夫

“其身正，不令而行；其身不正，虽令不从。”党员领导干部只有自身“腰板”硬，政治上立场坚定、廉洁上恪守底线、处事上公平公正、工作上率先垂范、能力上出类拔萃，说话才能显正气，干事才能有底气，群众才能真服气，说的话才能有人听，做的事才能有人信，才能真正发挥好带头、带领、带动作用。

1. 政治上必须立场坚定。政治立场问题，任何时候都是根本性的大问题。我们党对党员领导干部的要求，首先是政治上的要求。党员领导干部在大是大非面前不能态度暧昧、不能动摇基本政治立场、不能被错误言论所左右，要始终做到政治信仰不变色、政治立场不动摇、政治方向不偏移。同时，我们也要牢记一个道理，政贵有恒。为官一方，为政一时，既要大胆开展工作、锐意进取，也要保持工作的稳定性和连续性。切忌做工作“一阵风”“搞运动”“一天一个主意”。必须要有“一张蓝图干到底”的决心，发扬“钉钉子”的精神，一步一个脚印，啃下一个个“硬骨头”，办好一件件小事，办圆满一件件实事，让每一项工作有始有终、善始善终。

2. 廉洁上必须恪守底线。廉洁是对党员领导干部的基本要求，也是做人、做事、做官必备的政治品格。一个干部能力再强，工作再勤奋，功劳再大，如果在廉洁上出了问题，做人便缺失了骨气、做事便失去了底气、从政便失去了根基。所以，党员领导干部必须始终坚守做人底线不丢、严守纪律红线不越、远离廉政高压线不碰。平时要不断擦拭心灵上的灰尘、荡涤思想上的污垢、保持作风上的严谨，对拒腐防变保持高度的警惕，把好“苗头关”，守住“第一次”，遏住“萌芽时”，勿以善小而不为，勿以恶小而为之。要格外珍重自己的人格、珍爱自己的声誉、珍惜自己的形象，不让歪风沾身、不使邪气近身，努力养成高尚的道德情操和健康的生活情趣。

3. 处事上必须公平公正。“公正无私，一言而万民齐。”公平公正是权力的底色，也是党员领导干部取信于民的根本法宝。党员领导干部要想安心做人、放手做事，必须做党纪、原则、正义的坚定捍卫者，必须摒弃私心的影响、人情的干扰、利益的羁绊，必须把“一碗水给端平了”。事实上，遇事从公心出发，复杂的事情也会变得简单；总是盘算小九九，简单的问题也会变得复杂。而且，越是错综复杂的事情、矛盾众多的事情、利益集中的事情、群众普遍关心的事情，越要坚持依规办事、公平处事，不能因亲疏远近而厚此薄彼，也不能因个人好恶而乱行赏罚。否则，大家相互攀比，心理失衡，怨声载道，会给工作带来极大被动，甚至造成无穷后患。

4. 工作上必须率先垂范。诸葛亮在论及为将之道时说：“夫为将之道，军井未汲，将不言渴；军食未熟，将不言饥；军火未然，将不言寒；军幕未施，将不言困；夏不操扇，雨不张盖，与众同也。”这道出了为将者统军的基本素质，就是率先垂范。率先垂范犹如一道无声命令，比有声命令更能让手下信服。对党员领导干部来说，要取得群众真心的认可、认同与跟随，就要处处立身为旗、立行为范。要求别人不做的，自己首先不做；要求别人做到的，自己首先做到，事事走在前、干在先。尤其在急难险重的任务面前，更要能冲到一线，身先士卒，哪里最需要、最困难、最艰险，就出现在哪里、战斗在哪里，当好奋战一线的“排头兵”，敢打头阵的“急先锋”。

5. 能力上必须出类拔萃。没有铁肩膀，就挑不起硬担子。在企业，大部分业务内容具体而专业，越往基层，员工群众依赖心理越重，普遍期待党员领导干部既是“指挥员”，又是“战斗员”，既能为大家在宏观上做资源的统筹协调，又能在具体业务上给予专业指导。党员领导干部只有真正干一行爱一行，钻一行精一行，管一行像一行，在勤学苦干、多思善悟中才能成为行家里手，才能取得领导工作的主动权。尤其是那些业务分管领导，更必须是分管领域的“活字典”“百事通”，工作的重点、难点、关键点等都要能熟透于心，当出现难题时你能手到病除，最起码能开出正确管用的“处方”，这样员工群众才会对你高看一眼，业务威信、领导威信自然而成。

四、带头在敢于“叫板”上下功夫

千难万难，勇于担当就不难。良好的精神状态始终是干事创业的“内动力”，是成就事业的“软实力”。在市场竞争激烈的当下，企业发展都是在滚石上山、爬坡过坎，不进则退，要推进事业发展，我们必须敢于向困难挑战叫板、向经验权威叫板、向强大对手叫板、向管理极限叫板、向自身问题叫板。

1. 敢于向困难挑战叫板。“沧海横流，方显英雄本色。”前进道路上，不可能一帆风顺、一马平川，各种斗争不可避免。如今，推进改革发展的复杂程度、敏感程度、艰巨程度超过以往任何时候。我们现在所处的，是一个船到中流浪更急、人到半山路更陡的时候，是一个愈进愈难、愈进愈险而又不进则退、非进不可的时候。风云变幻，最需要的是战略定力；竞争激烈，最重要的是激流勇进；迎接挑战，最根本的是改革创新。党员领导干部作为干事创业的领头羊，更不能胆怯、当逃兵，必须保持那种知难而进、逆流而上的气概，那种遇强更强、愈挫愈勇的坚韧，勇立潮头、奋勇搏击，才能应对重大挑战、抵御重大风险、克服重大阻力、解决重大矛盾。

2. 敢于向经验权威叫板。创新始终是引领发展的第一动力。邓小平同志曾经指出：“没有一点‘闯’的精神，没有一点‘冒’的精神，没有一股气呀，劲呀，就走不出一条好路，走不出一条新路，就干不出新的事业。”当今时代，经济全球化向纵深发展，各种矛盾千变万化、错综复杂、相互交织。固守经验、迷信权威，因循守旧、墨守成规，不敢闯、不敢冒，就难以实现事业的跨越式发展。因此，党员领导干部必须要强化创新意识，自觉与迷信经验、迷信本本、迷信权威的惯性思维决裂，勇于接纳新理念、接受新思想、接触新方法，切实把创新作为解决问题、推动事业发展的看家本领，努力用新理念、新思路、新举措、新办法打开工作新局面。

3. 敢于向强大对手叫板。小成功靠朋友，大成功靠对手。强大对手是一面镜子，他让我们更清醒地认识自己；强大对手是一盏指引前行的路灯，他让我们看清方向；强大对手是一块磨刀石，磨刀石越坚硬，我们手中的刀剑就磨得越锋利。但强大并不代表不可战胜。在历史上，以少胜多、以弱胜强的案例不胜枚举。中国共产党带领中国人民一步步从胜利走向胜利，恰恰就是一部典型的不断向强大对手发起挑战并实现以少胜多、以弱胜强的历史教科书。面对激烈的市场竞争，作为党员领导干部就是要把强大对手作为“镜子、路灯、磨刀石”，继承我党这种“狭路相逢勇者胜”和“逢敌必亮剑”的精神，和其交手过招，以磨炼意志并练出一身硬功夫。

4. 敢于向管理极限叫板。管理是企业永恒的主题，也是一个不断完善与创新的过程，没有最好只有更好。工作中，我们千万不能有哪项管理已经到位了，已经努力到极致了的想法，必须时刻寻找改善、改进、创变的空间。因为这是一个动态的世界，一切时刻在变，资源要素的组合伴随技术的进步、政策的调整、人员的变动等因素千变万化、效果迥异。尤其在信息化、自动化、专业化高度发达的今天，企业管理种种极限被不断刷新。“干毛巾中拧出三滴水”已经是常态，颠覆式管理创新层出不穷。可以说，现代企业管理处处潜力巨大，同样的投入，产出的效率、效益、效果、效能可以大幅提升，关键是我们要敢于、善于向所谓极限叫板，主动地求变、创变。

5. 敢于向自身问题叫板。“胜人者有力，胜己者强。”勇于刀刃向内自我革命，刮骨疗毒，去污排毒，是共产党人最鲜明的品格，也是我们党最大的优势。我们党的伟大不在于不犯错误，而在于从不讳疾忌医，勇于坚持真理，勇于自我革命，随时修正错误，具有极强的自我净化、自我修复能力。敢于向自身问题叫板就是要倡导自我革命。自我革命主体是自我，重点是革命，强调的是刀刃向内，向自己宣战，拿自己开刀，意味着反躬自省，自己否定自己，自己扬弃自己，自己超越自己，而不是刀刃向外，对别人马列主义，对自己自由主义。党员领导干部也只有把正视自身问题作为一种自觉，并刀刃向内完成一次次痛苦的自我革命，才能成为时代先锋。

五、带头在打造长板上下功夫

“没有金刚钻，别揽瓷器活。”在激烈的市场竞争中，企业要想拥有一席之地并实现可持续发展，必须要有独到的强大的核心竞争力，即有超越他人的“长板”。否则，不可能拥有竞争中的话语权、主导权、决定权。要打造“长板”就必须从“高度、深度、厚度、长度、远度”五个维度去思考、去选择、去发力。

1. 从“高度”看有没有尖端性优势。市场竞争中，无疑那些拥有遥遥领先的“卡脖子”技术、“杀手锏”武器、“独一门”绝技的企业，享有无与伦比的优势。美国苹果、微软、高通等高科技企业创效能力之所以占据了所在行业的龙头，就是因为他们有技术上的尖端性优势。中国的高铁、造船、航天，也是因为具有遥遥领先的技术和成本优势，而成为国家亮丽的名片。华为在通信领域异军突起，靠的还是遥遥领先的技术优势。如果我们的企业拥有那些遥遥领先的优势，无疑就是我们的“长板”。我们的工作重点就是要保持这些“长板”的领先优势，继续拉大与竞争对手的距离，通过人财物高强度的投入，体制机制的优化，让自己的“高度”更加凸显。

2. 从“深度”看有没有独特性优势。也许我们不具备高大上的领先水平，但我们也许可以深耕一个领域、一个产品、一项服务，把其做专、做精、做优、做特、做到极致，做成“人无我有、人有我优、人优我特，人特我廉”，客户也会不请自来。日本的只有几十个人生产螺母的企业Hard Lock，其生产的螺母因为质量过硬，几乎为全球高铁和主要桥梁所使用。做螺母这件事并不复杂，但做到了极致，就形成了巨大的市场和良好收益。提起“瑞士表”“瑞士军刀”无人不知无人不晓，看似寻常的“表”和“刀”，在瑞士人极致的努力下，同样创造了无限商机，更打造出享誉全球的民族品牌。

3. 从“厚度”看有没有规模性优势。如果我们身处传统行业，提供的又是普通的产品与服务，就应该优先考虑规模化的问题。看看能否可以通过做大规模来提升劳动生产率、提高设备利用率、网点覆盖率，并大幅摊薄成本费用。如果通过做大规模，形成了遥遥领先对手的成本、人才、技术、装备、产能等优势，无疑“规模性”优势就成了企业的“长板”。如：在传统的石油石化企业，规模化能力某种程度上就代表了竞争能力，现在具有竞争力的炼油厂都是上千万吨的规模。当然，企业要把规模性作为自己的“长板”，还必须充分考虑市场需求的规模、需求的趋势、规模化的成本、管理能力等诸多因素。否则，简单的规模化很可能适得其反。

4. 从“长度”看有没有延展性优势。当下的企业，专业化分工是越来越细，单项业务的利润率是越来越低。如果自身业务在现有条件下一时很难有大的发展。此时，我们倒是要反过来思考，能否延伸、拉长、拓宽产业链，进入与自己业务相关的、相对熟悉、有利可图的领域，多做一些自己能做的事。如，纯生产型企业，过去只管产不管销，现在就要考虑能否进入原料生产和销售环节，实现产销一体化、产供销一体化。再如，运输企业，过去只管运不管销与储，现在不妨可以考虑实现储运一体化、运销一体化、储运销一体化。如果能通过产业链的延伸、拉长、拓宽，形成自己更大更强的创效能力和竞争优势，这种长业务链当然也是企业的“长板”。

5. 从“远度”看有没有后发性优势。做好企业既要立足当下，更要着眼长远。当下能打造“长板”当然很好，不能也不要紧，我们就放眼未来，充分寻找并挖掘自身的潜力，聚焦、聚神、聚力于看准的事来重点培育“长板”，争取在未来实现弯道超车。由于后发者可以采用最先进的技术和设备，又有成功经验可循，付出的成本和代价要比先发者小得多，反而更容易取得竞争优势。纵观全球市场，并不乏成功的“后发”案例。比如众所皆知的苹果手机公司，进入市场足足比诺基亚公司晚十几年，却以后来者的身份重新洗牌。同样，中国高铁通过引入德国和日本等国的高铁技术，再经过融合、改良、创新，用6年时间，完成了发展三级跳，实现了弯道超车。

六、带头在树立样板上下功夫

榜样有无穷的力量，典型是最好的教材。当下，员工思想更趋多元、多样、多变，壮大主流思想、凝聚集体力量的任务比以往任何时候都更为艰巨。此时，我们更要唱响主旋律，把好的典型竖起来、先进标杆立起来，使大家学有榜样、干有方向、赶有目标，将企业发展急需的“斗争精神、奉献精神、工匠精神、求知精神、合作精神”激发出来。

1. 树立冲锋陷阵、不怕牺牲的样板。“为有牺牲多壮志，敢教日月换新天。”成功的事业从来都是争出来的、拼出来的、搏出来的。在跌宕起伏的市场大潮中，风高浪急，更是唯奋斗者进、唯奋斗者成，企业急需一大批不计个人得失，敢闯敢试、先行先试，敢碰“硬钉子”、敢啃“硬骨头”、敢于“打头阵”的“闯将”和“尖兵”，在思想观念、发展措施、方式方法上积极探索开拓，带领大家一起攻坚克难，冲破突破发展瓶颈。工作中，我们就是要让这些敢于冲锋陷阵、不怕牺牲的干部员工名利双收，以引导大家不畏艰难、不惧风险、不怕流血，大胆闯、大胆改、自主试，披荆斩棘、乘风破浪，争做时代的弄潮儿，为企业发展注入不竭动力。

2. 树立扎根基层、默默奉献的样板。事业发展，大量要做的都是那些简单、平凡、琐碎的小事，那些需要日复一日、绵绵发力、久久为功、厚积才能爆发的事；既需要冲锋陷阵的勇士，更离不开一大批默默耕耘、甘于奉献、任劳任怨的“老黄牛”。不管是从事业发展的哪个角度来看，“老黄牛”始终是我们取得各项成绩的中坚力量和坚实基础。工作中，我们就是要大张旗鼓地选树、宣传、关心、使用那些扎根基层、任劳任怨、不图虚名、默默奉献的“老黄牛”，以引导大家学习牛的品格，发扬牛的精神，保持牛的韧性，效仿牛的奉献，在平凡的岗位上，沉下心来、扑下身子、埋头苦干、真抓实干，一步一个脚印，朝着既定目标，锲而不舍踏实前进。

3. 树立精益求精、追求卓越的样板。古语云：“取法乎上，仅得其中；取法乎中，仅得其下。”以什么样的境界和标准定位工作至关重要，境界不到、标准不高，工作就会趋于平庸、流于一般。随着社会的进步与经济发展，人们对企业产品和服务的质量要求越发讲究。企业要赢得行业领先与市场信赖，塑造持久的竞争优势，关键要靠过硬的产品与服务质量，以及由之而来的良好口碑与品牌效应。所以，工作中我们必须坚决摒弃“只求过得去，不求过得硬”的“差不多”心态，必须克服做事粗枝大叶、大而化之的习惯做法，必须把细致、精致、极致的标准贯穿于每项工作的每个环节，引导大家事争一流，物争一品，干就干到最好、干就干到极致。

4. 树立勤奋学习、乐于求知的样板。古人云：“士三日不读，则其言无味，面目可憎。”从古至今，学习是永恒不变的主题。在知识爆炸的年代，知识更新越来越快，陌生领域越来越多，要跟得上形势的发展，所有人都必须努力学习、持续学习，都必须把学习当作能力之基、立身之本，靠强化学习弥补知识空白、经验盲区、能力弱项，提升综合素养和工作能力。工作中，我们就是要大力选树勤奋学习、乐于求知的典型，让那些一心向学、学用相长、学有所成的员工在经济上得实惠、在政治上得荣誉、在发展上得机会，以引导和鼓励大家都向学、乐学、善学、勤学，用学习成就未来。

5. 树立诚信待人、善于合作的样板。“一直竹篙难渡汪洋海，众人划桨开大船”“人心齐，泰山移”“三个臭皮匠赛过诸葛亮”这些耳熟能详的俗语，都在告诉我们一个事实，就是团结协作是一切事业成功的基础，个人和集体只有依靠团结的力量，才能把个人的愿望和团队的目标结合起来，产生惊人的效果。尤其在“地球变成一个村”的现实下，企业参与市场竞争必须坚决摈弃你死我活、单打独斗的狭隘理念，而要树立强烈的命运共同体、事业共同体意识，用心搭建内部之间的连心桥，形成一家人、一条心、一起干的氛围；用心搭建与客户之间的友谊桥，粘住、拴住客户的心；用心搭建与对手之间的合作桥，力争双赢、多赢、共赢局面。

（本文发表于《中国石油企业》2019年第9期）

有主见　能主事　当主力
——基层领导干部的主心骨作用

火车跑得快，全靠车头带。在一个单位一个部门，一个领导干部就是一面旗帜，一言一行都是单位发展的“风向标”，其能力高低、作风优劣、工作好坏，直接关系着一个单位一个部门的工作质量与发展成效。尤其在当下，社会、企业发展正处在“快时代”，各种思潮激荡，各种矛盾凸显，新技术、新产品、新模式层出不穷，发展中处处充满着各种不确定性，企业基层领导干部的主心骨作用更为凸显，员工群众更加期待领导干部“有主见、能主事、当主力”，真正挑起带领大家干事创业的大梁。

有主见

所谓主见，就是对客观事物有独立的正确的见解。这也是对一名领导干部能力和见识的考验。企业基层工作千头万绪，各种意见和建议纷纷扰扰，工作如何干，方向往哪走，员工群众期待听到领导干部能够及时地发出观点鲜明、泾渭分明、前途光明的大声音、强声音、高声音，以指导、主导、引导大家向着正确的方向前进。

1. “有主见”体现在坚守政治立场上。万物得其本者生，百事得其道者成。政治立场问题，任何时候都是根本性的大问题。领导干部政治过硬，思想才能过硬，信念才能坚定，才能坚持原则不让步、大是大非不糊涂、大风大浪不摇摆。从当前来讲，作为领导干部提出的观点和意见若要正确可行，就必须符合习近平新时代中国特色社会主义思想，必须符合党的十九大精神，必须符合现阶段党的路线方针政策，必须符合本单位和个人的实际。而这种判断力，则来自领导干部的学习和实践。只有认真学习习近平新时代中国特色社会主义思想，学好与本职工作有关的专业知识，并尤其要多向群众学习，多做调查研究，才能使自己脑子成为各方意见和材料的“加工厂”，去粗取精，去伪存真，加工出自己的“主见”来。

2. “有主见”体现在顺应时代发展上。海尔集团张瑞敏说：“没有成功的企业，只有时代的企业。所有的企业都不能说自己成功，所谓的成功只不过是踏准了时代的节拍。”柯达、摩托罗拉、诺基亚等就是一个个背离时代发展而失败的典型案例。每个时代有每个时代的特点和独特的发展规律，顺应它，凡事可以事半而功倍；不顺应它，就会事倍而功半；违反它，就会得不偿失，甚至满盘皆输。所以，领导干部提出观点和意见时，必须要将自己和工作置身于时代发展的大背景、大趋势、大格局下去思考、去谋划，遵循历史发展的规律，才能在工作中下好先手棋，打好主动仗，以先人一步、快人一拍的节奏，找准战略定位和方向，及时准确地抓住稍纵即逝的发展机遇。

3. “有主见”体现在契合市场变化上。市场总是瞬息万变，只有跟得上、贴得紧才能拿得下。所谓“跟得上、贴得紧”，就是我们的观念思路要和市场需求一致起来，要和自身能力、实力、特点、特色、优势一致起来，要和自身发展定位、使命愿景、市场前景一致起来，要和市场发展的客观规律一致起来，提出的观点和意见真正有利于产品的改进创新、服务的改善升级、成本的降低优化、竞争力的提升、市场空间的拓展。这也要求企业基层领导干部平时就要认真学习市场经济知识、把握经济规律、研究需求问题，算好成本收益账，做市场上的明白人；工作中，力争做到“人无我有，人有我优，人优我廉，人廉我新”，努力打造出领先竞争对手的优势，以掌握好市场竞争的主动权、主导权、话语权。

4. “有主见”体现在满足群众期待上。民心是最大的政治。善于倾听员工群众的意见，是领导干部想问题、办事情、做决策的“源头活水”，是防止和纠正工作偏差、减少和避免工作失误的“参照坐标”，也是检验领导干部民主作风、胸襟气度的“重要标尺”。领导干部就是要从群众的意见和声音中听出责任和义务、听出鞭策和警戒、听出差距和努力方向。社会转型期，矛盾凸显、问题不少，对各方面的意见不但要多听、乐听、善听，还要听进去、用起来；必须坚持把群众拥护不拥护、赞成不赞成、高兴不高兴、答应不答应作为制定政策的依据，做到问政于民、问需于民、问计于民；必须坚持群众利益至上，把实现好、维护好、发展好员工群众的利益作为一切决策的出发点和落脚点。

能主事

习近平总书记指出：“干部干部，干是当头的，既要想干愿干积极干，又要能干会干善于干。”这句话深刻诠释了“干部干事”“为官有为”的真谛。尤其是领导干部作为“关键少数”，更应在干事和有为上作表率，懂决策、会安排、能推动，真正善作善成，能让员工群众觉得事情由你负责靠谱、放心。

1. “能主事”体现在工作决策上的有理有据。对领导干部来说，决策失误是最大的失误。决策必须讲究科学性，要按照一定的程序，充分依靠领导班子、广大群众的集体智慧，正确运用决策技术和方法来选择行为方案。决策前，充分调查研究，用数据说话、事实说话，并充分考虑遇到问题的复杂性、关联性，努力用全局的、发展的视野审视问题，用系统的、辩证的方法对问题及对解决方案进行全面分析、整体设计和优化选择。在决策过程中，必须统筹考虑经济效益、社会效益与生态效益的有机统一，合法性、合理性与可行性的有机统一，妥善处理当前与长远、共性与个性、局部与全局、发展与稳定的关系，充分论证决策方案的可行性、可操作性，对决策风险进行预测和研判，并制定相应的处置预案，尽可能使决策趋利避害。

2. “能主事”体现在工作安排上的有条有理。思路不清，累死三军。工作中，一些领导干部因为手头的活儿多，就如坐针毡，心浮气躁，乱了方寸。要么对工作心里没谱，分不出轻重缓急，对哪个重点抓、哪个优先抓心中无数，东一榔头西一棒子，手忙脚乱，忙而无序，忙而无效；要么工作摆布不科学，用力不均甚或本末倒置，往往把重点工作当常规工作来抓，抓而不紧，对一般性工作却不惜力，下了大力气去抓，看似忙得不可开交，实则出力不讨好。领导干部的忙，要忙到点子上，要善于用“十指弹琴”的工作方法，有先有后，有急有缓，分类指导，善于抓主要矛盾和矛盾的主要方面，要让属下非常清晰地了解该干什么、怎么干、什么时间干，有一个统一的计划，有目标管理，有程序管理，不能打乱仗。

3. “能主事”体现在工作推进上的有勇有谋。“创业艰难百战多”，邓小平同志曾经指出："没有一点'闯'的精神，没有一点'冒'的精神，没有一股子气呀，劲呀，就走不出一条好路，走不出一条新路，就干不出新的事业。"当下，市场竞争异常激烈，发展不进则退。领导干部必须有一种闯的魄力、抢的意识、争的劲头、拼的勇气，敢于打破束缚改革发展的陈规旧习，勇于突破利益固化的藩篱，以火一样的激情和"时不我待，舍我其谁"的干劲，去做别人没有做过的事，去走前人没有走过的路。但是，在闯的同时也要"俯下身磨细针"，遇事多动脑筋，学会运筹帷幄，能够站在全局高度看问题，站在长远角度谋思路，力争多案在胸、多策在手、多法并举，努力用最少的资源、最高的效率、最佳的途径，实现最好的效果。

4. "能主事"体现在工作抓实上的有始有终。习近平总书记指出："我们要牢记一个道理，政贵有恒。为官一方，为政一时，当然要大胆开展工作、锐意进取，同时也要保持工作的稳定性和连续性。"现实中，一些领导干部干工作喜欢浮于表面，避重就轻，遇到尖锐问题和深层次矛盾就绕道走；喜欢好大喜功，高举榔头，轻轻放下，做工作"一阵风""搞运动"，虎头蛇尾，有始无终。这些干部终究会失去民心、失去威望、失去号召力，成为群众眼中的跳梁小丑。要赢得群众信赖，在群众中树立好的形象，领导干部必须要有"一张蓝图干到底"的决心，发扬"钉钉子"的精神，一步一个脚印，啃下一个个"硬骨头"，办好一件件小事，办圆满一件件实事，让每一项工作有始有终、善始善终。

当主力

当主力就是要能成为集体干事创业中的主要力量、骨干力量、依靠力量。那凭什么让员工群众觉得你可以依靠、你就是骨干？这就要看你有没有先进的思想理念能够引领大家前进，能不能用率先垂范的作风率领大家前进，有没有高超的专业水平和业务能力带领大家前进，有没有凝心聚力的水平统领大家前进。

1.“当主力”体现在强的思想引领力。理念是行动的先导，思想领先是最重要的领先，观念滞后是最致命的滞后。习近平总书记指出：“发展理念是发展行动的先导，是管全局、管根本、管方向、管长远的东西……发展理念搞对了，目标任务就好定了，政策举措也就跟着好定了。”当下，科技进步日新月异，发展方式深刻变革，市场竞争空前激烈，守着老办法，不会新办法，势必踩不准发展的鼓点，跟不上时代的节奏。领导干部都是带队伍的人，理应成为员工群众思想上的灯塔，为员工群众照亮未来。为达到这一要求，领导干部唯有持续深入地学习，并在勤于思考、善于思考中将知识、经验转化为先进的思想和理念，以带领员工群众从“惯例”中走出来，从“框框”中跳出来，以新知识、新视野、新理念解决新问题、开拓新局面、实现新发展。

2.“当主力”体现在强的榜样感召力。教者，效也，上为之，下效之。领导干部示范带头是一种榜样的力量，是最好的执行力。对领导干部来说，要取得群众的真心的认可、认同与跟随，真正起到主心骨作用，就要在平常细节中能看出来、关键时刻能站出来、危难之中能豁出来，处处立身为旗、立行为范。要求别人不做的，自己首先不做；要求别人做到的，自己首先做到，事事走在前、干在先，在工作姿态上争先恐后、精神状态上永当先锋、品德上先人后己、风格上吃苦在先，不与民争利。尤其在急难险重的任务面前，要能快速反应、冲到一线，身先士卒，哪里最需要、哪里最困难、哪里最艰险，就出现在哪里、战斗在哪里，当好奋战一线的“排头兵”，敢打头阵的“急先锋”，为群众擎起一片天。

3.“当主力”体现在强的业务征服力。绳短不能汲深井，浅水难以负大舟。没有铁肩膀，就挑不起硬担子。在企业，大部分业务内容具体而专业，越往基层，员工群众依赖心理越重，普遍期待领导干部既是“指挥员”，又是“战斗员”，既能为大家在宏观上做资源的统筹协调，又能在具体业务上给予专业指导。领导干部只有真正干一行爱一行，钻一行精一行，管一行像一行，在勤学苦干、多思善悟中才能成为行家里手，才能取得领导工作的主动权。尤其是那些业务分管领导，更必须是分管领域的“活字典”“百事通”，工作的重点、难点、关键点、操作细节等都要能熟透于心，当出现难题时你能手到病除，最起码能开出正确管用的“处方”，这样员工群众才会服气，对你高看一眼，业务威信、领导威信自然而成。

4. “当主力”体现在强的团队聚合力。“一花独秀不是春，百花齐放春满园”，领导之所以成为领导，是因为他在带领一个团队，团队的力量才是企业力量的真正代表。工作中，领导干部不仅要一马当先，当好主力，更要想方设法发挥好团队其他成员的作用。要善于用发展的目标来统一团队的思想，善于用民主的作风来聚集大家的智慧，善于用团结的力量来推进具体的工作。困难面前，勇挑重担，引导大家互帮互助，同舟共济，协力攻坚；矛盾面前，公平公正，引导大家换位思考，彼此尊重，理解包容；成绩面前，礼让为先，引导大家戒骄戒躁，不忘初心、继续前进。领导干部只有通过自己努力，把大家聚合在一起，形成“一家人、一条心、一起干”的浓厚氛围，才能汇聚起更大的向上发展的磅礴力量。

（本文发表于《石化人力资源管理》2018年第1期和《中国石油企业》2019年第1期）

（十）
如何推动企业创新发展

改革创新，是破解企业发展难题的有效抓手，能为企业实现高质量发展注入不竭动力。2014年11月9日，习近平总书记在APEC工商领导人峰会上指出："我们要不断发掘经济增长新动力。生活从不眷顾因循守旧、满足现状者，而将更多机遇留给勇于和敢于、善于改革创新的人们。在新一轮全球增长面前，惟改革者进，惟创新者强，惟改革创新者胜。我们要拿出'敢为天下先'的勇气，锐意改革，激励创新，积极探索适合自身发展需要的新道路、新模式，不断寻求新增长点和驱动力。"

当下，市场竞争异常激烈，形势瞬息万变，企业要想抢得发展先机，必须在"转"字上下功夫，不断地变革创新、调整优化，以适应、顺应时代的发展或引领、牵引时代的发展。具体来说，就是要从解放思想上开始，按照市场化发展的要求转变思想观念，彻底扭转故步自封、怨天尤人的自我意识，以跟上时代发展的节拍；从现有资源上入手，按照最大化利用的原则挖掘自身潜力，彻底走出背靠大树、等米下锅的发展依赖，以顺应自立生存的要求。

领导好油田转型发展　重在突破自我

国际油价经历了2014年暴跌之后，持续低迷，油田企业大都从盈利大户步入亏损，经营形势可谓"急转而下"。企业何去何从？显然，加快转型发展已经成为唯一选择。领导好这次"转型"是油田企业领导者职责所在，更是领导力之考。提升这种领导转型的能力必须在"转变观念""转换思路""转化资源"上下功夫，更重在突破自我。

一、应从解放思想上开始，按照市场化发展的要求转变思想观念，彻底走出固步自封、怨天尤人的自我意识，以跟上时代发展的节拍

思想破冰，行动才能突围。越是在经济环境复杂，困难和挑战相互叠加的情况下，领导者越是要保持政治上的清醒，主动认清大势、顺应大势，以正确的思想引领企业发展。

1. 切实增强“不进则退”的发展意识。当下，世界经济一体化的潮流势不可挡，企业间的竞争日益激烈；新能源行业的发展可谓一日千里；以互联网技术为代表的智能化技术飞速发展；人的素质快速提升，思想空前活跃。千帆竞发，逆水行舟，不进则退，慢进也是退。在迈向转型发展的路上，我们真的“等不起”“慢不得”，唯有持续加大变革力度，加快工作节奏，加速发展进程，才能在持续提质增效升级中，跟上时代的发展。

2. 切实增强“时不我待”的改革意识。历史经验反复告诉我们一切改革的“拖延症”“懈怠症”，都会让我们错过战略机遇期，失去改革发展的主动权。“鞋子合不合脚，自己最清楚。”对看准的明显的体制机制障碍，对自己动手可以解决的经营问题，不能左顾右盼，坐等“条件成熟”，而要敢于拿出革自己命的决心和勇气，画出路线图，定出时间表，敲定责任人，雷厉风行地推进，不折不扣地抓出成效，努力破解一批突出难题。

3. 切实增强“术有专攻”的精品意识。长期封闭的发展环境，造成了中国油田无论规模大小，从业务到产品大都是“大而全、小而全”，资源非常分散。尽管通过这些年重组、改制、移交等措施，在去支强干上取得了相当大的进步，但做精、做优、做强的空间依然巨大。低油价下，油田可动用的资源越发紧张，更要握紧拳头，在发展上集中方向、集中火力，着力把擅长打造为特长，把优势打造为特色，才能更好地立足于市场竞争。

4. 切实增强“合作共赢”的开放意识。经济全球化空前拉近了国与国、企业与企业之间的距离，互联网进一步拉平了这个世界，这个社会正在成为一个你中有我、我中有你的命运共同体。越来越细化的社会分工也越加强调优势互补、互利共赢。所以，我们必须以开放的心态，全球化的视野考虑企业价值链、供应链、产业链的发展，主动打造统筹利用油田内外两个市场、两种资源的平台，调动各方的创新创造创效热情，以产生1+1远大于2的效果。

5. 切实增强“凝心聚力”的引领意识。思想越辩越明，真理越辩越清。转变干部员工的思想观念不是一朝一夕的事，尤其现处新媒体时代，职工接受各方面的信息量暴增，难免思想时常波动起伏。我们必须通过看得见、摸得着的方式和贴近实际、贴近群众、贴近生活的有效载体，紧紧围绕思想观念、安全生产、经营管理、深化改革、队伍建设等事关企业改革发展的重大问题，持续地传递正能量、聚集好声音，方能引领思想，凝心聚力，推动发展。

二、应从顶层设计上破局，按照系统化改革的原则重塑发展模式，彻底走出头痛医头、脚痛医脚的改革困境，以契合现代企业的特性

企业发展转型不可能一蹴而就，而是一次长跑，比的是耐力、速度、方向。要在转型发展的长跑中胜出，必须要有正确的方向、良好的跑姿、大幅的步伐、适合的鞋子、充足的干粮。

1. 调转“脑袋”。企业的战略必须聚焦在顺应世界发展的潮流上，主动置身于全球经济一体化的大背景之中，善于吸取世界经济变革的新因素；主动顺应国家发展的整体部署，按照“五位一体”总体布局和“四个全面”战略布局，认真落实“创新、协调、绿色、开放、共享”五大发展理念，创造性开展工作；主动践行“价值引领、创新驱动、资源统筹、开放合作、绿色低碳”五大发展战略和打造世界一流能源化工公司的目标。

2. 摆正“身躯”。组织运行的效率是现代企业重要的核心竞争能力，缺少效率必然会让好的机遇流失。我们必须以提高发展质量和运行效率为目标，构建与油田规模及发展战略相适应的管理体制和组织架构。要切实加快推进油公司体制建设，进一步压缩管理层级，优化业务流程，减少内耗，提高决策效率；同时，坚持专业化、市场化，按照国家及行业政策变化，优化调整经营业务，聚焦有效发展，推动建立精干高效、管理科学的现代企业制度，实现瘦体强身。

3. 迈开“双腿”。好风凭借力，转型改革的关键在于激发活力，特别是人力资源的活力。要建立科学的绩效考核体系、收入分配体系、成长培养体系、人才流动体系，让上进的成长上有通道，干好的收入上有票子，想干的事业上有舞台，量才而用、人尽其才，激发和调动好每一位员工的工作积极性和创新创效激情，真正做到“做多做少不一样，做好做差不一样”，进一步形成积极向上、创先争优的良好氛围，为企业转型发展提供强劲的人才动力。

4. 穿好“跑鞋”。工欲善其事，必先利其器。当下，市场竞争已进入信息时代，信息的要素作用越来越突出。利用互联网技术，整合利用信息流已经成为现代企业竞争力的重要组成。油田亦如此，要实现管理效率、效能和效益的提升，也必须搭上“互联网+”的快车。用互联网技术打通从勘探到开发、从科研到生产、从一线到后勤、从机关到基层、从企业到客户的所有信息通道，持续改进管理流程，强化各类软件集成应用和信息互联互通互享。

5. 带上“干粮”。转型需要企业具备自身内在精神，这种内在的精神就是企业文化。因此，企业转型，文化须先行，应把对市场环境的适应程度作为验证企业文化优劣的标志。文化转型的关键是价值观的转型，企业价值观是企业发展的灵魂，而不是粉饰文字装点门面的摆设，提炼出来就放在那里完事大吉，而是要根据市场的变化和企业的发展不断深化，将其内涵真正内化于员工心中，转化为企业的管理行为，并不断丰富其内容。

三、应从现有资源上入手，按照最大化利用的原则挖掘自身潜力，彻底走出背靠大树、等米下锅的发展依赖，以顺应自立生存的要求

几代人、几十年的艰苦奋斗，为中国的石油工业积攒下了雄厚的家底。油田可以说要人有人、要装备有装备、要技术有技术。当投入严重不足时，我们更要想方设法将各种在手资源盘活用好，转化为经济效益。

1. 盘活用好人才资源。当前油少人多，且人才结构性问题尤为突出。我们必须按照“人事匹配”的原则，严格定岗定编，把该减的人减下来。采取转岗、劳务输出等多种方式，全力推动富余人员向外部市场转移、向新兴业务转移、向价值创造的岗位转移；要按照“人岗相宜”的原则，规范选人用人，着力构建才尽其用的体制机制，最大限度释放各类人才的创新创效潜能；要按照“人际和谐”的原则，加强团队建设，体现1+1>2，努力形成你追我赶的人文环境。

2. 盘活用好技术资源。技术创新是降本增效的重要途径，是企业成功转型的关键力量。经过持续的投入、长期的积累，油田已经拥有了可观的技术资源，但部分技术依然是库中兵器、盆中花朵，并未发挥出其应有的作用。所以，必须尽快变革油田科技体制机制，促进技术成果向现实生产力的转化，最大程度发挥技术成果的创效作用。同时，聚焦企业转型发展方向，再困难也要保证科技力量投入，以技术创新推动企业更好更快转型。

3. 盘活用好装备资源。对于油田来说，油气勘探开发是主业，其他均为辅业。但在低油价下，却呈现主业亏损、辅业盈利的新局面。油田拥有物业、宾馆、车辆等优质资产，在服务业逐渐成为中国经济增长的主要力量的当下，只要跟上时代发展的潮流，开发好这些装备资源，有效盘活存量资产，辅业完全可以做大做强，承担起更大的创效任务，当好主业分流员工的“蓄水池”，为主业扭亏脱困赢得时间，为油田转

型发展提供更多可能。

4. 盘活用好客户资源。在长期的发展中，油田有着产业线条长、商业信誉好等优势，累积了丰富的客户资源。更多的时候，油田扮演的是甲方角色，在油田转型发展中急需开拓市场当下，必须高度重视这些客户资源，适时转换到乙方角色，互换彼此的市场空间，为推广油田优势技术寻找市场，为分流油田富余职工找到出口，形成相互依存、互利共赢、你中有我、我中有你的更紧密的合作关系，让客户资源成为油田转型发展的依靠资源。

5. 盘活用好文化资源。只要精神不滑坡，办法总比困难多。战胜眼前的企业困难，需要有一股不畏困难、敢于亮剑的精气神，需要用足企业在拼搏发展中积淀的企业文化，为转型发展提供强有力的精神支撑。同时石油人“有条件要上，没有条件创造条件也要上”“三老四严”“四个一样”等特有文化，正是我们参与市场竞争的金字招牌，要把这块金字招牌擦得更亮、叫得更响，为外闯市场、参与竞争提供通行证，争取更大市场份额，为转型发展赢得更大的空间。

（本文发表于《石化人力资源管理》2017年第1期；《现代国企研究》2017年第2期，文章标题为《说说油田当下发展的关键字——转》）

三

因地制宜抓党建的实践与思考

各单位的情况千差万别，如何贯彻好习近平总书记对国有企业党建工作的要求，不存在千篇一律的模式和方法，必须因地制宜、实事求是，从自己所处的现实土壤出发，研究自身工作的具体性和特殊性，有意识地构建符合本单位实际的工作模式和方法，形成具有自身特色的党建工作做法，才能最大程度将企业中党的政治优势转化为经济优势和市场竞争优势，促进企业核心竞争力的提高，为企业高质量发展提供坚强的政治、思想和组织保证。

（一）
江苏油田地质科学研究院党建工作实践与思考

江苏油田地质科学研究院是油田专业从事勘探开发研究的科研单位，是油田高层次人才、高学历人才、高能力人才聚集的高地，是科技创新的主阵地，是增储稳产的主战场。员工队伍具有“学历高、职称高、党员比例高”的典型特征，表现出强烈的自我管理意识、创新超越意识、进步表现意识等鲜明特点。

这样的科研单位党建工作怎么干？笔者提出了要重点抓好六个字：**“融入、服务、体现”**。展开来讲就是党建工作要**融入勘探与开发、融入生产与经营、融入干部与员工，服务增储上产、服务创新创效、服务员工成长，体现党性要求、体现班子合力、体现群众心声**。

融入勘探与开发：党委书记、党支部书记、副书记、委员、党群工作人员都要积极参加勘探开发各类专业会议，主动学习了解地质、油藏、物探等专业知识，始终把勘探开发工作放在中心位置，和行政管理人员一道协力攻关，同样要成为油田勘探开发的行家里手。**融入生产与经营：**要求领导干部、党组织书记、副书记、委员、党群工作人员带头跑市场、找业务、降成本，发动全体党员干部在创新创效中担重任挑大梁，成为主力军、生力军，充分发挥好党支部的战斗堡垒作用和党员的先锋模范作用。**融入干部与员工：**要求领导干部、党组织书记、副书记、委员、党群工作人员走到干部员工中间，与大家打成一片，坐到一条板凳上，扎扎实实做好问政于民、问需于民、问计于民，虚心向员工群众请教，集思广益，积极采纳员工群众的合理的意见，汲取民智，凝聚力量，及时解决干部员工关心的问题。

服务增储上产：党组织出面组织一些工作务虚会、方案论证会等活动，党委会、支委会专题研究解决科研项目中存在的问题，全力推动做好勘探开发工作。**服务创新创效：**坚持以问题为导向，以劳动竞赛为载体，带领干部员工集中精力、集中资源、集中火力做好科研攻关、降本增效、拓市增效。**服务员工成长：**扎实抓好各类人才的引进、培养、选拔、调配，用好导师制、基本功训练、业务竞赛等载体，发挥好工会、共青团等桥梁纽带作用，为各类人才成长创造良好环境。

体现党性要求：坚决严格贯彻中央以及集团公司党组、油田党委等上级党组织的各项工作要求和部署，认真抓好政治建设、思想建设、组织建设、作风建设、纪律建设、制度建设。**体现班子合力：**坚决搞好班子团结，遇事多商量多通气多补台，认真落实好民主集中制，严格执行好“三重一大”等议事规则，使领导班子真正成为带领干部员工干事创业的主心骨和领头羊。**体现群众心声：**自觉践行党的根本宗旨，把群众观点、群众路线深深植根于思想中、具体落实到行动上，切实解决好群众最关心最直接最现实的切身利益问题，开展丰富多彩的文体活动，努力营造安心健康快乐工作的氛围。

在“融入、服务、体现”的总体思路下，积极探索“抓核心、抓人心、抓中心”等工作路径。

为科技创新插上腾飞的翅膀
——以问题为导向去除企业科研发展中的绊脚石

“科技自立自强是国家强盛之基、安全之要。”2022年6月28日，习近平总书记在湖北省武汉市考察时，进企业、看产业，指出“把科技的命脉掌握在自己手中，国家才能真正强大起来”。这为深入实施创新驱动发展战略，加快实现科技自立自强，再次吹响了“冲锋号”。但现实中，企业科研还有着形式主义、急功近利、墨守成规、闭门造车等许多“绊脚石”，我们必须下大力气把它们搬开，切实为科技创新插上腾飞的翅膀。

一、必须力除形式主义，为科研人员减负降压

习近平总书记指出，“保障时间就是保护创新能力”“决不能让科技人员把大量时间花在一些无谓的迎来送往活动上，花在不必要的评审评价活动上，花在形式主义、官僚主义的种种活动上。”科研工作要多出

成果、出好成果，必须让科研人员能够轻装上阵，心无旁骛地开展科研攻关。

1. 少点形式汇报。科研工作中少不了开题结题、务虚研讨、过程汇报，但这些汇报或研讨中，组织者为了直观感受好，大都要求科研人员使用PPT加文字稿汇报，材料做简单了还不行，非得是图文并茂。做这些图文并茂的汇报材料非常耗费时间，搞得科研人员苦不堪言。基层许多科研人员表示，“恨不得一个人当两个人用，项目研究可用的时间太少了”。上级部门或与会人员要理解科研人员的苦和难，想深入了解科研项目的情况，自己应事前多做做功课，少点对汇报形式的要求和依赖。

2. 少点文山会海。现在科研工作专业分工非常细，具体到每个专业部门的人手都很少，忙是常态。但有时上级领导和管理部门大会小会都让科研部门参加，一堆文件让其阅处，不时要这个材料那个报表。几个小时的会，真正用于落实的实则几句话，有的纯粹就是陪会。转发下发的文件也是如此，厚厚的文件实则要点就那么几行那么几条，有些阅不阅无关紧要。科研人员的时间毕竟是有限的，难免顾此失彼，必须把他们从文山会海中解放出来，让他们把更多的时间用在科研上。

3. 少点注水专利。为鼓励创新、强化专利保护意识，许多地方政府或群体给专利附加了“优惠”和“光环”。企业为了争取地方政府的政策、展现自身创新能力、保护研究成果，无形中放大了专利的作用。科研考核中，往往对研究项目的专利数量给出具体要求。这使得科研人员有时候为了专利而专利，给专利数量和质量注了水。申请和持有这些“注水”专利费时、费力、费钱财，给企业和科研人员都增加了负担。我们应该弱化对专利数量的要求和考核，加大对专利质量的要求和考核。

4. 少点经验搬套。著名的《伊索寓言》里有个驴子过河的故事，一头驴子驮着的两大包盐淌水里后变轻了，驴子轻松过河了，它为自己获得了一个宝贵的经验而庆幸。后来有一次驴子驮着两大包棉花过河，采用同样的方法，就再也没有站起来。这头驴子的悲剧就在于它把过去的经验用于当前问题的解决，犯了经验主义的错误。科研工作也是如此，如果一味生搬硬套所谓的经验，很容易固化、僵化思维，搬起石头砸自己的脚。所以，一定要坚持具体问题具体分析，再好的经验也要因地制宜。

二、必须力改急功近利，助科研项目行稳致远

中国科学院院士葛均波先生曾说："我国每项国家科技奖的背后，都是科学家们平均16年坐冷板凳的成果。"现实就是如此，在科研领域耐不住寂寞，经不起诱惑，守不住初心，没有定力、毅力与耐心，就难以面对各种各样的失败挫折，难以在一次次失败中接近未知的"无人区"。

1. 要有高瞻远瞩的雄心。"863计划"是党中央、国务院在1986年3月启动实施的"国家高技术研究发展计划"。通过实施"863计划"，逐渐形成了适合我国国情的高技术研究开发的发展战略，完成了高技术研究和开发的总体布局，带动我国高技术研究领域实现由点到面、由跟踪到创新发展的跨越。具体到企业也是一样，我们要有放眼未来的计划规划，瞄准打造技术先导型企业，锚定攻关领域与专业方向，构建科研创新的系统性工程，全方位多角度长周期推动"从0到1"的突破。

2. 要有静待花开的耐心。袁隆平的杂交水稻研究一度在十余年中止步不前，种出来的水稻高矮不一，产量也不高，长时间没有研究成果。直到研究团队找到了一株十分难得的野生稻雄性不育株，研究才有了突破性的进展。如果不是袁隆平坚持不懈、甘坐冷板凳，杂交水稻的研究进程或将改写。科学研究成果大都是点点滴滴进步累加的结果，瓜熟才能蒂落。我们要给科研人员足够的时间自由畅想、大胆假设、认真求证，去思考"诗和远方"，不能为了"眼前的苟且"破坏科研工作正常的进程。

3. 要有咬定青山的恒心。"苟有恒，何必三更眠五更起；最无益，

莫过一日曝十日寒。”科研工作需要丰富的理论与实践积累，厚积方能薄发；需要持之以恒的艰辛付出，逐步拨开层层迷雾，方可窥其全貌；需要直面失败的惨淡，历经千锤百炼，方获真知灼见。科研工作如同登山，当你失去信心、感到迷茫、无从下手之时，可能离登顶就不远了，唯有坚持不懈才能站在制高点。许多时候不是有希望才坚持，而是坚持了才有希望。唯有经历了山穷水尽的绝望，才能享受柳暗花明的喜悦。

4. 要有淡泊名利的清心。泰戈尔说，翅膀坠上黄金的鸟儿飞不高远。假如科学家盲目追逐热点，随意变换研究方向，陷入拜金主义的“泥淖”，即便侥幸一时名利双收，也终难长久。科学家精神，最重要的是追求真理的科学精神。被誉为“中国核潜艇之父”的黄旭华，从1958年中国导弹核潜艇研制工作启动，一直到1987年身份解密，整整隐姓埋名工作生活了30年。屠呦呦站上了诺贝尔奖的领奖台，高光一刻背后是她46年的无声坚守。从事科研工作，还是应该舍弃追名逐利的心态。

三、必须力破墨守成规，让科研人才脱颖而出

人才是科技创新最关键、最核心的要素，创新驱动从本质上说是人才驱动。在科技竞争异常激烈的当下，我们在培养使用科研人才上必须打破常规，敢于投入财力、下放权力、不论资历、竞争激励，让优秀科研人才能够涌出来、跳出来、走上来，进而激活科研事业人才辈出的“一池春水”。

1. 敢于投入财力。华为公司能有今天的成就，无疑是持续在科研上投入大量财力的结果。据公开消息披露，华为2020年的研发投入再创新高，达到1419亿元人民币，占全年收入的15.9%，超过华为全年净利润。华为近十年累计投入的研发费用超7200亿元，华为现有研发人员总数达到10.5万人，占公司总人数的53.4%。为了引进“天才少年”，华为更是开出最高达201万的年薪。没有投入何来产出？打造卓越的科研条

件、引进优秀的科研人才、培养优秀的科研人才必须舍得下血本。

2. 敢于下放权力。深入推进科研体制机制改革，赋予科研单位和科研人员更大自主权，对于调动科研人员积极性、充分释放创新创造活力作用巨大。工作中，我们应该广泛开展项目制改革，全面充分落实项目长负责制，压扁或减少研究单位管理层级，多给予项目负责人费用使用权、急需物资自主采购权、技术路线决策权、资源调配权、绩效奖励分配权等，让科研项目负责人有更加自主的工作环境、更为便利的科研手段、更多激励团队成员的资源，以利于其更好带领队伍攻坚克难。

3. 敢于不论资历。有志不在年高，无志空长百岁。搞科研不是年龄越大、资历越老，就水平越高。青年科研工作者在科技创新第一线，掌握最前沿的科技发展动态，能够很好地把握科技创新方向，要敢于让青年人领导、负责重大科研项目。科研项目取得突破要立功受奖时，不能论资排辈，搞平衡照顾那一套，而是要看大家的实际贡献，认认真真拿科研成果贡献率这把尺子量一量，让真正做出贡献的科研人才脱颖而出，而不是给那些顶着“光环”的领导、专家戴上“高帽子”。

4. 敢于竞争激励。竞争出人才，竞争出活力，竞争出动力。重赏之下必有勇夫。科研工作同样需要引入竞争激励机制，通过广发“英雄帖”，邀请各类人才前来“揭榜”，把项目交给真正想干事、能干事、干成事的人，让有能力的帅才“揭榜”出征；对项目推进不力的人员，要及时予以调整；对重大科研成果做出突出贡献的同志要给予及时奖励，并给予其一定范围内成果使用权、处置权和收益权，使其最大程度享有研发成果带来的收益，从而引导科研人员纷纷跳起来“摘桃子”。

四、必须力戒闭门造车，促科研攻关同频共振

积力之所举则无不胜，众智之所为则无不成。现代科学日新月异，其发展的深度、广度和复杂程度前所未有，各个学科间不断交叉融合是

必然要求。在科研难题面前，“单打独斗”既难以适应时代要求，也不利于科研人员自身成长。科研攻关必须走向开放合作、同频共振。

1. 做好人员互动。交流互动能点燃激情，观点碰撞会产生火花。传统科研人员“蜗居”在各自领域的时代已经过去，打破行政壁垒，加强各级交流和学科交叉，使用兵团作战的方式才能解决今天的“卡脖子”问题。正所谓“真理不辩不明”，科研人员应加强分享、加强沟通、加强讨论、加强辩论，从不同的角度、层面和维度分析解决问题。数据是科研创新的第一手资料，科研人员不应该做数据整合商，而应该“关口前移”，让自己到一线去、到现场去，只有贴近生产才能解决实际问题。

2. 做好信息互通。这是一个信息爆炸的时代，各行各业都需要有“互联网思维”，企业在科研创新中也急需接纳和发扬这种思维方式。推进开放共享，加大与科研院所、高等院校、行业协会的合作，推动建设信息共享平台，实现信息互动、资源共享。随着大数据和人工智能技术的发展，完善信息系统和搭建大数据管理平台将成为科研创新的重要基础。围绕信息整合、数据分析、专项研究，充分发挥技术平台的优势，促进平台内部不同单位和专业之间的信息沟通，彼此都能少走弯路错路。

3. 做好研究互助。我国的科学技术为什么在新中国成立后能够取得突飞猛进？这在很大程度上得益于举国体制。无论是“两弹一星”，还是载人航天、高铁、深海潜水器，等等，都是成百上千个科研团队分工协作的结果，都是参研人员集体智慧的结晶。在科研领域，个体受制于其研究领域及拥有资源的局限性，很难高效率、高水平、高质量完成复合背景下的综合性研究。而现在的科研项目大都涉及多专业、多领域，依靠的是整体作战，需要参研人员能拧成一股绳，集思广益，群策群力，互帮互助，携手合作。

4. 做好成果互享。每年度不同的科研部门在各自的领域都会产出一批高质量科研成果。但往往由于受困于企业或部门的“小农”意识，生怕成果被他人“窃取”，而不愿公开分享成果，导致了许多好的科研成果惠及范围很小，甚至部分好成果直接进了“藏经阁”。成果共享不充分，导致科研机构做了许多重复研究和反复试错，浪费大量的人力和精力。我们应建立集团内部、企业内部科研成果分享机制，促使研究成果共享，这样既能实现研究成果更好更快地转化，也能加快产出科研新成果。

抓好“三心”助推企业科研单位党建思想政治工作

企业科研单位具有知识分子多、价值取向多元、思想活跃、创新意识强、自我管理意愿突出等许多鲜明特征。如何保证知识型员工茁壮成长，推动企业持续快速稳定发展，给党建思想政治工作提出了许多新挑战和新课题。近年来，中国石化江苏油田地质科学研究院（以下简称地研院）党委顺应内外部发展环境的新变化、综合业务水平提升的新要求、干部职工物质文化需求的新期盼，以抓好“三心”为着力点，积极探索党建思想政治工作的新载体和新途径，为企业发展提供了强大的精神动力和坚实的组织保证。

一、抓“核心”，使人企更协调

人是企业发展的第一资源。有效盘活整合人才资源，把事分好、把岗设对、把人用活，实现“人尽其才、才尽其用”是推动企业发展的根本动力，也是企业党组织坚持党管干部的充分体现，必须作为核心任务确保抓实、抓好、抓出成效。

首先，是做到人事匹配。就是让所有的事，都有合适的人去做、去管；让所有的人，都做与其相应的事、合适的事。工作中，我们针对不同专业的工作性质、环境、条件、方式的不同，综合分析职工的能力、知识、学历、年龄、性格、气质、心理素质等因素，通过重新划分科室职能、稳妥调整研究区块、积极开展专业交流，避免科研人员因从事长期性、重复性的工作，产生因循守旧、思维固化的现象，让每一名职工都能充满奋斗激情、带着创新思维去干事创业，实现人才队伍结构的群体性优化。

其次，是做到人岗相宜。就是将合适的人才配置到合适的岗位上，做到用当其时、用当其位；人尽其才、才尽其用。通过开展全员岗位需求调查、班组长座谈会，摸清不同群体职业发展需求，帮助职工进行职业生涯规划设计；将经验丰富、业绩良好的业务骨干在生产岗与研究岗、热岗与冷岗、技术岗与管理岗之间进行交流，在新岗位上激发新活力、擦出新火花、展现新作为；以导师带徒、交流论坛、演讲比赛和鼓励承担科研课题为载体，及时选拔有思路、有成果、有能力的优秀人才充实到更重要的岗位，承担更大的工作任务，进一步带动和盘活现有人才资源，形成企业发展与个人成长的双赢局面。

再者，是做到人际和谐。就是强化职工之间的相互理解、相互支持、相互配合，体现“1+1>2”的协同效应，形成大科研、大攻关的作战格局。一方面，通过开展领导调研、青年思想问卷调查、个别谈心、读书心得交流、支部结对子等系列活动，让职工群众有说话的地方、有倾诉的空间，真正从感情上认同、尊重地研院这个集体，感受到自己真正被关心和理解，增强对企业的归属感、幸福感；另一方面，积极开展党建工作交流、勘探开发联合攻关以及形式多样的文体活动，加强单位之间、专业之间、职工之间的常沟通、多联系、勤走动，在全院上下形成开心工作、安心工作、用心工作的良好环境。

二、抓“人心”，使力量更凝聚

凝聚起广大干部职工的信心和力量，积极投身火热的工作实践，是党建思想政治工作的生命力所在。也只有充分发挥企业党组织的政治优势，持续营造心往一处想、劲往一处使的浓厚氛围，才能汇集起不可战胜的磅礴力量，战胜前进路上的一切艰难险阻。

首先，是聚人心。在目标上聚，通过中心组学习、党支部书记会、基层学习会等形式，将“建设精致美丽幸福油田”的奋斗目标传达至每一名干部职工，使其内化于心、外化于行；在思想上合，以“树正气、燃激情、促合赢”为落脚点，加强理论武装和形势任务教育，引导干部职工在认清发展形势、认同发展理念基础上，养成“咬定青山不放松、一张蓝图绘到底”的工作态度，焕发出强大的执行力、战斗力；在行为上同，开展“团结聚力奋进、创新精细实干”主题实践活动，使党建思想政治工作与生产经营同频共振，与科研攻关同向而行，与队伍建设同步深化，与和谐稳定同力推进，调动一切积极因素，凝聚一切正能量，形成“众人拾柴火焰高”的生动局面。

其次，是暖人心。在政治上关心，坚持“有为才能有位、有位更须有为”的用人导向，从评优推先、奖金待遇、岗位调整等方面，格外关照潜心科研生产的骨干，真正让吃苦的人吃香、实干的人实惠；在工作上关爱，着力打造“鼓励创新、宽容失败”的工作氛围，引导科研人员以百折不挠的韧劲、奋发有为的干劲、敢闯敢试的拼劲将各项工作不断向前推进；在生活上关怀，坚持“三清楚、四到位、五必访”制度，细化落实离退休老同志、驻井、加班职工温暖慰问、困难帮扶和心理健康咨询等工作，进一步密切了党群干群关系。

再者，是得人心。努力争取上级部门的支持，围绕油田新目标、新任务，提出勘探上紧抓“思路、规律、技术”、开发上巩固“稳、准、深”、队伍建设上着力“推优、拔尖、帮弱”工作思路，在赢得上级对发展理念高度认可的同时，为企业发展创造更好的政策环境、成长环境；切实加强兄弟单位的协作，通过落实走出去、引进来、强强联合、优势互补、高度融合等举措，实现与高校、科研机构和油田其他二级单位的同步发展、协作共赢；全面落实职工的主体地位，以班组文化创建、“身边的感动”征文、人才成长通道建设、院（党）务公开等工作为抓手，强化先进典型激励、拓宽人才发展空间、畅通民主管理渠道，增强了职工主人翁责任感、使命感。

三、抓“中心”，使管理更顺畅

党建思想政治工作只有注重围绕中心、服务大局，坚持抓生产从思想入手、抓思想从生产出发，虚功实做、大题细做，才能从全方位、多角度、多层面提升企业精细管理水平。

首先，是推动勘探开发一体化。为适应中国石化储量管理模式的重大调整，提出“目标一致、项目一体、成果一串”的科研生产理念，针对技术难点和关键问题，以开展重大专项研究为龙头，强化上游与下游的相互延伸、勘探与开发的相互渗透，不仅力争以多学科的融会贯通、多技术的有效集成、多手段的综合运用将发现资源与动用资源有机结合，提高科技进步对增储上产的支持率、贡献率；更在不断地合作与碰撞中擦出了智慧之花、友谊之花和创新之花，获得了更多的资源红利、科研红利和人才红利，促进了科研技术协同创新水平的快速提升。

其次，是推动具体事务信息化。贯彻落实建设数字中国、数字油田的要求，在科研生产上，深化勘探开发一体化数据中心业务应用，不断夯实基础工作，全面提高运行效率和管理效能；在日常管理上，大力推进无纸化办公系统建设，实现公文流转、职工请销假、出差审批报销和科研项目管理等工作规范化、流程化、制度化、信息化运行，加快院网和基层科室网站建设步伐，加大对外宣传力度，树立了正确的舆论导向和良好的单位形象；在党建工作上，依托油田基层党组织信息管理平台，适时发布理论文章、工作动态和创新成果，使党建思想政治工作信息化、科学化水平迈上了新台阶。

再者，是推动内部沟通机制化。一方面，强化制度落实，坚持民主集中制原则，严格执行院党委会、院务会、职代会联席会等制度，对事关企业发展的政策性、方向性问题，由领导班子共同商议决定；认真落实党建联系点、民情联系点、安全承包点等制度，引导党员干部深入职工群众，在抓好工作落实的同时，掌握思想动态、协调化解矛盾。另一方面，创新活动载体，深入开展读书心得交流、“我来上党课”“三亮三比三评”等主题活动，结合学习型党组织建设要求，采取领导授课、专家讲座以及组织党员干部赴大庆油田、华西村和油田其他兄弟单位调研学习等形式，促使职工在各项活动的开展中不断开阔眼界、增长才干、加深了解，形成干好工作的强大合力。

（本文发表于《东方企业文化》2013年第8期）

浅谈科研单位劳动竞赛的创新与实践

在职工群众中开展劳动竞赛是工会工作的重要内容，也是调动和发挥职工积极性和创造性的重要手段。当前，针对油田日益复杂艰巨的增储上产任务，针对年轻职工比例大幅提升的现实状况，针对知识分子思想活跃、创新意识强的鲜明特点，我们着力扩大劳动竞赛的外延、深化劳动竞赛的内涵。既注重以赛带动具体任务的完成，更看重全院基础科研能力和水平的提升；既注重以赛发现优秀人才，更看重以赛培养大批人才；既注重以赛营造个体创先争优的文化氛围，更看重团队凝聚力和战斗力的提升。通过组织引导职工赛思路、赛业务、赛成果、赛风采，切实激发了广大员工和集体的创先争优热情，有效营造了“比学赶帮超”的文化氛围。

一、赛思路，聚集超越创新的火花

2012年油田首次将实现预测、控制、探明三个1000万吨储量目标和保持171万吨原油产量任务直接写入地研院的承包任务书。这既是对我们的严格要求，更是一种激励与鞭策。年初我们组织召开经营管理务虚会，要求所有科室长一律用多媒体汇报全年的工作思路，与会人员共同探讨、明确目标、落实措施；分板块召开“储量落实方案”“滚动开发”等相关业务的研讨会，并下发了《地质科学研究院“三创四杯”劳动竞赛考核评比办法》；创新举办了“演讲比赛”“青年人才成长交流”“高级专家论坛”，不限内容形式分层次请科研人员谈思路、讲想法、提要求，一起找差距、定目标、拿措施，在探讨研究中，也让广大职工一起比一比各自思想解放的程度、考虑问题的深度、创新超越的力度。

通过赛思路，最大限度地挖掘了职工的聪明才智，激发了职工内在潜力，使科研人员能够站在更高的起点上，努力推动新理论的突破、新技术的运用、新成果的转化，为完成全年两个文明建设的目标任务奠定了基础。

二、赛业务，掀起学习培训的高潮

以开展“油藏动态分析大赛”“基础图件制作大赛”“井位论证大赛”以及“读书活动”为抓手，鼓励广大科研人员加强基础理论和专业知识的学习，切实提高基本素质和能力。院里每季度举办一次“青春课堂”，邀请院内外专家讲授科研生产的基础理论和实践经验，同时组织各基层科室制定详细的培训计划，强化不同专业、不同板块、不同领域的科研人员的内部交流培训，不断提升科研人员综合业务水平。针对非常规油气这一热点，组织技术人员开展岩芯观察描述和整理，并开展相关知识培训。同时，发挥工会、共青团等组织优势，组织青年科研人员到采油厂、钻井处等兄弟单位，开展现场学习和经验交流，不断创新学习培训的形式，加强岗位练兵的力度。

通过赛业务，有效调动了广大职工的学习热情，有力提高了科研人员的基础专业水平和业务素质，形成了缺什么练什么、少什么补什么，人人争学业务、争学技术的浓厚氛围，更培养了注重细节、注重基础、注重比较的良好习惯。

三、赛成果，搭建人才展示的平台

今年以来，油田创新开展人才成长通道建设，我院作为首批试点单位，通过着力抓好此项工作，为广大职工赛成果提供平台和载体，一批潜心科研、成果丰硕的专家在对比中脱颖而出，成功评聘进入相应技术、管理专家序列。同时，通过“井位论证”“青年人才成长交流”和“导师制”活动，及时发现有思想、有潜力、有成果的同志，对其岗位做出适当调整，加强培养。宣传上，将重点和焦点对准基层和先进典型，在“科研动态”“地研新闻”等栏目第一时间发布各科室、各项目组的科研进展和成果，让做出成效的有自豪感，让稍逊一筹的有差距感，使广大职工在相互关注、比试、较劲、追赶中做好自身工作。

通过赛成果，广大职工看到了自身进步的希望也看到了自身的差距，看到了增储上产的难点也看到了创新突破的重点，看到了什么是厚积薄发也看到了什么叫苦尽甘来，有效鼓舞了职工奋勇前进的斗志，点燃了干事创业的激情。

四、赛风采，打造充满朝气的文化

在实际工作中，大力倡导“宽容、宽松、宽厚”的科研文化、“认真、动真、较真”的管理文化、“自信、阳光、合作”的团队文化。在劳动竞赛中一样要求广大职工要有阵地意识、窗口意识和文化意识，在埋头干活的同时也要注重典型的选树和自身形象的宣传，要像爱护自己的眼睛一样爱护地研院和自己的集体及自身的形象。无论是业务竞赛还是文体活动、无论是专业研讨还是一般交流，都要求干部职工拿出最好的精神状态去比、去赛，努力形成勘探与开发比成果、主业科室与技术支持科室、后勤服务科室比贡献、机关与基层比状态的良好格局。鼓励基层科室在劳动竞赛的形式、内容、追求上与时俱进，常赛常新，突出各自特色，全力利用劳动竞赛提神、提能、提效，以赛促动大家用心想工作，用心干好工作。

通过赛风采，竞赛中的先进、典型、榜样，活动中的风采、形象、成果都得到了及时的宣传，学先进、赶先进、当先进的信念成为大家的普遍共识，劳动竞赛产生的群体效应得到了充分的体现。

（本文发表于《东方企业文化》2012年B09期）

（二）
江苏油田石油工程技术研究院党建工作实践与思考

江苏油田石油工程技术研究院同样是油田高层次人才的聚集地，是油田工程技术创新发展的领头羊。但从2014年开始国际油价持续大幅下跌，整个油田产量、工程业务量骤减，钻井设计从曾经一年300口左右降到了一年30口左右，科研经费也被大幅削减。低油价让油田发展进入了“寒冬期”，员工队伍思想上出现大幅波动，大家感到茫然，缺乏自信。根据实际情况，笔者提出石油工程技术研究院的党建工作就是要全力聚焦**“稳定心神、抖擞精神、聚精会神”，重点做好“四题”，即：讨论一个话题——“怎么活”，开展一个课题——“现场需要干什么”，试解一道难题——“市场如何闯”，聚焦一个主题——“如何创新”**。

稳定心神：带领大家顺应适应形势的变化，辩证地看待面临的困难与挑战，认识到油价一时波动是正常的，有涨就有跌，有跌就有涨。更要看到我们都是油田的高层次人才，有学历、有能力、有成果，有应对风险挑战足够的资本，我们不必慌张害怕。关键是我们要摆正心态，放低姿态，调好状态，看得懂形势的变化，看得到自身的潜力，看得起平凡的小事。

抖擞精神：带领大家化压力为动力、变难题为课题，保持良好的精神状态，主动出击，迎接困难与挑战。下定决心走好“低成本、短平快、可持续”的发展之路，多做一些少花钱、见效快的项目，对自有技术成果进行全面梳理，抓住优势项目，精耕细作，再也不能干“猴子掰玉米”的事。

聚精会神：带领大家全身心聚焦科研创新。管它东西南北风、咬定青山不放松，科研创新永远是立院之根、发展之基。围绕在手项目，集中全院之力，精益求精。钻井设计通过方案反复优化，有的单口井就节约成本上百万元。围绕油田发展，集思广益、群策群力。围绕市场信息，全力跟踪追击，力争取得突破。

讨论一个话题——“怎么活”：当时集团公司主要领导到华东片区调研时，对江苏油田提出要思考“怎么活”的问题，这是一个非常严肃的政治命题。围绕“怎么活”，党组织带领大家经常开展大讨论，目的就是不断传递压力，让广大干部员工树立危机意识、责任意识、发展意识。

开展一个课题——“现场需要干什么”：鼓励和推动全体科研人员走到生产一线去，寻找需要解决的问题，寻找可以推广的成熟有效的工艺技术。通过到现场去，与生产单位面对面交流，院里列出了具体要推广应用的十大成熟有效技术的路线图、时间表、责任人。既助力油田发展，也盘活了院里的技术成果和科研人员。

试解一道难题——“市场如何闯”：党组织负责人亲自参与市场开拓，和行政一道跑市场找业务，参与石油石化系统和地方单位的石油工程技术服务招投标，承揽一切可以承揽的有效益的工作。通过参与市场开拓，我们中标了一些油田外部项目，既增强了大家战胜困难的信心，又体会到外部市场是有的，关键是要主动去挖掘。

聚焦一个主题——“如何创新”：让全院上下始终头脑清醒地认识到创新工作的极端重要性，始终把工作的重心放在创新上，始终把最好的资源用在创新上。敢于打破常规、敢于借智借力、敢于奇思妙想，切实用创新引领发展、推动发展、支撑发展。

油田科研单位“寒冬期”党建思想政治工作的思考

当下，国际油价持续低迷，油田企业纷纷陷入亏损的泥潭，按照效益配产的原则，不得不大幅下调产量、停缓进攻性措施、压减各类费用。受此影响，油田科研单位也从以往一门心思增储量、上产量的异常忙碌状态一下子“闲”了下来。

以江苏油田工程院为例，钻井、压裂、采油等方案设计工作量与2014年油价高峰期相比下降70%以上，科研经费同比压减一半以上。同时，钻井、采油、作业等生产单位由于自身成本的紧张，对科研项目现场试验缺乏热情，科研项目现场试验难的问题更加凸显。科研工作何去何从？员工中不可避免地出现了迷茫、彷徨、焦虑等悲观情绪。

低油价，考验着每一名干部员工，也考验着一个单位党建思想政治工作的能力。关键时刻，科研单位党建思想政治工作必须因势而谋、应势而动、顺势而为，更好地发挥引领思想、把控方向、凝聚人心、提振士气的作用。

一、着力在员工心态调整上做文章，引导员工辩证看、积极干，做到思想观念应势而变

困难不可低估，信心不可动摇。历史的发展规律反复告诉我们，任何事物的发展都不会一帆风顺，前进的道路总是迂回曲折、充满跌宕起伏。油价亦如此，有涨就有跌。困难面前，我们决不能妄自菲薄、自乱阵脚，更应稳定心神、抖擞精神、聚精会神，转难题为课题，化压力为动力，变危机为机遇。

一是让大家看得懂当下的形势。本轮油价暴跌是多种因素叠加的结果：世界经济增长放缓，对石油的需求减弱；美国页岩油气开发突破，释放大量非常规产能；美国经济复苏渐趋稳固，美元进入强势周期；产油国之间竞价争夺市场份额；美国打压俄罗斯、伊朗、委内瑞拉等石油出口国；新能源技术迅猛发展；等等。但主因还是供求关系发生了重大变化，国际原油供应过剩将会是今后一段时期的常态，油价可能会在低位长期徘徊。我们必须把这样的形势和大家讲清、道明、说透，切实增强广大干部员工的危机感，做好长期“渡难关、战寒冬”的思想准备。

二是让大家看得到自身的潜力。毋庸置疑，科技是油田战胜寒冬的最好武器。经过这么多年的发展，我们积累了一大批科研成果，拥有了老中青相结合、专业门类齐全的人才队伍，完善配套了一批先进的科研设备与软件。尤为重要的是，我们在长期的拼搏奋斗中形成了逢山开路、遇河架桥的本领，培育了精益求精、自强不息的文化。这些都是我们通向胜利之门的钥匙，我们有挑战更大困难、接受更重任务的能力与条件。同时，低油价也倒逼生产单位更加主动寻求技术进步，采用新工艺、新技术、新材料，这也给科技工作者施展才能提供了更大的空间和舞台。

三是让大家看得起平凡的小事。以往，对科研人员来讲，跑项目、忙方案、搞设计、写论文、报专利、做汇报等是大事，业务调研、数据

比对、软件练习、仪器实操、资料整理等是小事。当下这些“大事”少了，人却不能“闲着”。人闲了就会出毛病，单位就会出问题。可以说工作是安排的，也可以是自己找来的。此时，我们就要动员干部员工彻底从过去的工作模式中跳出来，推动大家贴生产、进现场、驻一线、练内功、解难题，摸清吃透地下、地上、井筒的情况，做好身边的每一件小事，把自己的能力发挥到极致，练就过硬本领，就不愁干不了大事。

二、着力在攻关方向选择上把好舵，助推科研调思路、转方式，做到研究内容顺势而为

油价高企如顺水赶潮，发展的矛盾和问题被掩盖，油价下跌则水落石出，体制机制障碍、管理的短板和软肋暴露无遗。过去，不计成本追逐储量产量最大化的观念已经不合时宜。当下捉襟见肘的科研费用也无法支撑粗放的科研模式。我们必须痛下决心转方式、调结构，把质量效益放在首要位置，打一场提质增效升级攻坚仗。

一是走好低成本发展之路。低油价下，降低成本是油田所有单位的必答题。科研工作也一样，只有产出大于投入，才有存在的必要性。要体现科技的作用，就得紧紧抓住“低成本”这个纲，算好投入产出这笔账，坚持从小问题入手，从低门槛起步，不贪大求洋，先算后干、边算边干，把勘探开发需求作为立项攻关方向，以实用、好用、管用技术攻关作为工作重点，以是否受现场欢迎、能否降本增效为评判是否可行的标准，着力用低成本应对低油价、用高科技战胜高难度、用新技术打开新局面，以满足低油价下高效勘探、效益开发的需求。

二是走好短平快发展之路。困难时刻，油田急需的是投资少、周期短、见效快、效益高的举措和项目，用立竿见影的效果来提振广大干部员工攻坚克难的信心。此时，我们就是要动员广大科研人员集中方向、集中资源、集中火力，人人争做降本增效的行家里手，个个争当技术革新的能工巧匠，在技术研究上、成果转化上“跑步前进”，围绕油田地质情况、油水关系、地面条件的个性特点、“控水稳油”的阶段性特征以及能耗情况，找准切入点、撕开突破口，争取更多更好更快的创新成果，让技术降本增效的作用更好更快地发挥出来。

三是走好可持续发展之路。我们哪个科研单位研究过的课题、拥有的专利都有一大筐，但其中有多少真正能够创造效益？一些课题，纯粹是为科研而科研，为立项而立项，纸上谈兵。但也有许多好的研究成果却随着项目的结束而束之高阁。当下，低油价带来的经营困局某种程度上就是我们以往不科学发展的结果。所以，我们再也不能干华而不实和猴子掰玉米的事，要对科研课题严格把关，并认真开展回头看，选择一些好题目持续做下去、做到位、做出成效来，努力用最经济方式把“不好采”“不能采”“不屑采”的石油采出来。

三、着力在转型能力提升上下功夫，聚焦未来挖潜能、找机遇，做到创新本领逆势而增

实现发展转型、业务升级不是一句口号，它要靠你的能力来证明。我们能否有本事把手里现实的“饭碗”端稳，能否找到今后下锅的“粮食”，能否找到未来高效“产粮”的途径，这既需要我们实事求是、求真务实、务求实效，又需要我们解放思想、大胆探索、改革创新，闯出一条新路。

一是提升精益求精的能力。华为、小米等企业的成功，很大原因在于他们对产品质量苛刻的追求。当下，油田亏损，花在科研上每一分钱都是“吃饭钱”，每一分钱都应发挥最大效用。对研究工作来讲，现在任务不是轻了反而是重了，难度不是小了反而是大了。高油价下一项工作大都一套方案一次就过关了。现在一项工作要有几套方案供选择，一套方案又要过多次关，就是要让每一项设计、每一套方案、每一个环

节，无可挑剔，做到极致，经得起时间和现场的考验。这是一种严谨负责的工作态度，也是适者生存的明智选择，更是赢取未来的必备能力。

二是提升抢抓机遇的能力。机遇带来发展，发展需要机遇，机遇更稍纵即逝。发展的优势，往往是在抢抓机遇中形成的；发展的差距，则是在丧失机遇中扩大的。发展良机尽管少，但时时刻刻存在，关键在发现、在捕捉、在创造。对我们来说，当下发展的机遇就隐藏在上面的“风声”下、基层的“心声”里、现场的“炮声”中，需要我们用心倾听上级要求、群众意见、现场需求，认真收集国家政策、行业状况、上级部署、市场信息，及时研究、仔细解读、去辨别、去捕捉、去把握，果断作为，才能在激烈的市场竞争中下好先手棋、打好主动仗。

三是提升奇思妙想的能力。思想上能否破冰，直接决定着行动上能否突围。回顾每个油田的勘探开发史，都是一部解放思想的历史，其中汇聚着一个个无中生有的创新过程，镶嵌着一个个打破天荒的奇思妙想，是思想的力量让不可能成为可能，让梦想成为现实。低油价下，我们更要拿起解放思想这把“金钥匙”，让干部员工的思想活起来，脑筋动起来，自觉顺应油田发展的新变化，从变化趋势中唤醒创新的思维，从头脑风暴中捕捉创新的火花，从对标先进中激发创新的灵感，努力用新思路、新方法、新举措，去破解前进道路上的各种难题。

（本文发表于《石油化工管理干部学院学报》2016年第4期）

（三）
江苏油田运输处党建工作实践与思考

江苏油田运输处成立于1975年4月，是油田会战初期成立的老单位。主营业务包括油田井场搬迁，原油、成品油、天然气（CNG/LNG）、化工料、长输管道运输，汽车维修、工程机械制造等。业务种类非常杂、缺少高技术含量、员工队伍年龄整体老化、文化层次整体偏低、体力劳动强度大、司机群体走南闯北见过的世面大，单位经营亏损多年，历史遗留问题多。

伴随低油价，运输工作量不足，设备闲置、人员富余。这样的单位，党建工作如何抓？笔者提出要全力聚焦**“抢地盘、铺道路、架桥梁”**，大力营造**“我要发展、我能发展、我保发展”**的氛围。

抢地盘：就是闯市场，大力实施“走出去”战略。党组织重点在人的素质提升上下功夫，带领大家拼“体能”，真正让“吃苦者吃香、实干者实惠、多劳者多得”，引导大家吃大苦、流大汗，拿下那些别人嫌脏嫌苦嫌累的活，以赢得更大的市场份额。带领大家拼“技能”，认真做好岗位练兵。员工的岗位技能就是市场开拓的金字招牌。工作中，对参加“新安杯”江苏省道路货物运输驾驶员职业技能竞赛、“徐工杯”全国吊装大赛获得名次的员工，第一时间给予重奖，给予集中宣传报道，目的就是引导大家都去钻研提升岗位技能。带领大家拼“智能”，就是带领大家开动脑筋，学会算账，转变过去只干活不算账的习惯。对项目上不懂经营的干部进行及时调换，逼着大家学会经营。

铺道路：就是转型发展，大力推进深化改革。一是着力提升“机关的效率”，通过撤并机关科室、下沉机关管理人员、公开竞聘等方式，大幅压减机关管理人员，事实证明机关人少了，工作是更忙了，但队伍活力和工作效率更高了。机关到基层的同志，也大幅提升了基层的基础工作水平，取得了双赢的结果。二是着力提升“基层的效益”，扎实开展形势任务教育，大力推进项目承包、油料改革、单车成本核算等改革，基层员工算账意识大幅增强，大家一起千方百计降本减费、想方设法挖潜增效、全力以赴增收增效，都努力做到经营一元钱、节约一分钱，企业整体效益自然水涨船高。三是着力提升“工作的效果”，通过加大教育和月底财务审计力度，引导大家真实反映经营绩效、真实做好宣传，养成实事求是的工作作风。

架桥梁：就是和谐建设，全力扩大朋友圈。一是建好“内部的连心桥”，扎实抓好家访、慰问、调研、工会活动等，形成一家人一条心一起干的氛围。二是建好“与客户的友谊桥”，主动走访客户，了解需求，听取意见，增强黏性，加大合作，找准改进产品和服务的着力点。三是建好“与对手的合作桥”，坚持在竞争中合作、在合作中竞争，以开放包容合作的心态，主动向竞争对手伸出橄榄枝，争取信息互通、优势互补、合作共赢。

大力营造“我要发展”的氛围。深入开展形势任务教育、“收入凭贡献，幸福靠奋斗”大讨论，编发企业文化手册，组织周一升旗仪式并开展宣讲，引领干部员工认清形势，树立强烈的发展意识。积极整顿软弱涣散基层党组织，召开法制教育大会、改革座谈会，引领员工不踩“红线”、不越“底线”、不碰“高压线”，营造风清气正的工作环境。

着力打开“我能发展”的思路。开展“如何进一步把市场做大、把安全做稳、把质量做优，把管理做精”四个如何大讨论活动，为生产经营出谋划策。开展“算好三本账，人人把家当”活动，牢固树立“围着市场转，算着效益干，算赢才干，多赢多干，不赢不干”的理念。深入开展“工作大调研，问题大排查，措施大讨论，管理大提升”活动，通过找问题、查漏洞、解难题、补短板，让管理效率更高、生产运行更优。

努力激发“我保发展”的动力。在机关开展“当一天押运员”活动，解决押运员紧张的同时，让机关人员深入基层，把各类精神延伸到一线。开展专题组织生活会，解决部分党员干部执行力差，制度要求落实不到位问题。开展“司机说安全”“提升质量大家谈”等专题视频拍摄，“雷锋车”、党员先锋岗、党员标兵车等评选活动，发挥典型示范引领带动作用。开展夏日送清凉、特殊节日慰问、困难帮扶等活动，进一步凝聚员工士气和力量。

在“人”上下足功夫　用“真”字造就发展
——低油价下油田运输企业党建思想政治工作思考

油价高企时，油田运输企业由于内部市场垄断，不愁工作量，怕的是活多车少忙不过来，烦的是员工干活挑三拣四脾气大，忧的是安全生产点多面广战线长。而今，伴随油价的暴跌，油田内部运输工作量急剧萎缩，企业主要矛盾又迅速转化成了活少人多车闲队伍散。怎么把人员和设备盘活起来，怎么让干部员工转变观念走出去，既是摆在企业行政面前迫切需要解决的经营难题，也是摆在企业党组织面前的首要政治任务。攻坚克难更显责任担当，越是企业困难的时刻，越需要企业党组织发声亮剑、冲锋在前，把大家的信心树起来、干劲鼓起来，带领大家齐心协力破难题、闯市场、抓管理、降成本、增效益，渡过难关并实现新的发展。

一、在抢占市场立足之地中展现作为，抓住一个“拼”字，带领员工转变观念、苦练本领，用真功夫拿下市场

油田运输企业要在社会市场竞争中占有一席之地，不仅要拼设备的硬能力，更要拼员工吃苦耐劳的干劲、拼小事干好的水平、拼处处寻优的头脑等软能力。提升这种软能力正是将国有企业党建优势转化为企业竞争优势的关键所在，具体来讲就是要引导干部员工拼出石油人的“体能、技能、智能”。

1. 拼“体能”，能拿下别人嫌脏嫌苦嫌累不愿干的活。运输行业挣的是辛苦钱，司驾人员起早带晚、风里来雨里去，风餐露宿，还顾不上家。但不管啥活，总得有人干，既然我们选择了运输行业，我们就要能

吃下这份辛苦，要想赢得更大的市场份额，更要有“没有跑不了的路，没有拿不下的活，没有战不胜的困难”的思想，吃得下常人吃不了的苦。作为党组织，我们要让党员干部承担起最“急、难、险、重”的任务，用榜样的力量引领大家吃苦耐劳、争做贡献；在干部选拔、收入分配上大幅向生产一线、市场一线倾斜，真正“让吃苦的吃香、让多劳者多得”，引领员工主动吃大苦、流大汗；同时要经常到奔波在一线的同志家中，嘘寒问暖，解决其后顾之忧，着力打造一支特别能吃苦、特别能战斗、特别能奉献的团队，来感动客户、赢得客户。

2. 拼“技能”，把单调平凡重复的小事用心干成专业。“低油价”是一场擂台赛，没有金刚钻，揽不到瓷器活儿。运输企业涉及司驾、押运、调度、维保等众多岗位，员工安全平稳驾驶技能、车辆维修保养技能、货物装卸技能、车辆合理调配技能等都能直接决定企业的运营水平。如：同样的路线、同样的车，不一样的驾驶技能，油耗能差出一大截，车况能差出一大截，安全风险系数能差出一大截。为此，党组织要高度重视员工的技能提升工作，要积极培育爱岗敬业、善于学习、用心钻研、精益求精的工匠文化，运用好技能大赛、技师评聘、导师带徒、技师讲堂、典型选树等手段，建立健全员工培训体系，积极引导大家把工作岗位作为课堂，学技能、比技能、钻技能，日复一日，努力把简易的事干得尽善尽美，把常规的事干得有模有样，把复杂的事干得简洁清爽。

3. 拼“智能”，动脑筋把每件事干到最快、最优、最经济。能不能用最少的人员、最少的动力、走最短的里程、花最少的费用、经最少的环节、以最快的速度把货物运至用户手中？答好每一小问都是一篇大文章，每一个回答都关联着企业的竞争能力与盈利能力。同样的货物运输，车辆走高速与不走高速成本不一样，空载返回与配货返回收益不一样，装载车型、货物重量、装卸时间的不同调配产生效益不一样。这些不一样中，处处有着优化的空间，处处隐含着可挖潜的效益。党组织就是要用好合理化建议等载体，积极推进工效挂钩、单程核算、线路成本包干等机制建设，引导大家处处精打细算，时时加强油耗、轮胎、修理、人工等成本分析，做好线路、货源等调研，调动好方方面面的积极性与创造性，努力把该省的时间与空间、人力与物力省出来，以优化出效益、出大效益。

二、在铺就转型发展之路中展现作为，抓住一个“提”字，带领员工真抓实干、盘活资源，用真实效打牢基础

当下社会正处在一个快时代，技术、产品、模式、知识的迭代越来越快，各类信息的数量呈现几何级的增长，企业的经营环境不确定性越来越强。企业要生存发展，持续转型是必由之路，这条路能不能走好走稳，就看我们能不能以最快的速度发挥出自己最大的创效潜力。企业党建工作也必须在“效”字上下功夫。

1. 引导机关工作向效率聚焦，让干部忙起来。由于历史原因，油田运输企业机关干部队伍普遍存在规模大、年龄老、学历低的状况，强行精简机关人员并不是好的办法。怎么把机关人员盘活，让干部忙起来？党组织应该综合运用经济杠杆和组织手段，推动实现“三个三分之一”：就是让三分之一的机关干部轮流到跟车押运等一线去工作，以弥补生产一线人手紧张等矛盾，并带着专业的眼光去找问题、查隐患、保安全；让三分之一的机关干部协同市场人员奔波在客户回访与市场开拓的路上，站高一层见客户、找方向、拓市场；让三分之一的机关干部留守协调、汇集信息、优化管理。这样可以很好地将机关工作与基层实践连接起来，将内部管理与外部市场结合起来，将人员结构性富余与结构性缺员结合起来，也将更好地实现干部在一线锻炼、作风在一线锤炼、问题在一线解决。

2. 引导基层工作向效益聚焦，让员工算起来。基层永远是企业创

效的主体、创新的源头、创造的前线、创业的根基。运输企业效益的创造更是靠基层车轮子一公里一公里跑出来，靠成本中一分钱一分钱抠出来，靠一趟一趟安全行车加以保证。面对经营寒冬，党组织要与基层员工面对面谈形势、讲实话、交实底，让大家知道企业面临的困难、挑战，动员大家树立起过紧日子苦日子的思想，在安全生产、创收增效、成本管控上下硬任务、定硬措施、搞硬考核、来硬兑现，让人人学会“打算盘”，都干效益事、出效益活；积极破陈规、闯新路、试新法，大胆推进单位承包经营、项目费用包干、线路收益分成等市场机制建设，推动一切工作向质量效益聚焦用力，千方百计降本减费、想方设法挖潜增效、全力以赴增收增效，真正做到经营一元钱、节约一分钱。

3. 引导一切工作向效果聚焦，让成绩实起来。有效率不一定有效果。机关有些工作效率表面提高了，但做的是有用功还是无用功？如果工作本身对企业发展没有意义，那越高的效率越是对资源的浪费。我们要追求的工作效率提升必须真正有助于企业的发展，有助于管理流程的简化、优化。同样有效益也不代表一定有效果，尤其基层的账不能光看数字，如果我们形成的收入都是难以收回的应收款，账面利润没有包含大量该进未进的成本，那再高的账面效益，终是水中的月亮，经不起时间的检验。所以，效率只是过程中的成果，效益只是阶段性的成果，只有效果才是我们最终追求的成果。好的工作效果还表现在其影响力、带动力、推动力上。如果我们的某项工作，对其他人和其他工作起到正面示范与激励的作用，形成良好口碑与品牌效应，那这种工作的效果无疑是非常巨大的。

三、在架设联系内外之桥中展现作为，抓住一个“建”字，带领员工凝心聚力、开放合作，用真感情汇聚共赢

集众智才能登高望远，合群力方可聚沙成塔。当下的社会你中有我

我中有你，企业发展更讲协同协作、共享分享、共生互生，靠“跑单帮”、当“独行侠”成不了大气候。在企业内部，我们必须要发挥好每一名员工的作用，构建同心协力的高效团队；在企业外部，我们必须能广交朋友，取长补短，扬长避短，当好资源的“链接者”。

1. 建设好与员工之间的连心桥。“知屋漏者在宇下，知政失者在草野”，让群众满意是我们党做好一切工作的价值取向和根本标准，群众意见是一把最好的尺子。企业党组织作为企业联系群众的桥梁与纽带，我们就是要让党员干部和群众一起聊、一起想、一起干，既要善于解疑释惑、疏导情绪、化解矛盾，也要多办顺民意、解民忧、惠民生的实事，办成舒人心、暖人心、聚人心的好事，更要诚恳地拜群众为师，尊重职工群众的首创精神，从职工群众当中汲取智慧和力量，围绕自身发展中突出问题、紧迫问题、难点问题、关键问题，群策群力，共思发展之计、共谋发展之策、共干发展之事。对于努力工作的要及时给予鼓励，对取得成绩的要及时给予掌声，对生活困难的要及时给予关怀，让员工切实感受到组织的温暖。

2. 建设好与客户之间的友谊之桥。不要认为企业党建与跑市场、见客户没有关系。企业党组织主动走进市场，联系客户，可以及时了解到我们的员工、产品、服务在客户那里的具体情况，了解到客户的真实想法和需求，了解到市场发展的现状和态势，更能找准融入生产经营抓党建的重点，针对了解的情况及时改进我们的工作，更好地服务客户。同时在见客户的时候，党组织也可以主动输出自己企业的发展理念和价值观，宣传企业的产品与文化，进一步取得客户对企业的认可和认同。通过与客户之间党组织结对共建，组织开展活动，大家交流业务、分享经验，可以进一步加深企业间、员工间的彼此了解和友谊，做到相互影响、相互带动、相互协作、优势互补、共同进步，不断提高党组织服务市场的创造力、凝聚力和战斗力。

3. 建设好与对手之间的合作之桥。战争的最高境界是和平！企业的竞争的最高境界是合作，互惠互利，大家双赢，这是和竞争对手寻求共同利益的最好方法。当下，运输企业之间的竞争非常激烈，常常相互杀价，出现多方都亏的局面。我们必须主动走出这种损人不利己的怪圈，以一种开放包容合作的心态，主动向竞争对手伸出橄榄枝，争取信息互通、优势互补、合作共赢。企业党组织要向员工灌输新的发展理念，并按照“党建搭台、业务唱戏”的原则，主动牵头走进对手，通过党建交流、干部互访、员工联谊等形式，学习对方的优点与长处，洽谈聚合双方资源的有效途径，共同变压力为动力、化危机为生机，携手增加运输服务品种，扩大运输服务的地域覆盖面，一起为用户提供一体化、系统化的解决方案，形成互利互惠的利益共同体，共创美好未来。

（本文发表于《石化人力资源管理》2017年第4期）

（四）
江苏油田党校（培训中心）党建工作实践与思考

这几年，随着全国党校工作会议的召开和《中国共产党党员教育管理工作条例》《中国共产党党校（行政学院）工作条例》的出台，企业党校工作得到了高度重视。中国石化出台了《中国石化党校工作实施细则》《党校十四五规划》，成立了党校管理办公室，企业党校迎来了发展的春天。

但是，这几年也是党校教职员工退休的高峰期，人才断档问题凸显。面对繁重的培训任务与人手的短缺断档，党校（培训中心）党建工作怎么干？笔者认为关键在状态、重点在行动。人手问题可以通过引进和放眼油田层面来缓解，可以通过提高工作效率效能来解决。

当务之急，就是要引导大家保持“意气风发”，做好“建功立业”。即：着力增强“党校的阵地意识、老师的身份意识、企业的窗口意识、学员的进取意识”；着力提振“做大规模的豪气、做亮品牌的志气、做优教学的心气、做强队伍的骨气”；着力固化“实事求是的风格、守正创新的风格、精益求精的风格、团结合作的风格”；着力发现“宝贵的发展机会、主要的风险隐患、优秀的精英人才、先进的典型标杆”；着力建设“一流的政治生态、一流的校园环境、一流的党校文化、一流的企业管理”；着力练好“调查研究的功夫、为民服务的功夫、宣传教育的功夫、正风肃纪的功夫”；着力立起“术有专攻的导向、厚积薄发的导向、与时俱进的导向、位从为来的导向”；着力实现“发展思路更清晰、发展基础更夯实、发展方式更优化、发展氛围更浓厚”。

笔者带领班子成员提出了江苏油田党校（培训中心）全新的文化理念，将“培根铸魂、训技提能”定义为使命，“行业一流、区域领先”定义为愿景，“求是、热爱、勤奋、创变”定义为核心价值观，着力在“设定必须学的内容、建立逼着学的机制、营造比着学的氛围、树立毕生学的理念”上下功夫，真正把教育培训资源集中到干部员工能力培养、党的理论教育、党性教育这个主责、主业、主课上，大力提升干部员工的素质、志气、能力。

保持“意气风发” 做好“建功立业”
——以高质量党建引领国企基层党校高质量发展

中国和中国人民在中国共产党的正确领导下，历经百年奋斗，全面建成了小康社会，正撸起袖子加油干，大踏步迈向第二个百年奋斗目标。用“意气风发”“建功立业”这两个词来形容当下中国全党和全国人民的状态非常的贴切。国企基层党校作为党的事业的重要组成部分，承担着为企业党员干部补钙壮骨、立根固本的重要任务。教者效也、师者范也，其更应意气风发，带头建功立业。“意气风发”“建功立业”这两个词逐字拆开来表述，也正好为国企基层党校以高质量党建引领高质量发展提供了具体路径。

一、“意”代表“意识”，提示党组织要着力增强“党校的阵地意识、老师的身份意识、企业的窗口意识、学员的进取意识”

1. 增强党校的阵地意识。党校，是党的学校，旗帜鲜明讲政治是第一位的要求。党校必须坚持“党校姓党”，以党的旗帜为旗帜，以党的意志为意志，以党的使命为使命，自觉成为党的理论、路线、方针、政策的学习者、研究者和宣传者,更是它的信仰者、践行者；必须树牢主责、主业、主课意识，坚持把习近平总书记系列重要讲话精神和治国理政新理念、新思想、新战略作为首课，在学懂弄通做实习近平新时代中国特色社会主义思想上走在前、作表率；必须强化“学术无禁区、讲台有纪律”的要求，始终坚定不移捍卫“两个确立”、增强“四个意识”、坚定“四个自信”、做到“两个维护”。

2. 增强老师的身份意识。俗话说：“五车艺，八斗才，为人师表上讲台”“好老师，充满爱，崇教厚德育英才”。身为党校的员工，在外人眼中都是老师。老师是为人传道授业解惑的，学高才能为师，身正才能为范。党组织就是要通过师德教育、标杆选树、业务竞赛、考核评价等工作，引导干部员工爱惜老师这个称呼，对得起人类灵魂工程师的赞誉，严格以优秀老师的标准要求自己，把学习作为终身任务，持之以恒地追求真理、广博知识、精深专业，坚持不懈地修炼自己的品性，志存高远、慎独慎微、敬业爱生，并时时处处注意自己的仪容仪表、言谈举止，用心给学员做好榜样。

3. 增强企业的窗口意识。党校对外交流多，学员来源广，是名副其实的窗口单位。学校的硬件设施、学术水平、管理能力、员工风貌、校园文化等不仅是党的形象的一个侧面展示，还代表了所属企业的具体形象。党组织要努力改善校园的软硬环境，着力让党校特色与企业元素在这里充分融合、充分体现，要让人进入党校能感受到校园环境的整洁、红色因素的厚重、学习氛围的浓厚、教学管理的严谨、待人接物的热情、单位发展的康健，融入其中更能体会到这是一片让人净化思想的神圣地、增强本领的加油站、研究学问的好地方、锤炼党性的大熔炉，也是展示所属企业良好风貌的示范点。

4. 增强学员的进取意识。来党校学习既是学员培根铸魂、训技提能的宝贵机遇，也是对其党性修养、素质能力的一次检验。学员的学习状态不仅关乎个人学习的效果、反映着送培单位的形象，还体现着党校办学治学的水平。党组织必须要高度重视学员的管理和学习的组织，想方设法让学员感受到强化学习的紧迫感、领悟到主动学习的责任感、享受到奋发学习的成就感、找到如何学习的方向感、体会到沉浸学习的愉悦感，促使其果断按下工作的暂停键、迅速转变角色、全身心投入学习，在党校这个熔炉里，如饥似渴地求知、敞开心扉地交流、心神专注地思考、实实在在地提升。

二、“气”代表“气度”，提示党组织要着力提振“做大规模的豪气、做亮品牌的志气、做优教学的心气、做强队伍的骨气”

1. 提振做大规模的豪气。我们考虑工作不能只站在供给端，考虑有多大的能力办多大的事，更要站在需求端，考虑有多大的市场就做多大的事业，这才是企业人应有的眼光和胸怀。现实中，仅企业内部培训的需求量就很大。拿中国石化来说，为满足内部培训需求，“十三五”

期间党校从23所增加到了33所，“十四五”还将设立25所左右。所以，国企基层党校培训不缺市场，关键是自身具不具备拿得下更大规模培训的能力。党组织就是要告诉干部员工，党校事业不仅使命光荣更大有可为。我们把党校规模做大了，既履行了为党为国培养人才的职责，也为企业发展添了砖加了瓦。

2. 提振做亮品牌的志气。要做就做最好，要争就争第一，心态决定状态。把党校的品牌做亮，既是体现党的先进性的本质要求，是促进各项工作质量提升的重要抓手，也是党校上上下下、左左右右的共同期盼。党组织要带领干部员工始终保持昂扬向上的精神状态，与强者比、向高处攀、跟快的赛，专心专注、精益求精干好每一件事，努力打造出一批拿得出、叫得响、有较高辨识度的品牌项目、品牌课程、品牌教师、品牌学科，并以先进完善的设施、规范高效的管理和热忱周到的服务赢得各方赞誉，力争成为区域党校工作的领先者、行业党校工作的示范者、企业党建工作的引领者。

3. 提振做优教学的心气。教学始终是党校工作的关键环节、中心所在。党校教学面对的是成人，还主要面对党员干部，教学必须符合成人教育的特点、结合企业发展的现实需求。传统灌输式教学效果会越来越弱，必须全面发力推动教学方式方法创新，多采用案例式、访谈式、情景模拟式、项目参与式等教学，想方设法激发学员的学习动力。要适应信息技术的发展，扎实做好线上教学、多媒体教学。要聚焦党和国家关切的重大问题、企业关注的焦点问题、民众关心的热点问题，展开教学研讨，努力让学员感到“解渴”。要坚持用学员对教学质量评估的结果“倒逼”教学质量提升。

4. 提振做强队伍的骨气。习近平总书记指出：“党校不是一般学校，党校教育培训对象不是一般学生，这样的‘不一般’对党校师资的要求也不一般，党校师资队伍建设力度也应该不一般。”随着全国党校工作会议的召开和《中国共产党党校(行政学院)工作条例》的颁布，企业党校工作得到了上上下下的高度重视，发展走上了快车道，在队伍建设上比过去更有条件和手段。党组织必须要抢抓机遇，以“不一般”的举措大力实施人才强校工程，敢于投入财力、敢于下放权力、敢于不论资历、敢于竞争激励，切实加大人才的引进、培养和使用，竭力将党校打造成企业人才的高地。

三、“风”代表“风格”，提示党组织要着力固化“实事求是的风格、守正创新的风格、精益求精的风格、团结合作的风格”

1. 固化实事求是的风格。实事求是，是中国共产党人的重要思想方法，是毛泽东同志为中央党校题写的校训。作为党校人必须始终恪守“实事求是”的党校校训，坚持不唯上、不唯书、只唯实，充分展示追求进步、追求真理的科学态度和良好形象；必须始终铭记“实事求是”的价值追求，切实把实事求是作为政治品格和做人准则，将说老实话、办老实事、做老实人作为党性修炼的重要内容；必须始终坚持实事求是的工作作风，做任何事情都要坚持调查研究，掌握“第一手资料”，在调查研究与实际工作的结合中寻找解决问题的办法，努力使各项工作更加符合实际、贴近现实。

2. 固化守正创新的风格。守正是工作传承与发展的基础，创新是工作永葆生机和活力的源泉。党组织必须坚守党校姓党原则，把捍卫“两个确立”、增强“四个意识”、坚定“四个自信”、做到“两个维护”作为最牢固的政治信念、最重要的实践要求，贯穿于办校治学育人全过程各方面。要始终胸怀“两个大局”、心系“国之大者”，时刻关注党中央在关心什么、强调什么，时刻牢记什么是党和国家最重要的利益，什么是最需要坚定维护的立场。也要把创新当成一种思维理念、一种精神状态和一种工作要求，体现在思路里，落实在措施上，贯穿在实践中，才能打开各项工作新局面。

3. 固化精益求精的风格。好课程都是打磨出来的，好项目方案都是众人智慧的结晶，好服务都是因为细节做到了极致。党校要赢得学员的满意和赞誉，处处需要倡导精益求精的精神。拿开发一门新课来说，讲什么内容、课程怎么设计、采用哪些方法，依赖一个人的知识储备、实践经验和认知层次，是台上十分钟台下十年功。一个小时的课至少要花上几十个小时去准备，还要根据形势的变化，做好内容的持续迭代。课程中要想讲出高度、讲出新意、讲出韵味，更离不开持之以恒地学习和思考的积累，离不开对内容精雕细琢、用心打磨、反复玩味，离不开实践的检验和时间的冲刷。

4. 固化团结合作的风格。俗话说："一个篱笆三个桩，一个好汉三个帮。"国企基层党校一般规模都不大，教职员工超过百人的都不多。但要解决好老师和学员的学、吃、住、行等工作，头绪特别多，无论内部还是外部都需要团结合作。从培训课程准备看，众人拾柴火焰高，集体备课可集众人智慧，采众家之长，加快新课程的开发；与外部高校、企业、党校等机构加强合作，可以让自己的课程体系更完善，师资库更强大。从办班流程看，从方案设计到开班通知起草、食宿安排、收费开票、接送站，等等，环环相扣，一个环节都不能出问题，没有紧密的团结合作很难办好一个培训班。

四、"发"代表"发现"，提示党组织要着力发现"宝贵的发展机会、主要的风险隐患、优秀的精英人才、先进的典型标杆"

1. 发现宝贵的发展机会。尽管国企基层党校培训的需求量很大，但业内也存在着激烈的竞争，尤其一些常规的党员干部培训，在教学方案设计上同质化现象非常严重。在线培训这一块，网上教学资源铺天盖地，要想占有一席之地越来越难。面对新的形势，我们怎么把党校培训业务做强做大做出特色？需要党组织带领大家集思广益、群策群力、探索突破。要积极争取上级政策扶持，完善办学的软硬条件。要急送培方所急、想送培方所想，多开发一些送培方急需、实需、长需的培训项目。要能从上级和地方政府的政策措施中发现自己擅长做可以做的长期培训项目、高端培训项目。

2. 发现主要的风险隐患。道路千万条，安全第一条。在国企，尽管党校不属于一线生产单位，但依然存在诸多的风险隐患需要识别和防范，丝毫不可掉以轻心。具体来说，党校主要风险隐患涉及意识形态、学员人身健康、食品卫生、设施设备等。这些年就有党校在意识形态把控上出了纰漏，造成了不良影响。也时常出现学员违规外出饮酒、打架斗殴等现象。还有学员在外出考察学习时发生了人身伤害事故。在依法合规经营、廉政建设上也不是没有出现过问题。所以，党组织必须高度重视单位重大风险隐患的识别和防控，持续完善好各项防控措施和规章制度，确保学校平安稳定。

3. 发现优秀的精英人才。雁飞千里靠头雁。比尔·盖茨曾经说过："如果把我们最优秀的20名员工拿走，微软将变成一个无足轻重的公司。"精英人才始终是一个单位得以快速向前发展的"发动机"，把精英人才造出来、找出来，使其走出来走上来，就会激发雁阵效应，为单位发展注入强大的生命力。党组织要在学科建设上发现带头人，通过业务竞赛、绩效考核、外部引进等方式敞开举才渠道；要在名师发现和培养上下足功夫，放宽找寻的视野，让更多的内外部名师为我所用，并用其影响力带动内部教师的成长；要在经营管理上多搭建平台和赛道，让有思路有办法有激情的人才担起重任。

4. 发现先进的典型标杆。榜样有无穷的力量，典型是最好的教材。党组织要努力把好的典型竖起来、先进标杆立起来，使大家学有榜样、干有方向、赶有目标。要大力发现那些信念坚定、不怕困难、敢于斗争的典型，让浩然正气得到升腾；要大力发现那些扎根基层、默默奉献、任劳任怨的典型，让“老黄牛”发光；要大力发现那些治学严谨、精益求精、追求卓越的典型，让高质量成为干部员工工作的标准；要大力发现那些学习勤奋、情趣高雅、习惯良好的典型，让高品位生活成为大家的共识；要大力发现那些乐于助人、诚信待人、阳光为人的典范，让“家”文化在党校更好地茁壮成长。

五、“建”代表“建设”，提示党组织要着力建设“一流的政治生态、一流的校园环境、一流的党校文化、一流的企业管理”

1. 建设一流的政治生态。“蓬生麻中，不扶而直；白沙在涅，与之俱黑。”政治生态左右着队伍的状态。习近平总书记指出：“政治生态好，人心就顺、正气就足；政治生态不好，就会人心涣散、弊病丛生。”党校是党教育培训党员干部的地方，政治生态是其生命。党校工作的每个环节和各个方面都要坚持党性原则，恪守党的政治纪律，遵循党的政治路线，在思想上、政治上、行动上同党中央保持高度一致，而且要做得更好。要始终坚持实事求是的思想，处处认真、较真、求真，要严格落实民主集中制原则，严格执行“三重一大”等各项规章制度，秉持公平、公正、公开的原则选贤任能、处事办事。

2. 建设一流的校园环境。蔡元培先生有一句名言“欲知明日之社会，先看今日之校园。”良好的校园环境和校园文化是“无言之教”，能使人对环境产生好的体验与共鸣，使人的精神受到感染、陶冶和净化。党校是为党育人、为国造才、为企增智的场所，理所当然要有导向明确、相对独立、品位较高的校园环境。党组织必须认真抓好校园的规划与建设，配备应有的教学、生活、运动设施，做好校园环境的绿化美化亮化净化，努力创造出具有鲜明党校风格、充分体现现代化、信息化、人性化理念，整体布局合理、人文气息浓厚的优美校园，营造出“以美养德，以美益智”的育人环境。

3. 建设一流的党校文化。党校文化是党校的灵魂，是党校人工作生活的精神支柱，也是党校的特色与优势。作为一种特殊的校园文化，不仅影响并支配着党校的发展也对社会具有强大的文化渗透力。党组织必须高度重视党校文化建设，注重抓好顶层设计，注重抓好文化理念的凝练与升华，注重抓好文化氛围的养成与维护，要努力将伟大的建党精神、朴素的人文精神、奋进的企业精神体现到校园布置、办学过程、制度规范、行为方式、社会形象等方方面面。要发挥好党员领导干部的带头示范作用，充分利用好各种宣传载体和工具，以上率下、久久为功，促进一流党校文化的养成。

4. 建设一流的管理能力。当下，党员干部培训的工作量是越来越大，但由于这几年正处在员工退休高峰期，党校员工总量在快速下降，人手不足的矛盾越发凸显。许多企业给党校下达的经营任务在逐年加码，培训市场开拓的压力越来越大。再者随着学员文化素质的提升，对培训内容、技术、老师等要求也是越来越高。这些矛盾怎么处理，关键还得从提升管理能力上挖潜力。党组织要高度重视数字化校园建设，尽可能用信息化管理替代掉那些简单重复的劳动，加大在线学习的占比；抓好管理流程的简化优化工作；用好绩效考核这个指挥棒；持续做大朋友圈，做好教学资源的共建共享。

六、“功”代表“功夫”，提示党组织要着力练好“调查研究的功夫、为民服务的功夫、宣传教育的功夫、正风肃纪的功夫”

1. 练好调查研究的功夫。调查研究是我们党的重要“传家宝”，也是做好党校各项工作的“铺路石”。拿培训项目设计和课程开发来说，如果不了解清楚上级部门想贯彻落实什么、基层单位到底需要培训什么、现实情况是什么、学员最想学习什么，我们的项目设计和课程开发就很容易脱离实际，缺乏现实针对性。如果不了解党情、国情、世情、企情，不了解前沿理论与技术，培训效果就会因刻舟求剑、坐井观天而大打折扣。教学管理等工作也是如此，必须做好调查研究，才能有的放矢。党组织必须把调查研究作为党校的一项制度加以完善和落实，并积极为各方面的调查研究提供便利条件。

2. 练好为民服务的功夫。习近平总书记强调：“为人民谋幸福，是中国共产党人的初心。我们要时刻不忘这个初心，永远把人民对美好生活的向往作为奋斗目标。”党组织必须始终牢记党全心全意为人民服务的根本宗旨，把“群众拥护不拥护、赞成不赞成、高兴不高兴、满意不满意”作为衡量工作好坏的标准，教育督促党员干部时刻把群众的冷暖放在心上，多与群众打交道，多与群众交心、谈心，倾听群众的诉求，关心群众的冷暖，了解群众真正所需所急，并及时采取有力措施帮助群众解决好最关心最直接最现实的问题，千方百计为民造福谋利，让群众切实感受到组织的温暖。

3. 练好宣传教育的功夫。有正确的思想才有正确的行动，有积极的思想才有积极的行动，有统一的思想才有统一的行动。在信息快速传播、人们思想更趋多元、多样、多变的当下，人们极易被错误思想扰动带偏，更加需要正确的教育引导。党组织要充分认识宣传教育工作的极端重要性，自觉承担起举旗帜、聚民心、育新人、兴文化、展形象的职责使命，大力弘扬主旋律、传播正能量，严格管控用好网络、报刊等宣传媒介，不断创新宣传教育手段，及时为干部员工释疑解惑，宣传单位的好经验、好做法、好典型，切实维护好党校的形象，营造好稳定和谐、奋发向上、干事创业的文化氛围。

4. 练好正风肃纪的功夫。无规矩不成方圆，无纪律难炼铁军。坚持严以治校、严以治教、严以治学是贯彻“党校姓党”原则的基础和保证，也是党校贯彻全面从严治党的重要体现。党组织要始终绷紧纪律规矩这根弦，强化干部员工的日常教育提醒，用好批评与自我批评这一利器；坚持以制度管人管事，着力提高管理工作的制度化、规范化、科学化水平；突出问题导向，对顶风违纪问题要深挖细查、严肃问责，对隐形变异问题要密切关注，做好检查督查。同时，要严格执行学员管理各项规定，强化课堂纪律、请销假制度等纪律约束，对违反校规校纪的学员该批评的批评、该通报的通报。

七、“立”代表“立起”，提示党组织要着力立起“术有专攻的导向、厚积薄发的导向、与时俱进的导向、位从为来的导向”

1. 立起术有专攻的导向。“武艺练不精，不是合格兵”“没有金刚钻别揽瓷器活”。党校学员的文化素质普遍比较高、经验丰富，有的甚至已经是某个方面的专家。给他们传道授业解惑，老师既要有广博的知识，更应是所授课程的专家。否则，你讲得太浅，他听得没劲，问的难题你又答不了，既尴尬也有损党校声誉。为避免和减少出现师生水平“倒挂”现象，党组织要鼓励老师们选择一两个自己兴趣所在、能力所长的领域，心无旁骛、持之以恒地钻研下去，努力成为这个领域的行家和权威，而不是鼓励老师们当“万金油”，这也会那也懂就是样样不精，这也干那也做什么都浅尝辄止。

2. 立起厚积薄发的导向。没有量的积累，就没有质的飞跃。任何人的成长成才都有一个积累过程，名师大家更是厚积薄发的结果。一些老师能够在课堂上侃侃而谈、深入浅出、金句频出，这背后都是汗水、知识、阅历、思考的积累。当下，许多老师将大把的时间浪费在智能手机上，花费在生活享受上，用在读书做学问上的时间捉襟见肘，能够一年读上几本书、写上几篇文章的更是凤毛麟角，这不是好现象。党组织要通过谈心谈话、导师带徒、职称评聘、成果评比等措施综合发力，引导大家当好时间的主人，把更多的时间和精力放到学习求知上、放到探索实践上、放到课程打磨上。

3. 立起与时俱进的导向。如今，社会发展日新月异，党的理论在实践中持续迭代，新技术、新方法、新模式层出不穷，党校工作必须与时俱进才能跟上发展、能够发展、取得发展。党组织要动员干部员工紧跟党中央精神走，第一时间学习领会党中央和习近平总书记的最新指示、最新观点、最新政策、最新部署，及时更新自己的思想和教学的内容；紧盯时代大势、形势、趋势，关注和研究热点、焦点、难点问题，了解同行好经验好做法，与时俱进完善学科体系、课程体系、教学体系；紧扣企业和党校中心工作，与时俱进做好思想引领、科研咨政等工作，始终确保党校工作与发展大局同频共振。

4. 立起位从为来的导向。有多大的担当就有多大的事业，有多大的贡献就有多高的地位。尽管党校的作用怎么强调都不过分、老师的身份自带光环，但现实中，单位和个人要在企业中有地位，是要靠成绩说话的，要看你对企业发展起了多大的作用，给企业实实在在带来了什么。为了党校和老师赢得尊严，为了使党校工作得到企业的高度重视和大力支持，党组织必须大张旗鼓地宣贯“位从为来，有为才能有位”的理念，带领干部员工以更加主动的姿态，奋发有为，使教学上档次出名师、科研上水平出成果、咨政上台阶出高参，为党的建设、企业发展、人才成长等作出更加积极的贡献。

八、“业”代表“业绩”，提示党组织要着力实现“发展思路更清晰、发展基础更夯实、发展方式更优化、发展氛围更浓厚”

1. 实现发展思路更清晰。思路决定出路，布局决定结局。党组织作为党校事业发展的掌舵者，以其昭昭才能使人昭昭。要让党校的发展思路更清晰，必须首先吃透上级的精神、了解企业对党校的要求、清楚自身实际情况。在充分调查研究的基础上，认认真真研究党校发展的方略、阶段性的目标和任务、教科研工作的重点、队伍建设的规划等关系党校长远、整体、全局发展的重大问题，要清清楚楚把发展的愿景和目标列出来、前进方向和路线画出来、质量标准摆出来、重点措施拿出来，并把这些刻进干部员工的头脑中，引导大家围绕一个目标、一张蓝图，劲往一处使、力往一处发。

2. 实现发展基础更夯实。基础不牢，地动山摇。党校要实现高质量发展，上级的重视是前提，结构优素质好的人才队伍是关键，先进完善的软硬件设施是保障，团结进取的领导班子是要害，科学合理的制度体系是支撑，卓越的党校文化是底气，越发广大的“朋友圈”是推手。党组织要围绕这些，积极作为，用心、用情、用力为党校高质量发展强基固本。要切实加强与上级的沟通、按时保质保量完成上级交办的任务，争取上级的更大支持；要持续改善校园的软硬件设施与环境，不断改善办学条件；要强化班子建设、队伍建设、制度建设、文化建设、生态圈建设等，使发展的软实力越发强健。

3. 实现发展方式更优化。党校传统发展方式大都是“等米下锅”，每年根据上级部门下达的经费预算和培训计划开展工作，要实现做大规模、做出高效益很难。许多辛辛苦苦开发的项目、课程，用不了几回，既造成了知识资源的浪费，也不利于调动老师们的创造热情。党组织应该敢于跳出自己固有的一亩三分地，积极对外推广使用自己的优势培训项目和好课程，承接力所能及的培训和咨询项目，这既可更好地锻炼队伍、带来收益，也能体现更好为党服务的政治站位。还要敢于“借船出海、借鸡下蛋”，让共建、共享、共赢的理念在党校开花结果。如此，党校事业的发展空间就更广阔了。

4. 实现发展氛围更浓厚。浓厚的发展氛围，可以充分凝聚各方力量，点燃干部员工干事创业的激情，形成你追我赶的奋进局面。党组织要切实把宣传鼓动的机器开起来，毫不吝惜地将笔头镜头、鲜花掌声及时给予那些值得表扬、应该提倡的人和事，及时把发展犹如逆水行舟不进则退的道理讲清楚；要实打实地做好一人一事的思想政治工作，化解各种内部矛盾，把大家的心思集中到求发展上；对待大是大非问题要旗帜鲜明，坚决维护正确立场、纠正错误倾向；要把公平公正公开、民主决策、按章办事等原则一以贯之地坚持好，全力营造出风正、心齐、气顺、劲足的干事创业氛围。

聚焦提升培训质量　致力造就优秀干部
——浅谈企业党校贯彻《中国共产党党校（行政学院）工作条例》

2019年10月25日，中共中央发布了《中国共产党党校（行政学院）工作条例》（以下简称《条例》）。《条例》明确指出党校是党领导的培养党的领导干部的学校，是党委的重要部门，是培训党的各级领导干部的主渠道，是党的思想理论建设的重要阵地，是党和国家的哲学社会科学研究机构和重要智库。党校工作必须落实新时代党的建设总要求，紧紧围绕党和国家工作大局，以培养造就忠诚干净担当的高素质专业化干部队伍为主要目标，发挥干部培训、思想引领、理论建设、决策咨询作用。《条例》为我们做好新时代企业党校工作提供了根本遵循和行动指南。企业党校必须迅速将思想统一到中共中央的精神要求上来，认真贯彻落实《条例》，把工作精力与培训资源进一步聚焦到提升教育培训质量和水平上，聚焦到为企业培养造就忠诚干净担当的高素质专业化干部队伍这一主要目标上。具体来说，就是要在设计重点学习的课程、完善专心学习的机制、营造比着学习的氛围、树立终身学习的理念上下功夫。

一、在设计重点学习的课程上下功夫

《条例》指出，党校教学应当突出党的理论教育和党性教育的主业主课地位。教学布局应当坚持以学习习近平新时代中国特色社会主义思想为中心内容和首要任务，着眼于提高党的领导干部的政治觉悟、政治能力和执政本领，以掌握理论创新最新成果为重点夯实学员的理论基础，以坚定理想信念、增强宗旨观念和改进作风为重点加强学员的党性修养，以把握时代特征和国际经济政治形势为重点拓展学员的世界眼光，以强化全局观念和应对复杂局面为重点培养学员的战略思维。企业党校在学习课程设计上必须严格遵循《条例》。

一是注重强化政治理论教育。运用马克思主义基本原理指导中国的事情是我们党的看家本领，马克思主义就是我们共产党人的“真经”，习近平新时代中国特色社会主义思想更是马克思主义中国化最新成果。作为党员干部，了解、熟悉马克思主义基本原理和习近平新时代中国特色社会主义思想要义是最基本的要求。党校必须遵照《条例》要求，切实把马克思主义经典著作和习近平新时代中国特色社会主义思想作为重点教学内容，绘出学习框架体系、开出基本书目，引导学员读原著、学原文、悟原理，特别是要理解其中包含的立场、观点、方法，努力让学员学而信、学而用、学而行，以进一步坚定“四个自信”，切实把马克思主义立场、观点、方法学到手，作为自己指导实践、推动工作的看家本领。

二是注重强化党性修养锤炼。习近平总书记强调：“坚强的党性，是成为高素质领导干部的首要条件。”党性是共产党员的道德品性，它包含理想信念、宗旨、作风、纪律等多方面内容。学员到党校来，必须要全面系统地学习《中国共产党章程》《关于新形势下党内政治生活的若干准则》《条例》和党的基本知识，以牢记党的宗旨，增强党性观念，自觉遵守党的纪律；必须深入学习社会主义核心价值观和共产主义道德、中华民族优秀传统文化和传统美德，以引导党员干部在工作和生活中带头践行社会主义核心价值观，在改造客观世界中自觉运用党性原则规范自己的行为，克服和抵制各种错误思想；通过警示教育、民生体验、红色教育、研讨交流、组织生活会等形式，组织学员谈体会、谈认识，开展好批评与自我批评，进一步筑牢信仰根基。

三是注重强化大政方针解读。“失之毫厘，谬以千里。”党的十八大以来，以习近平同志为核心的党中央科学把握当今世界和当代中国的发展大势，顺应实践要求和人民愿望，推出一系列重大战略举措，出台一系列重大方针政策，推进一系列重大工作。这些都需要悉数准确无误地传达到基层，都需要在基层不走样地得到执行。党员干部只有准确理解中央的工作意图，才能将其部署与要求宣传到位、贯彻到位、执行到位。否则，断章取义，自我猜测，就会把好经念歪了。党校作为党的喉舌，必须坚决做到“两个维护”，树立“四个意识”，主动承担起大政方针解疑释惑的重任，以把大家的思想和行动高度统一到习近平总书记和党中央提出的一系列新的重要思想、重要观点、重大判断、重大举措上来。

四是注重强化党史国史学习。“欲知大道，必先为史。”历史和传统是国家、民族、政党的灵魂记忆、发展坐标、凝聚源泉，蕴含着丰富的政治智慧和道德滋养。习近平总书记强调：“学习党史、国史，是坚持和发展中国特色社会主义、把党和国家各项事业继续推向前进的必修课。”开展党史、国史教育也是当前形势下彰显党校姓党的必修课。党校必须要高度重视党史、国史教育，不仅要教，而且要教正、教深、教好。要让党员干部尤其是年轻干部正确全面深入地了解我们党和国家的历史，引导其深入认识共产党执政规律、中国特色社会主义建设规律、人类社会发展规律，深刻理解我们今天“进行伟大斗争、建设伟大工程、推进伟大事业、实现伟大梦想”的现实意义，从而更加牢固树立“四个自信”。

五是注重强化形势任务宣讲。形势清则方向明、任务清则执行准。当今时代，科技进步日新月异，知识迭代不断加快，形势瞬息万变，机遇稍纵即逝，企业发展只有跟得上形势、贴得紧需求，才能拿得下市场。党员干部要想顺应形势的发展变化，在工作中下好先手棋，打好主动仗，以先人一步、快人一拍的节奏，及时准确地抓住稍纵即逝的发展机遇，就必须对企业当下面临的形势和任务有清晰、清醒的认知。所以，党校要把企业形势任务宣讲作为重要任务，以引导学员认清形势、把握大势、顺应趋势，使思想观念、行为方式紧跟时代步伐，在作风、精神、能力上积极适应新要求，以开拓创新、知难而进的智慧和勇气，顺势而为、主动作为、奋发有为，为企业实现高质量发展做出应有的积极贡献。

二、在完善专心学习的机制上下功夫

《条例》专门设立一个章节来阐述学员管理要求，指出学员管理是实现党校培养目标的重要环节，党校应按照加强领导、强化培训、严格管理、注重实效的要求，严格培训规定，健全管理制度，改进管理方式，提高管理效果；应当加强与党委组织部门、学员派出单位的协调配合，形成严格调训、严格管理、严格监督的制度和机制；应当加强导学、促学、督学，引导学员完成学习任务。工作中，我们必须严格对照《条例》要求，进一步完善学员专心学习的管理机制，引导学员真正沉下心、静下心来学。

一是让学员暂时放下手头工作。“磨刀不误砍柴工”，暂别岗位是为了整理行囊再出发，把自己这把“刀”磨得更加锋利，让今后的路走得更稳、更实、更远。有些同志以岗位需要、工作忙为借口，放松对自己的要求，甚至逃避学习。如果真的是那样，只能说明其在岗位上是个事必躬亲、没有学会授权的人，是个平时没有很好地去启发下属、培养下属的人，是个不注重体系建设、制度建设，缺少团队意识的人，自身的管理档次还处于很低的级别，更需要去好好学习提升。所以，学员到党校之前，必须把工作交接好，心无旁骛地学习。

二是让学员迅速适应学员身份。“心态决定状态”，学生就要有学生的样子，学习就要有学习的态度。无论什么级别、什么年龄的干部，参加党校学习培训时都是一名学员，必须端正学习态度，树立学员意识，严格遵守学习培训和廉洁自律的各项规定，把精力主要放在学习上。到了党校，每一位参加培训的党员干部必须迅速实现从领导角色到普通学员的转变，从工作到学习的转变，从家庭生活到集体生活的转变，在思想上和行动上重返“校园时代”，求真务实，求取真经。党校就是要规定，学员之间不准叫职务，严禁称兄道弟，严禁相互吃请，严禁手下代笔，严禁擅自外出，学习的条件与待遇一视同仁，学习的任务与要求一视同仁。一旦出现违反培训纪律的情况一律严肃处理。

三是让学员一心一意接受课程。每一期培训的内容都是多方反复结合、持续改进的结果，每门课程的讲授都凝聚着老师多年的经验与思考。开卷有益，况且是有针对性的培训内容，对受训者更是丰富得像一次量身烹制的“满汉全席”，学员应该心无旁骛地、如饥似渴地汲取其中的营养，应该珍惜每个知识点带来的感受、反思、收获和触动，一些瞬间的思想碰撞，也许就是今后工作的思路与出路。所以，为了保证学习的效果，严格的课堂纪律是必需的。例如，严禁迟到早退，严禁把手机带进课堂，严禁调侃或哗众取宠式发言，严禁课堂上随意走动；课前布置预习作业并检查，课堂随机指定学员结课，组织部门派专人跟班督导等。

四是让学员结合实际深入思考。孔子曰：“学而不思则罔。”如果在学习过程中不予思考或者不善于思考，那么所学到的知识只能是物理堆砌，而不会产生任何质变的可能性。学习要有好的效果，就必须往深里走、往实里走、往心里走，把自己摆进去、把职责摆进去、把工作摆进去，做到学、思、用贯通，知、信、行统一。党校教学中，就是要坚持实践导向和问题导向，把培训与解决实际问题结合起来。开班前，可以提前布置一些结合实际的思考题；学习中，加入一些问题研讨；培训结尾安排课题答辩、研讨、汇报等环节。要让学员感受到，来参加学习，必须开动脑筋，否则是过不了关的。

五是让学员努力养成良好习惯。党校承担着为党员干部补钙壮骨、立根固本的重要任务，是党员干部党性锤炼的“大熔炉”，这里最讲学习、讲政治、讲正气。党员干部来到这里，不仅是一次精神上与心灵上的洗礼，也是一次养成好习惯的机会。纪律严格、生活规律、日程紧凑的培训，每天都在促使学员养成在严格监督下学习生活的习惯，养成健康有规律的习惯，养成每日读书学习的习惯，养成集思广益、群策群力的习惯，养成自我反思、自我改进的习惯，等等。这些好习惯一旦养成，学员将会受益终身。所以，党校必须把培养学员良好习惯作为一项重点工作，严格要求，一以贯之，努力把党校好的学风转化为学员永远的行动自觉。

三、在营造比着学习的氛围上下功夫

《条例》指出，党校要弘扬理论联系实际的马克思主义学风，倡导崇尚学习、勤奋学习的风气；要聚焦社会主义现代化建设和党的建设的重大理论和实践问题，鼓励教师与学员之间、学员相互之间切磋交流，实现教学相长、学学相长。来党校参加学习培训的学员，大都是我们队伍中的优秀分子，有着一贯的争一流、站排头、当先进的优良品性。党校就是要进一步把大家奋发向上、你追我赶、唯恐落后的昂扬斗志激发出来，让大家在党校这个熔炉里，如饥似渴地求知，敞开心扉地交流。

一是引导学员比专注学习的程度。古人云，“守少则固，力专则强。”

高度集中的注意力，不仅是学员学习活动顺利进行的重要条件，也是取得理想学习成绩的关键之一。人的精力十分有限，党员干部到党校学习，必须端正学习态度，真正做到心无旁骛，聚精会神，一门心思把培训的课程学习好。为鼓励学员专心致志学习，我们要从学员入校起，就告知大家，每个人的学习情况是要严格考核并公开排名的，而且要报送送培单位和相关组织部门，尤其每期培训班的优秀学员更是要重点报送。要让学员们感受到，党校的学习是严肃的，组织部门和单位领导是一直关注的，真正是干部考察选拔信息的一个重要来源，想轻轻松松、随随便便混过去是不可能的，从而使之在思想上高度重视来参加学习培训的机会。

二是引导学员比涉猎知识的广度。习近平总书记指出：“当今世界正面临着前所未有的大变局，中国特色社会主义进入了新时代。党内外、国内外环境的深刻变化，工作对象和工作条件的深刻变化，知识更新周期的大大缩短，对我们的本领提出了许多新要求。”党员干部要更好地做好工作、干好事业，必须全面地、系统地、富有探索精神地学习各方面的知识，努力成为本职工作上的“专家”，其他工作上的“行家”。企业党校有着良好的学习环境和求知条件，课程设计都会贴紧贴合参训者急需，涵盖许多方面的新知识。同时，来学习的每位学员都有自己独特的知识和经验积累。学员应该主动向老师学、向书本学、向同学学，尽可能拓宽知识面，努力使自己的思想水平和知识水平跟上时代前进的步伐。

三是引导学员比思考问题的深度。勤于思考是打开智慧大门的钥匙，善于总结是事业成功的桥梁。学有所获的关键是思考。只学不思，往往会成为被知识掌控的“书呆子”、读死书的“两脚书橱”。习近平总书记强调：“理论学习要深入思考学、联系实际学，紧密结合新时代新实践，紧密结合思想和工作实际，多思多想，学深悟透，知其然又知其所以然。”培训学习中，我们必须启发学员紧紧扭住“思考”这个牛鼻子，发挥大脑进原料出产品的加工厂作用，苦思冥想、苦心孤诣，在理论与自己思想的“结合”上做大文章、在理论与自己工作的“联系”上下苦功夫、在学懂与做实之间的“弄通”上用狠劲，往深里走、往实里走、往心里走，以思出自觉自信、思出责任担当、思出开创工作新局面的新方法新思路。

四是引导学员比交流互动的热度。交流互动能点燃激情，观点碰撞会产生火花。来参学的每名党员干部都有自己的独到工作经验，也都带着许多工作中的困惑。在平时的单位业务调研互访中，由于彼此的提防，大家很少能取到最地道的真经。但同学在一起不一样，大家熟悉以后，就会脱去外在的身份，会在问题的探讨上推心置腹，出于展示、好胜的心理，更会倾囊相授。同时，一场场讲座，也会从不同的角度、不同的层面，让学员大开眼界，结合听老师讲、与同学聊、悟曾经做，更会对曾经的困惑拨云见日、茅塞顿开。所以，学校要设置课题研讨、案例分享、互问互答等环节，让学员互动起来，引导学员多交流、多讨论、多辩论、多分享，相互启发、彼此激发，进一步启迪思想，转化观念，更新理念。

五是引导学员比自我批判的力度。我们党之所以能够不断应对挑战、抵御风险、克服阻力、战胜困难，在很大程度上得益于党的自我革命精神和政治勇气。这是中国共产党独具特色的红色气质与精神魅力，是我们党的优良传统，也是我们党长盛不衰的重要原因所在。学员来到党校的主要任务是党性锤炼，要把自己作为认识、整改、完善的对象，以壮士断腕的魄力和刮骨疗伤的胆识，主动拿起批评与自我批评的武器，认真查摆自身存在的问题和缺点，并从思想上、价值观上、世界观上深挖根源，对自身作风之弊、行为之垢来一次大排查、大检修、大扫除，以清除思想和行为上的灰尘和微生物，用党的理论创新最新成果来武装头脑，以铸牢信念之魂、补足精神之钙、把稳思想之舵。

四、在树立终身学习的理念上下功夫

《条例》指出，党校要坚持质量立校，积极探索和遵循党校教育规律和干部成长规律，以培养造就忠诚干净担当的高素质专业化干部队伍为主要目标。一个忠诚干净担当的高素质专业化干部，靠参加几次党校培训肯定是远远不够的。其扩展知识、提升本领、改进作风的关键还是自己在平时持之以恒、坚持不懈、自觉自发、扎扎实实地学思践悟，把“活到老学到老”的理念秉持住、践行好。党校培训工作要取得最大的成效，就必须着眼长远，在思想引领上下功夫，通过培训引导学员树立“终身学习”的理念。

一是使学员感受到强化学习的紧迫感。“勤学如春起之苗，不见其增，日有所长；辍学如磨刀之石，不见其损，日有所亏。”当下社会正处在高速发展的“快时代”，新知识、新技术、新产品、新模式层出不穷，特别是互联网的快速发展，电脑、手机和网络已经广为利用，世界正朝着高科技、网络化、信息化、全球一体化迅猛发展，知识“老化”的速度大大加快。不强化学习，不快速更换思维，不做到与时俱进，就跟不上社会发展的节奏，终将被社会所淘汰。所以，党校的课堂上，要不断向学员阐述时代发展现状与趋势，适当增加一些前沿理论和技术的课程，让学员真真切切感受到“知识恐慌、本领恐慌、技能恐慌”如影随形，进一步激发学员对学习的热情，使之更加自觉主动地强化自身学习。

二是使学员领悟到主动学习的责任感。习近平总书记指出：“领导十三亿多人的社会主义大国，我们党既要政治过硬，也要本领高强。”“学习是文明传承之途、人生成长之梯、政党巩固之基、国家兴盛之要。”面对世情、国情、党情的深刻变化，面对改革发展任务的艰巨性、复杂性、繁重性，作为推进中国特色社会主义伟大事业的中坚力量，党员干部加强学习并不只是自己的事情，也是关乎党和国家发展的大事情。党校作为党员干部党性锻炼的大熔炉，必须强化学员对党员和干部这个身份的认知，让其充分领悟到所肩负的历史责任，主动把学习当作事业之基、成事之道，自觉强化学习，弥补知识空白、经验盲区、能力弱项，提升综合素养和工作能力。

三是使学员享受到发奋学习的成就感。成就感是获得新的发展地位和赞扬的一种内在推动力，是一种积极的情绪体验，是人们实现自我价值、得到认可的心理需求，是得到满足时所产生的一种感觉。一个人对一件事的兴趣，或者说对一个工作的兴趣，就是由许多次成功的感觉累积起来的。学习也是如此。学员在学习中的成就感就来源于自己的一次次困惑与难题迎刃而解，一次次工作思路的豁然开朗，一次次不俗表现被表扬，一次次问题回答被肯定，一次次知识短板被补上。党校教育必须注重学员学习成就感的获得，以更好地激发学员对学习的兴趣。对学员的优良表现要给予及时的表扬与宣传，对学员好的创见要及时地进行肯定与分享，对学员中的杰出分子要向送培单位和组织部门大力举荐。

四是使学员找寻到如何学习的方向感。善学者智，善学者强，善学者胜。习近平总书记指出："领导干部学习，要正确把握学习的方向……没有正确方向，不仅学不到有益的知识，还很容易被一些天花乱坠、脱离实际甚至荒唐可笑、极其错误的东西所迷惑、所俘虏。"学员来到党校，不仅要学好安排的课程，更应通过培训学会如何学习，知道什么才是党员干部学习的重点。要在学员通过党校培训之后，在学习内容的选择上能够始终坚持把政治理论学习放在首位，并坚持干什么学什么、缺什么补什么、弱什么强什么，认真进行知识储备；在学习的方式上既注重向书本学、向历史学，也注重向实践学、向群众学、向竞争对手学、向行业标杆学，坚持理论联系实际，做到学以致用、用以促学、学用相长。

五是使学员体会到沉浸学习的愉悦感。"知之者不如好之者，好之者不如乐之者。"沉浸体验是一种正向的、积极的心理体验，它会使个体参与活动时获得很大的愉悦感，从而促使个体反复进行同样的活动而不会厌倦。党校培训就是要设立一些大家感兴趣的专题，供学员深度学习、深度思考、深度研讨，使其较长时间沉浸其中，能找寻到那种“会当凌绝顶”的顿悟之乐、“吹尽狂沙始到金”的探索之乐、“踏破铁鞋无觅处，得来全不费功夫”的会心之乐。要让学员感受到沉浸在学习之中是一件非常快乐的事情，从而真正变“要我学”为“我要学”，变“学一阵”为“学一生”，将学习作为自己的一种追求、一种爱好、一种健康的生活方式。达此效果，党校的培训将真正成为学员一生受用的“金钥匙”。

（本文发表于《石油化工管理干部学院学报》2019年第6期；《石化人力资源管理》2019年第4期，文章标题为“聚焦培训质量　塑造优秀干部——浅谈企业党校贯彻《中国共产党党校（行政学院）工作条例》”）

四

着力提升领导力

党的十九大强调："党政军民学，东西南北中，党是领导一切的。"发挥党的领导作用，各级党组织、党员干部始终是基础、是支撑、是依靠、是主心骨。企业各级党员干部个人的领导力在很大程度上决定了党组织的领导力。所以，党员干部提升领导力，既是个人发展的追求，也是组织领导力提升的需要。党员干部领导力提升有多条路径方式，我们可以用好培训学习机会去提升，从"高低、强弱、大小"三个维度提升，从"领航、导航、护航"三个角度提升，借助"衣食住行"之理、"错落有致"之道去提升。

（一）
用好培训学习机会去提升

用好每次培训机会　获取最大充电效果
——"记、洗、识、提、找"五字学习法

面对市场的激烈竞争和知识的快速迭代，基层领导干部普遍有着本

领不足的恐慌，有着学习求知的渴望，谁都想找个机会静下心来，好好梳理一下思绪，恶补一些知识，调理一下身心。但是，当培训机会真正来临时，许多干部往往又是缺少准备、被动跟随、不求甚解，学习效果甚微。这对企业和个人来说都是很大的损失和遗憾。所以，作为一名基层领导干部要时刻为今后的培训做好准备，培训时更要能沉心其中，力争收获每次培训的最大效果。这就要求我们基层领导干部在参与培训学习时要牢牢抓住“记、洗、识、提、找”这五个字。

一、抓住“记”字，就是记责任，这个责任就是心无旁骛地学习，学习就要有学习的样子

培训，是一种学习的方式，是提高个人素质的最有效的手段之一。为了一次培训，从需求分析到课程设置、从计划安排到老师邀请、从人员组织到后勤保障，组织上投入了大量的人力、财力与物力，每个学员也都拿出了专门的时间。这样的机会不利用好，不仅辜负了组织的信任，也浪费了自己的生命。

一是要果断按下手头工作的暂停键。“磨刀不误砍柴工”，暂别岗位是为了整理行囊再出发，把自己这把“刀”磨得更加锋利，让今后走得更稳、更实、更远。有些同志以岗位需要、工作忙为借口，好像单位工作须臾离不开自己，以放松对自己的要求，甚至逃避学习。如果真的是那样，只能说明其在岗位上是个事必躬亲，没有学会授权的人，是个平时没有很好地去启发下属、培养下属的人，是个不注重体系建设、制度建设，缺少团队意识的人，自身的管理档次还处于很低的级别，还在习惯唱“独角戏”，跳“单人舞”，更需要去好好学习提升。其实，领导力好坏不在于你个人如何亲力亲为，而在于你如何在背后建立制度和团队，当你不在时，你的团队仍然运转得很好，更能显示出你的领导能力。

二是要时常按下以往生活的回放键。“学而善思，然后可与适道。”思

考是通向新知识的桥梁。一颗善于思考的脑袋瓜子往往装着一大筐解决问题的点子。带着问题学习，不仅有利于激发学习的积极性，还能提高学习的实效性，真正有助于消除前进中的困惑，化解工作中的矛盾。在工作生活中，每个人都难免会有这样或那样的疏漏、偏差、失误，甚至是错误，有这样那样的缺点和短板。同样，也必然有一些好经验和做法需要总结发扬。作为领导者，就是要利用学习培训的机会，给自己放放电影，用心查找自己的不足，换位思考一下员工的感受，想想系统上还有什么问题。只有真正剖析自己、否定自己、敲打自己、校正自己、修正自己，才会不走偏、不走歪、不走邪，始终走在正道上，并不断走向成熟、走向成功。

三是要一直按下素质提升的快进键。在发展的问题上，最耗不起的代价是时间，最付不起的成本是机遇。当前，全球新一轮科技革命和产业变革浪潮席卷而来，大数据、云计算、物联网、人工智能、区块链等新技术不断显现，人类加速进入数字经济时代，新技术、新产业、新业态、新模式不断喷涌，催生新的制造程式和商业模式。传统产业加快转型发展成了唯一的出路。个人唯有不断地给自己“充电”“加油”，才能免于被时代无情淘汰。可以说个人获取和利用知识的程度在很大程度上决定了个人的价值，我们只有快速地接受新的理念，才能改造我们现有规则、体制、机制，不停留在惯性发展思维上，为企业赋能、松绑，促进发展转型。短期脱产培训正是来之不易、不容错过的恶补新知识的大好机会！

二、抓住“洗”字，就是洗身心，每天用新知识清洗自己的大脑，用汗水清洗自己的身体

基层领导干部身处工作一线，站在改革、发展与稳定的最前沿，事无巨细，忙是主基调。时间长了，既会有身心疲惫之感，也会造成知识老化、思维僵化、能力退化。短期的培训，为我们换了一个相对宽松安静的环境，既可以集中涉猎知识、交友取经，也有了集中思考和锻炼身

体的时间。

一是要找到饿虎扑食的感觉。清代学者萧抡说："一日不读书，心臆无佳想；一月不读书，耳目失清爽。"每一期培训的内容都是培训供需双方反复结合、持续改进的结果，每门课程的讲授都凝聚着一个老师多年的经验与思考。开卷有益，况且是有针对性的培训内容，对受训者更是丰富得像一次量身烹制的满汉全席，我们更要心无旁骛地、贪婪地、如饥似渴地吮吸着里面的营养，不要漏过每一道美味，更要珍惜每个知识点带来的感受、反思、收获和触动，这些瞬间的思想碰撞，也许就是我们今后工作的思路与出路。由于培训的节奏快，一些新知识我们可能来不及消化，这不要紧，先"囫囵吞枣"，再慢慢消化。经过一段时间的回味与思考，晦涩的新知也就会不知不觉中成为我们的能力。

二是要找到柳暗花明的感觉。"讯问者智之本，思虑者智之道。"学问学问，就是要学会问。作为一名参学的领导者一定都是有故事的人，但也一定带着许多工作中的困惑。在平时的单位业务调研互访中，由于彼此的提防，大家很少能取到最地道的真经。但同学在一起不一样，大家熟悉以后，就会脱去外在的身份，会在问题的探讨上推心置腹，出于展示、好胜的心理，更会倾囊相授。同时，一场场精彩纷呈、深入浅出的讲座，也会从不同的角度，不同的层面，让我们大开眼界，结合老师讲、与同学聊、悟曾经做，更会对曾经的困惑拨云见日，让人茅塞顿开、受益匪浅。参加培训学习一定要不耻下问，努力取得他山之玉，让自己的思想得到启迪，观念得到转变，理念得到更新，知识得到充实，方法得到完善。

三是要找到酣畅淋漓的感觉。孔子说："知之者不如好之者，好之者不如乐之者。"参加培训一定要抱着快乐学习生活的心态，合理安排好自己的时间，让自己全身心地投入学习，全神贯注聆听好每一节课程，集中精力参与好每一次案例分享与研讨，能细细咀嚼每个新学的知识点，痛痛快快读上几本喜欢的书，每天到操场或体育馆出上一场“透汗”。我们要让自己感受到每天在进步、每天在成长，感受到那种思绪如潮般的流动，拥有那种“会当凌绝顶”的顿悟之乐、“吹尽狂沙始见金”的探索之乐、“踏破铁鞋无觅处，得来全不费工夫”的会心之乐，享受到那种运动后的神清气爽和身体的别样轻盈。这样的培训学习生活，才是美的、活的、实的、新的，这才是对身心最好的调节。

三、抓住“识”字，就是识大局，这个大局就是社会发展的大势、态势和趋势

海尔集团张瑞敏常说：“没有成功的企业，只有时代的企业……所谓的成功不过是踏上了时代的节拍。”小米公司创始人雷军有着经典名句“站在风口，猪都能飞起来”。这都在说企业的发展必须把握住时代发展的大势。培训学习中，我们必须自觉地把自己置身到历史发展的进程中，才能看清现状、顺势而为、赢得未来。

一是要更加坚定建设富强国家的信心。今日之中国，从“一穷二白”跃升为世界第二大经济体，由低收入国家进入世界中等偏上收入国家行列，中国人民的生活水平实现大幅飞跃。我国用几十年时间完成了其他国家几百年走过的发展历程，前所未有地走近世界舞台的中心，前所未有地接近实现中华民族伟大复兴的梦想。刚刚闭幕的党的十九大更为国人明确勾画了下一步国家发展的总蓝图、制定了时间表，发出了全党全国各族人民决胜全面建成小康社会的号召，开启了新时代中国特色社会主义现代化建设的新征程。辉煌成就鼓舞人心，美好前景催人奋进。作为基层管理干部，就是要通过学习从国家发展的大好形势中汲取奋斗前行的力量，主动提高站位、找准定位，把个人的理想追求深深地融入国家和民族的发展事业中。

二是要更加坚定搞好国有企业的信心。国有企业作为国家经济领域

的基石，始终坚持服务大局，在增加财政收入、执行宏观政策、稳定市场、服务“三农”等方面均作出了巨大贡献；在载人航天、探月工程、深海探测、高速铁路、特高压输变电、移动通信等领域更是取得了一批具有世界先进水平的、标志性的重大科技创新成果；一批具有国际竞争力的大公司大企业集团脱颖而出，在激烈的国际市场竞争中成为佼佼者。实践充分说明，国有企业只要坚持深化改革，牢牢把握企业发展规律，扎实推进建立适应社会主义市场经济的企业体制、机制，国有企业就会拥有强大的生命力，国有企业就一定能够搞好。作为基层管理者要有这个自信，主动去增强自身引领发展、推动发展、支撑发展的能力。

三是要更加坚定做好本职工作的信心。实践出真知，实践出人才。当今时代，全党全国人民正在为国家富强、民族振兴、人民幸福的“中国梦”而凝心聚力、接力奉献，正如习近平总书记所说的：“我们处于一个伟大的时代，有着伟大的目标，可谓生逢其时、责任重大。”基层是距离群众最近的地方，是困难矛盾最集中的地方，是干部成长锻炼的最好舞台，也是检验干部能力水平的最佳平台。置身其中不仅可以砥砺品质、锤炼作风、增长才干，也可以提高处理复杂矛盾和解决实际问题的能力。通过培训学习，我们就是要进一步理解基层领导岗位的使命和责任，自觉地从自己做起，从平凡的事做起，做到干一行、爱一行、钻一行，以积极的态度，扎实的作风，娴熟的技能，恪尽职守，大幅提高自身岗位工作的效率和效果。

四、抓住“提”字，就是提站位，这个站位就是站高一层谋划单位的发展

不谋万世者，不足谋一时；不谋全局者，不足谋一域。学习不是为了“装点门面”“武装嘴巴”，根本目的在于学以致用、见诸行动。参与培训学习，一定要提高自己的政治站位，学会在全局中定位，在整体中思考，

在系统中安排，在大局下行动，努力高看一度、深想一层、先行一步。

一是要做思维上的革新者。有什么样的管理思维，就会有什么样的管理行为和管理态度。总结众多企业家和管理者的胜败经验，可以发现，他们的某种思维方式在最初做企业的时候是有效的，但是随着环境的变化这些旧的思维方式带来的负面效应越来越多。这种习惯于沿袭传统的机械性、线性的思维定式，一旦进入僵化或者锁定的状态，想要摆脱它就会变得十分困难。还有管理者对业务熟悉带来的直观思维，一切以本位利益、部门利益、地区利益为准则的本位思维，非此即彼、非黑即白的对立思维，等等，都是企业发展严重的禁锢。我们必须从中解放出来，以敢为人先的魄力、革故鼎新的勇气，打破陈规惯例，树立与时代和实践发展相适应的发展思维，变中求进，使改革创新真正成为引领发展的第一动力。

二是要做理念上的领先者。机遇偏爱有准备的人，成功眷顾识时务的豪杰。习近平总书记指出："发展理念是发展行动的先导，是管全局、管根本、管方向、管长远的东西……发展理念搞对了，目标任务就好定了，政策举措也就跟着好定了。"在瞬息万变的市场竞争中，理念领先是最重要的领先，观念滞后是最致命的滞后。现在市场竞争的特点不是大吃小，而是快吃慢。应对市场竞争必须早谋划、早应对、早行动，才能赢得主动、占得先机。最怕的是固步自封，停滞不前。谁能在一次次大机会、大变革中，拥抱变化，奋发作为，谁就能成为真正的领先者，甚至是领导者。通过培训，我们就是要树立科学发展、勇争第一的理念，向高的攀，跟强的比，与优的争，不为过去的成功经验所束缚，敢于闯出新的发展路子。

三是要做战略上的谋划者。战略谋划是企业发展的灵魂，是管方向性的大事。习近平总书记特别强调要关注战略问题，他深刻指出，"战略问题是一个政党、一个国家的根本性问题。战略上判断得准确，战略上谋划得科学，战略上赢得主动，党和人民事业就能不断推进。”作为领导干部，一定要善于动脑、勤于思考，弄清楚管理从哪里入手、向哪里开刀、先干什么、再干什么、保哪些重点、丢哪些包袱、施什么政策、用什么策略、怎么策划、如何运作，等等，这些都是战略措施的重要内容。要能在众多的诱惑面前，以开阔的视野、敏锐的观察、深邃的思考，准确把握具有全局性、长远性和根本性的重大问题，科学谋划各个方面的工作，及时提出战略任务，牢牢把握工作主动权，创造性地开展工作、推动发展。

五、抓住“找”字，就是找方向，这个方向就是自己今后工作中必须牢牢抓住的关键

心中有使命，履职有方向。作为一名基层领导干部，我们都是具体工作的承担者，通过培训就是要能对标先进，树立起“等不得”的紧迫意识、“慢不得”的危机意识、“低不得”的目标意识，紧密结合岗位实际，找到今后工作努力的方向和重点，带好队伍，用学习的成果开创单位发展的新局面。

一是要搞清自身能力提升的重点。工欲善其事，必先利其器。然而，领导工作既是综合性、系统性的复杂劳动，也是一种创造性极强的工作，其体现出的领导者能力要素包含极其广泛，且因人而异、因事而异、因时而异、因地而异，似乎很难一下子就抓到提升的重点、发力的窍门、打磨的要害。可喜的是，这些年有关领导力的理论成果很多，书籍很多。我们可以选择其中一种适合自己的一套体系或提升模型作为参考，按照“一悟、二联、三递”的方法，实现边学习边对照边提升。

二是要搞清单位业务发展的重点。市场经济最大的特点是竞争。适者生存，优胜劣汰，这是市场法则。企业能不能开成百年老店，要看企业未来能不能参与社会的分工，能否参与社会分工又取决于企业在未来有没有独到的竞争优势。这种竞争优势就是我们能干别人干不了的事，能干别人干不好的事，能干比别人更优秀的事，能干别人没想到的事。作为企业基层领导者必须处理好当前与长远的关系，认真思考企业的“能力所长”与“社会所需”，在精益求精做好企业当下业务的同时，更要聚焦未来，全力打造优势、发挥优势，让特长成为特色、优势成为强势；持续保持探索未知的强烈好奇心，创造性地开展业务，引领需求；积极顺应经济和社会的发展，主动参与社会分工，以体现自身的价值。

三是要搞清岗位职责履行的重点。习近平总书记指出：“干部干部，干是当头的，既要想干愿干积极干，又要能干会干善于干。”这句话深刻诠释了“干部干事”“为官有为”的真谛。尤其是领导干部作为“关键少数”，更应在干事和有为上作出表率。如何干事、如何有为？需要我们抓住一个“站”字：首先要“站对位”，在其位谋其政，不能种了别人的地，荒了自己的田，而是要立足自己岗位，专心致志、精益求精、登高望远；其次是“站正位”，要能挺直腰杆，做事公平公正公开，光明磊落，用清正廉洁的好形象赢得干部员工的信任与支持；再者就是要“站到位”，保持“一日无为、三日难安”“干事光荣、避事可耻”的思想自觉，始终在状态、有激情、能作为，力争在岗一日、尽责一天。

（本文发表于《石化人力资源管理》2018年第2期）

（二）
从“高低、强弱、大小”三个维度提升

领导力可以从“高低、强弱、大小”三个维度去提升。高就是高瞻远瞩想问题的能力，强就是求真务实做事情的能力，大就是凝心聚力带队伍的能力。

浅议企业领导者领导力的修炼

“大海航行靠舵手。”在市场竞争白热化的今天，企业时刻面临着生死存亡的考验，企业领导者能否高标准把握发展方向和宏观形势、高水平推动领导实践有序展开，高效率推进改革变革，高品位加强自我修养，不仅决定着自身领导力的强弱，也决定着企业竞争力的强弱，更决定着企业的前途。当然，好的领导力不会凭空而来，也不会一蹴而就，而是一个日积月累、持续修炼的结果。

一、要紧紧抓住“放”字，着力修炼自己高瞻远瞩想问题的能力，这个能力将决定着领导力的高低

欲穷千里目，更上一层楼。当企业上升到一定规模的时候，企业的竞争不仅仅是人才、管理、产品、技术的竞争，而是企业领导者本人境界高度的竞争。企业的发展更看企业领导者能否与时俱进、兼容并蓄、站得更高、看得更远。

1. 要能在放大格局中走出自我局限。不谋全局者，不足以谋一域。作为企业领导者，眼睛不能只盯着自己的“一亩三分地”，只看眼下的利益，只关注一时的得失，需要不断进行系统的思考，战略的谋划，尤其需要思考三个问题，就是“企业如何更有前途”“管理如何更有效率”“员工如何更有成就”。要多做“前人栽树，后人乘凉”的事，尽心尽责为未来“铺路搭桥”；要多做“为官一任，造福一方”的事，尽力减少内耗，确保企业生态系统的健康；要多做“凝心聚力，构建和谐”的事，使员工与企业能够共同成长，同气连枝。

2. 要能在放宽思路中打破思维固化。随着经济全球化的发展，企业之间的往来越发密切，通常是你中有我我中有你，彼此的角色时刻在

转换。作为企业管理者必须适应并做好这种不停的角色转换，否则我们的思维就会固化。一是要“当好甲方”，就是要想方设法做好主营业务，打造好自己的拳头产品与核心技术；二是要“当好乙方”，就是要全力以赴服务好客户，增强企业间的黏性，力争更远的、更多的市场份额；三是要“当好丙方”，就是要千方百计借船出海、借势发力，充当好上中下游业务的链接者，以从中找到好的发展机遇。

3. 要能在放远目光中找准未来方向。企业能不能开成百年老店，要看企业未来能不能参与社会的分工，能否参与社会分工取决于企业在未来有没有独到的竞争优势，而竞争优势的取得又取决于企业一以贯之的志趣所在。所以，作为企业领导者必须处理好当前与长远的关系，认真思考企业的“能力所长”“兴趣所在”“社会所需”这三个问题。全力打造优势、发挥优势，让特长成为特色、优势成为强势；持续保持探索未知的强烈好奇心，创造性地开展业务，引领需求；积极顺应经济和社会的发展，主动参与社会分工，体现自身的价值。

二、要紧紧抓住“聚”字，着力修炼自己求真务实做事情的能力，这个能力将决定着领导力的强弱

千里之行，始于足下。目标再高远也要靠踏实奋斗去实现，企业要在市场经济的大潮中找到自己的出路与前途，就必须准确找出自己的不足，精准发力，扬长补短；必须顺应形势，不断变革创新，持续激发企业成长的内生动力。

1. 要能在聚焦基层中抓住发展要害。“问渠那得清如许，为有源头活水来。”基层永远是企业创效的主体、创新的源头、创造的前线、创业的根基，更是领导者科学决策的源头活水。领导者只有经常深入一线、深入群众，才能原汁原味了解实情，在集思广益中找到影响发展的关键要素和主要矛盾；也只有身临其境，才能真正发现队伍的士气到底

旺不旺、成本控制到底严不严、基础管理到底实不实、业务流程到底顺不顺、技术研发及应用到底行不行等具体情况，才能把真正的问题摆出来，并分出轻重缓急，以提升决策的针对性和科学性。

2. 要能在聚焦细节中蓄积发展优势。看一个领导者是不是高手，看细节。可谓行家伸伸手就知有没有。在市场竞争已经进入微利、同质化竞争严重、技术高度密集的时代，往往某一个细节的忽略就会让有限的利润化为乌有、让到手的市场拱手相让、让即将交付的工程功亏一篑。作为企业领导者要想在竞争中不栽跟头，并获得比较优势，就必须在每一件小事、每一个细节上瞪大眼睛、下足功夫，把小事做细、做实，做精、做到极致，以打造出一个个完美的细节，抓住每一次稍纵即逝的发展机遇，从而积少成多，形成企业强大的竞争优势。

3. 要能在聚焦创新中打开发展空间。党的十八届五中全会把“创新发展”放在五大发展理念之首，突出强调“必须把创新作为引领发展的第一动力”“把创新摆在国家发展全局的核心位置”。这是党中央、习近平总书记准确把握我国发展“时”与“势”的变化作出的战略决策部署。作为企业，我们更能体会到竞争中“惟创新者进，惟创新者强，惟改革创新者胜。”所以，企业领导者更要以“首位首抓”的强烈意识和责任担当，积极推进思想更新、变革图新、固本开新、励志布新，真正让创新贯穿一切工作，以创新来满足客户、赢得客户、创造客户。

三、要紧紧抓住“提”字，着力修炼自己凝心聚力带队伍的能力，这个能力将决定着领导力的大小

“一花独秀不是春，百花齐放春满园”，领导之所以成为领导，是因为他在带领一个团队，团队的力量才是企业力量的真正代表。优秀的领导必须拥有率团队一呼百应的能力、抓机遇快人一步的能力、干工作优

人一等的能力。

1. 要能在提振团队士气中实现万众一心。“撼山易，撼岳家军难。”一支嗷嗷叫的队伍，必然战无不胜。企业领导者在任何时候都要把凝心聚力放在工作的重中之重，要能绘蓝图、树正气、做表率。在任何困难面前都要能“稳定心神”，当好主心骨，化解阻力，排除干扰，让队伍保持住步调一致、勇往直前的状态；在任何挑战面前都要能“抖擞精神”，想方设法将压力变成动力，千方百计将难题变成攻坚的课题；在任何波动面前都能“聚精会神”，不为外界喧嚣所迷惑，保持足够的战略定力和工作耐心，将各项既定工作按期推进到底。

2. 要能在提升团队能力中实现胜人一筹。企业竞争中，我们靠什么长期赢得客户？靠的就是能干别人干不了的事，能干别人干不好的事，能干比别人更优秀的事，能干别人没想到的事。这种能力从何而来，靠的就是企业领导者要能汇聚团队中蕴含的智慧无穷的创新创造创业力量，打造出员工个体追求极致的精益求精的工匠精神，构建出组织中极度严格、持续改进的质量控制体系，完善好各类人才引进、培养、使用、激励一系列的科学有效的制度体系，并形成以客户为中心、以奋斗者为本、各司其职、相互协作、争先创优的良好企业文化。

3. 要能在提高团队效率中实现先人一步。如今我们生活在一个不断提速的“快时代”。技术、产品、模式、知识的迭代越来越快，各类信息的数量在呈现几何级的增长，企业的经营环境不确定性越来越强。企业要生存发展，必须在“快”字上下功夫，不断提升各类资源转化的效率。企业领导者必须时刻跟踪具体业务的有效性，变无效为有效、变低效为高效；时刻关注内外流程的科学性，做好优化优化再优化，全力加快运行的节奏；时刻把握资源配置的合理性，避免大马拉小车或小马拉大车现象，最大限度释放内部资源组合创效的能力。

（本文发表于《石化人力资源管理》2017年第2期）

（三）
从“领航、导航、护航”三个角度提升

掌舵前行方向明　行稳致远本领强
——硬核领导干部必备“领航、导航、护航”能力

沧海横流，更显英雄本色。在市场充分竞争的当下，每个企业就如航行在市场大海中的一支船队，暗礁险滩旋涡遍地，狂风巨浪海盗随时侵袭。船队要在茫茫的大海中不迷失，不触礁，经受住大风大浪、雨雾冰雪雷暴等恶劣海况，以及其他船队冲撞等考验，胜利驶向光辉的彼岸，船队长的作用毋庸置疑。这个船队长就是企业的领导干部。俗话说，“没有金刚钻，别揽瓷器活”。要当好当下这个船队长还真不容易也不简单，其必须具备在复杂环境下统领、带领、率领船队勇往前行的硬核“领航”能力，在诸多选项中引导、指导、主导船队正确前行的硬核“导航”能力，在种种考验时守护、巡护、养护船队顺利前行的硬核“护航”能力。

领航

克劳塞维茨在《战争论》中说：“面对战争中的不可预见性，优秀的指挥员必备两大要素：第一，即便在最黑暗的时刻，也具有能够发现一线微光的慧眼；第二，敢于跟随这一线微光前进。”能够发现微光，是智慧；敢于跟随微光前进，则是勇气。企业领导干部引领企业发展亦如此。

1. 须练就发现灯塔的慧眼。灯塔是给航行在大海之中的船只指引方向和带来希望的。作为企业总揽全局、掌控全局、引领发展的决策者

和指挥者，领导干部首要任务就是要看见灯塔，为企业指明前进的方向。正如联想创始人柳传志先生所讲："做企业最重要的是把方向弄对，方向错了，再努力也没有用。"当下市场竞争充满了各种不确定性，发展的机遇稍纵即逝。企业下一步往哪走，阶段性发展目标是什么，哪里是主攻方向，如何创造客户，等等，这些都是关系企业发展方向的大事。"预见未来"才能"遇见未来"。所以，领导干部必须眼界宽阔，能站在新时代的高度观察形势、分析问题，能够在复杂多变的形势下，以战略家的头脑运用战略思维，把握事物发展的方向；必须眼光独到，善于把远的拉近看、小的放大看、散的集中看，能在纷繁复杂的现象中洞察本质，找出规律；必须眼神专注，睁大眼睛，紧紧盯住矛盾和问题的发展变化，从偶然性中看到必然性，从不利条件中看到有利条件，从而准确地抓住和把握发展机遇。

2. 须拥有坚如磐石的意志。企业发展不可能一帆风顺，远大目标更不会一蹴而就。前进的道路上，必定会面临这样那样的风险挑战，甚至会遇到难以想象的惊涛骇浪。能否到达胜利的彼岸，关键是看我们在困难和挑战面前能否顶得住、立得住、熬得住。只要我们顶得住、立得住、熬得住，再大的困难，再大的挑战，总能一一化解。想想当年的长征，红军将士时刻面临着"天上每日几十架飞机侦察扫射，地下几十万大军围追堵截"的艰难境地，缺医少粮、弹药匮乏，风餐露宿，草根果腹、树皮充饥。但是在崇高理想和必胜信念的指引下，凭借着顽强的革命意志，硬是把困难踩在脚下，在绝境中求得生存，在夹缝中杀出了血路，克服了一个个难关，最终赢得了胜利。所以，困难并不可怕，只要精神不滑坡，办法总比困难多。发展方向确定之后，只要我们保持目标必达的信心、咬定"青山"不放松的恒心、"不破楼兰誓不还"的决心，认准目标不动摇、咬紧牙关不松劲、一张蓝图干到底，各种复杂矛盾和风险终将烟消云散。

3. 须能当率先垂范的榜样。俗话说，火车跑得快，全靠车头带。教者，效也，上为之，下效之。领导干部一言一行、一举一动都是无声的号令，下级在学，群众在看。其身正，不令而行；其身不正，虽令不从。其做出的良好示范带头作用是企业最好的执行力。领导干部要做出良好示范带头作用，就必须以身作则、率先垂范，严格自律、强化责任担当，在平常细节中能看出来、关键时刻能站出来、危难之中能豁出来，处处立身为旗、立行为范。要求别人不做的，自己首先不做；要求别人做到的，自己首先做到，事事走在前、干在先，在工作姿态上争先恐后、精神状态上永当先锋、品德上先人后已、风格上吃苦在先，不与民争利。尤其在急难险重的任务面前，要能快速反应、冲到一线，身先士卒，哪里最需要、哪里最困难、哪里最艰险，就出现在哪里、战斗在哪里，当好奋战一线的“排头兵”，敢打头阵的“急先锋”。领导干部时时在状态、队伍自然有激情，企业改革发展就没有翻不过的“火焰山”、蹚不过的“通天河”。

导航

在波澜壮阔的大海上，抵达目的地的航路很多，有的最短、有的最顺畅、有的最危险、有的最拥堵。无疑，要首选安全的大路，再选大路中的近路。但这些大路、近路，往往最拥堵，有时更行不通。这时，你就必须能另辟蹊径，勇闯新路。如何择大路、抄近路、闯新路，引导船队向着目标有路走、快速走、安全走，船队长使命光荣、责任重大。

1. 须拥有路线规划的枚举能力。路有千万条，条条大路通罗马，但最适合自己的路也许就那么几条。要找到最适合自己走的路，首先要把可走的路径勾勒枚举出来，以便于比较和选择。俗话说，三个臭皮匠赛过诸葛亮，人多智慧广。要找到尽可能多的前进路线供决策，领导干部必须使自己脑子成为各方意见和材料的“加工厂”，善于集思广益，群策群力。通过座谈、研讨、调研、意见征集等方式，与大家共研问题、共想发展、共话改革、共谋大计、共思良策，尽可能全面、客观、系统地把各种主观客观因素、时间空间情况、内部外部条件都列出来，把种种可能遇到的问题和风险都摆出来，把切实可行的路径方案都提出来，从而做到从不同角度审视问题而不偏听，用综合知识分析问题而不偏信，调动各方面的力量研究对策而不偏用，集合各种资源解决问题而不偏行，集中大家的智慧去粗取精，去伪存真，加工出自己的“主见”来，勾画出那些安全性、可行性、科学性程度高的路径方案供进一步优选决策。

2. 须拥有路线选择的决断能力。不同的选择，不同的境遇。决断走哪条路不仅是一种领导权力，更意味着沉甸甸的责任。面对多种可选方案，要比对优选出适合自己前进的最佳路线，必须在科学的决策理论指导下，以科学的思维方式，应用各种科学的分析手段与方法，按照科学的决策程序进行。在拍板之前，多做实地考察、充分论证，以大量事实、数据作为支撑，并善于吸收专业意见。同时，要敢于打破常规，突破条条框框，果断决策。不是人云亦云，而是用创新的眼光审视现实，分析问题，敢想他人所不敢想，敢断他人所不敢断，敢为他人所不敢为。决断方案还特别要讲究时效性。古语云，机不可失，失不再来。本来可以成功的事情，错过时机事情就可能失败。这也要求“船队长”在拍板决断事项时必须有强烈的“窗口期”意识，要有“等不起”的紧迫感、“慢不得”的危机感、“坐不住”的责任感，清醒判断形势，快马加鞭，做到及时决策、果断决策、快速决策，不能优柔寡断、患得患失，贻误时机。

3. 须拥有路线调整的应变能力。明者因时而变，知者随事而制。在事物的发展过程中，总会不断出现新情况、新问题。诸如，大海航行中，就会突遇冰山、风暴、海啸等情况。此时，船队长必须立即改变航程、调整航线，进行规避。这种改变就不是倒退、偏航，而是一种以安全为前提的应变顺变、一种迂回前进的机动策略。企业发展中的一些问题也是如此，往往难以预期、始料未及，如果不能审时度势、因地制宜、与时俱进，抱定教条主义、经验主义，一股劲地往前冲，必然会撞得头破血流。正如习近平总书记讲的，“如果我们不识变、不应变、不求变，就可能陷入战略被动，错失发展机遇。”在多变快变的当下，领导干部必须敏于知变、准确识变、善于应变，能够见微知著、抽丝剥茧、未雨绸缪，对事态发展的情势变化有基于常识和客观条件下的多种预测，并针对不同的情势准备好不同的应对方案和措施，以确保面对突发事件时，保持头脑清醒、处变不惊，心中有数、迅速反应，作出合乎客观规律的路线调整。

护航

众力并则万钧举，人心齐则泰山移。认定方向、选好路线之后，队伍能不能携手同行、并肩战斗、共克时艰就成了整个船队行稳致远的关键。这也考验着“船队长”带队伍、抓管理、解难题的能力与水平。“船队长”必须发挥好监督纠偏职能，以确保队伍航向正确；必须发挥好清障克难职能，以确保必经航道通畅；必须发挥好后勤保障职能，以确保远行航力充足。

1. 须着力在纠偏上下功夫。不虑于微，始成大患；不防于小，终亏大德。在船队航行过程中，面对复杂多变的海况，船只很容易在种种主观、客观因素的影响下发生航向偏离，而出现差之毫厘谬以千里的结果。在企业发展中，我们同样面临着各种复杂多变的情况，尤其是形形色色的诱惑，稍有不慎，既定的战略、方针、措施执行就会出现偏差，一些干部员工就会腐化堕落，让企业步入危险的境地。所以，要保证队伍始终沿着正确的道路前进，必须加强组织纪律性，及时纠正一切偏差。毛泽东同志曾深刻指出："加强纪律性，革命无不胜。"加强组织纪律，要从教育抓起，让干部员工了解"不准""严禁"的具体内容，知道"红线""禁区"的具体界线以及违反规定的处罚结果，纠正错误认识；其次要抓"苗头"，坚持抓早抓小，通过"敲木鱼""扯袖子""拎耳朵""举棒子"，把问题解决在萌芽状态，同时要敢于出"拳头"，对已经违规违纪、破坏法规制度的，坚决严肃查处，强行将其拉回到正确的航道。

2. 须着力在清障上下功夫。艰难困苦，玉汝于成。在前进的道路上，有些"障碍"躲不开、绕不过、等不起，再牢的钉子也必须拔掉，再坚固的碉堡也必须炸掉。领导干部作为各项工作的领导者、组织者，必须拿出"逢山开路、遇水架桥"的担当精神，以"困难面前有我们、我们面前没困难"的勇气，带领队伍把道道难题踩在脚下。要能集思广益"谋"，深入开展调查研究，把问题摸清楚、把原因分析透、把症结找准确，打一场有准备之战；并广泛征求意见，一起出谋划策、建言献策，聚合集体的智慧，以创新的思维、举措、机制，打一场合围战。要能集中力量"攻"，集中精力、集中力量、集中时间投入到攻坚战上来，并明确目标清单、人员清单、责任清单、措施清单，各司其职，调动一切可以调动的力量打一场歼灭战。要能坚持不懈"钉"，有些难题，绝不是一朝一夕就能完成的，必须发扬"钉钉子"精神，一环紧着一环拧，一锤接着一锤敲，发起一波又一波的攻击，不获全胜不收兵，打一场持久战。

3. 须着力在赋能上下功夫。船只行得远，离不开够用的功能、可靠的性能、充足的动能。所谓够用的功能，就是为了保证船能开起来、跑起来，不可或缺的软硬件设施、必不可少的各类管理与操作人员，该配备的要配备到位、该投入的要投入到位。所谓可靠的性能，就是配备的资源得有效、质量得过关。望远镜就得起到望远镜的作用，水手就得起到水手的作用。同时，软硬件维护保养要及时，人员的培训要跟上，以保证设备与员工时刻处于良好的工作状态，别时不时就罢工停摆。所谓充足的动能，就是要确保船燃料充足，润滑到位，输出功率足够大。对应到企业而言，就是领导干部在人财物的投入、组织体系、制度体系、文化体系等建设上要谋划好、落实好，把该管的管起来、管到位；在人才培养、体制机制建设上，一切向效率、效益、效果聚焦，力争发挥出资源的最大效能；同时，要能勾勒出企业美好的发展愿景与路径、持续创新产品与服务、适时引入资本与技术，让企业始终拥有强大的前行动力。

（本文发表于《中国石油企业》2020年第3期和
《石化人力资源管理》2019年第3期）

（四）
借“衣食住行”之理去提升

借“衣食住行”之理　修“党员干部”之身

“世事洞明皆学问，人情练达即文章。”在有着上千年“天人合一”思想的中国人眼中，自然之道与人文之道从来都是相通的。从古到今，中国人正是通过格物穷理，以天地自然之道为师，入有为无为之境，造就了中华文化的博大精深与璀璨瑰丽。在经济社会发展日新月异的今天，万事万物本源归一、道理相通的法则没有改变，山山水水、花鸟虫鱼、衣食住行等依然可以品读出与时俱进的人文哲理。就拿我们日常的衣食住行来说，其中完全可以品读出契合当下党员干部提升党性修养的哲理，以供借鉴运用。

衣

“人靠衣装马靠鞍。”一个人的气质、素质往往需要外界的衬托才能更好地凸显出来，衣装无疑是最能体现人的气质和素质的了。党员干部身份亦如人的着装，着装是否亮丽、特别、自然，给人留下美的好感，全在自己“度”的把握，这个度就是要“亮眼不能刺眼、特别不能另类、随性不能随便”。

亮眼不能刺眼。我们常说“村看村，户看户，群众看党员，党员看干部”。党员干部的先进性体现在哪？就是平时能看得出来，关键时候能站得出来，危急关头能豁得出来。尤其在面对公与私、人与己、先与后的选择时，那些表现出冲锋在前、舍己为人、克己奉公、甘于奉献等优秀品质的党员干部，无疑是人群中最为亮丽的风景。相反，那种说一套，做又是一套，搞“花架子”、做“表面文章”，违反“八项规定”精神的，亮眼的党员干部身份恰恰成了刺眼的名片。

特别不能另类。“特别能吃苦，特别能战斗，特别能奉献”始终是我们党战胜困难、夺胜取利的重要法宝，是我们党赢得民心、引领发展的力量源泉。党员干部这种特别，就应该表现出思想觉悟高于群众、业务技能强于群众、工作业绩优于群众。但现实中，一些党员干部的“特别”却表现为浑浑噩噩、碌碌无为地混日子、占位子，吃不了苦，遇到困难就躲，遇到功劳就抢，这不但辜负了党和人民的期望，更贻误工作、耽误发展，其党员干部身份反倒成了另类分子的标签。

随性不能随便。毛泽东同志曾说：“不能设想我们党有党性，而每个党员没有个性，都是木头。”干事创业就是要有主见，敢于解放思想、打破常规、雷厉风行。“千人一面”，任何时候都“中规中矩”，党的事业就难以开拓。但鼓励党员干部个性发展、大胆作为，并不意味着不受约束，任意妄为。正所谓无规矩不成方圆，党员干部行为做事更要讲纪律守规矩，要做到心有所畏、言有所戒、行有所止，任何时候都不能违背党性原则，都要照顾到普通群众的切身感受。

食

“养生之道，莫先于饮食。”合理的饮食，可以使人身体强壮，益寿延年。而饮食不当，则是导致疾病的重要原因之一。现在我们生活条件都好了，人们吃的东西杂了，花样多了，但生的怪病也多了。如同饮食，现在的党员干部汲取知识的渠道多了，知识面宽了，但“生病”的风险也加大了。所以，党员干部提升自身修养素养也应讲究健康之道。

要细嚼慢咽不能狼吞虎咽。党员干部的党性观念的养成不是三天两日一蹴而就的事，尤其在学以致用党的理论上，它是一个“细活”，急不得、快不来，需要“慢工”和日积月累。党员干部们只有拿出足够的耐心，细读原著、深悟原理，边学边思、边学边干、边干边学，才能逐渐把党的知识、党性要求、立场观点、辩证方法等，由零散的变成系统的、孤立的变成相互联系的、感性的变为理性的，慢慢内化于心、外化于行，让自身党性修养与理论水平得到持续提升。

要均衡饮食不能挑肥拣瘦。当今社会的重大特征是学科交叉，知识融合，技术集成。党员干部要想自己的思想水平和知识水平跟上时代前进的步伐，适应岗位的需要、推动事业的开展，必须博采众长，不断优化自身的知识结构、完善自身的知识体系，把知识弱项补起来。正如习近平总书记强调的：“我们的党政领导干部都应该成为复合型干部，不管在什么岗位工作都要具备基本的知识体系……对各方面基础性知识，大家都得掌握、不可偏废，在此基础上做到术业有专攻。”

要省吃俭用不能寅吃卯粮。“手有余粮，心里不慌。”曾有一段时间，“寅吃卯粮”的发展思路很盛行，一些党员干部谋取眼前发展，不顾及自身的实力，大干快上，疯狂透支，留下一个个“烂摊子”。在学习上，一些党员干部缺乏主动性，靠吃老本儿干活，导致知识结构老化、思想认识僵化、干事能力退化，在新事物、新问题面前束手无策。面对激烈的市场竞争和高度不确定的发展，党员干部还是应该在物质、知识等方方面面的积累上多下功夫，有备才能无患。

住

“吃药十副，不如独宿一夜。”我们每个人在床上的时间占了我们生命的1/3，睡眠质量直接关系到我们的健康状况和生活状态。而一个人睡眠的质量又主要取决于所处周边的环境是否和谐安定、自己的家庭是否舒适温馨、当下的身心是否健康清净。如同睡眠，党员干部要获得良好的工作生活质量，也必须有一个好的环境。

要维护好安定和谐的大环境。放眼世界，哪个国家安定和睦，那里的人民就安居乐业；哪个国家分裂动荡，那里的人民就遭殃受难；哪个地区恐怖极端蔓延，那里的人民就生活在水深火热之中。没有安定和谐的社会环境，我们什么事也干不成。党员干部在和谐社会建设中既是参与者也是得益者，更应该是引导者、组织者和推动者，要坚持从自身做起，从点滴做起，多说有利于团结的话，多做有利于稳定的事，全力维护好来之不易的社会安定和谐的大好局面。

要营造好舒适温馨的小环境。“家和万事兴。”其实单位和家庭一样，一个家庭有好的家庭氛围，家庭就会和睦相处、互帮互助、其乐融融；一个团队有好的团队氛围，团队就会工作高效、气氛活跃，充满生机。作为一名党员干部，更要在团队构建中发挥出表率作用，弹好内部“协奏曲”，力求同事之间事业上志同道合、思想上肝胆相照、工作上密切配合、生活上互相关心，以形成团结一心干事业、齐心协力谋发展、群策群力促和谐的良好文化氛围。

要保持好健康干净的内环境。“不做亏心事，不怕鬼敲门”，清正廉洁是党员干部问心无愧的定心丸。那些挡不住诱惑，被利欲熏心，没守住底线，越“红线”、趟“雷区”、碰“高压线”的党员干部在工作中无不缩手缩脚、畏首畏尾、顾此失彼、整天提心吊胆，常常陷入无尽的烦恼和无穷的忧愁之中。深思之，党员干部要想“两袖清风、一身轻松、心安理得、无怨无悔”，就必须时时对照党章，对照党员和干部的标准，检束自己的贪欲之心、遏制自己的非分之想。

行

“行稳方能致远。”随着经济社会发展，道路四通八达，但各类机动车保有量也迅猛增加，交通事故更是节节攀升。路宽、车多、速度快，对司机的素质和安全驾驶水平的要求反而是越来越高了。如同交通状况，经济社会的快速发展使我们党员干部面临着许多前所未有的考验，对其政治素质和发展能力也提出了更高的要求。

对面来车要能会车。当下社会发展正处在“快时代”，人流、物流、信息流等都处于高速流动状态且相互时时遭遇。维护这样的发展，大家必须一起严格遵守“交通规则”，就得“红灯停绿灯行”“按道行驶”，否则就会乱了套。当然，作为“司机”，在遵守“交规”的前提下，也要具备安全会车的能力，不管对方是“大车、小车还是重车”，所处的是“高速公路、城市道路还是乡村土路”，都要敢于迎面而上，想方设法安全驶过每个相遇点，才能向着目标持续前进。

同向行车要能超车。中国共产党是中国工人阶级的先锋队，同时是中国人民和中华民族的先锋队。什么叫先锋队？“先锋”者，即先进、先行、走在前列的意思。唯其先进，才称得上是先锋队。所以，先进性是对党的性质的基本要求。无论是党的整体，还是党的成员，在自身素质、思想觉悟、日常行为等方面，都应该具有先进性，始终走在前列。在工作中，同点起步，党员干部必须对自己提出更高的要求，只有不断超越过去、超越他人，才能发挥出先锋模范作用。

侧面来车要能预防。各种腐朽思想总裹挟着“糖衣炮弹”不断地冲击着我们的党员干部队伍。有些党员干部政治立场不坚定、思想防线不牢固、拒腐防变能力不过关，很容易被击中、击倒，甚至击垮。要避免被糖衣炮弹击中、击倒、击垮，就看我们有没有躲避的水平和抗击打的能力。练就这份本领，党员干部就必须时刻保持警惕，明是非、辨丑恶，在思想上筑起拒腐防变的“防火墙”和“拦河坝”，并主动将权力关进制度的笼子，严以用权，再给自己穿上“防弹服”。

（本文发表于《石化人力资源管理》2018年第2期）

（五）
抓住“错落有致”四个字去提升

塑造领导力要抓住“错落有致”

“错落有致”常被人们形容景点布局合理，有情趣。对领导干部来说，领导力无疑是其最显眼的“景点”，这个“景点”如何？亦可引申使用“错落有致”来评判。看其是否具备“正判对错、不怕犯错、小心防错、及时纠错”的思想觉悟，是否具备“落锤拍板、落实实措、落地执行、落款担责”的作风形象，是否具备“有格局、有思路、有条理、有情义”的能力素质，是否具备“表里一致、团结一致、专心一致、雅量高致”的道德修养。可以说，“错落有致”既可作为领导力评价的重要标准，亦可作为领导力塑造的一条路径。

一、抓住“错”字，提升思想觉悟

大海航行靠舵手。前进的道路上总是伴随着各种风险和挑战，绕不开躲不过，领导干部作为单位发展的掌舵人，要引领带领率领队伍沿着正确的方向行稳致远，必须具备正判对错的能力，确保风险研判及时准确、措施应对得当，同时也要敢于往前闯，不怕犯错、小心防错、及时纠错。

1. 正判对错。判断是实践的前提，决定着行动的方向。不同的选择，不同的境遇。领导干部是带队伍的，就怕把队伍带歪了，偏离背离远离正道大道近道，错失发展机遇，甚至发生全局性颠覆性失误。要正判对错就得站稳政治立场、顺应时代发展、契合市场需要、满足百姓期待，自觉增强“四个意识”、坚定“四个自信”、做到“两个维护”，坚持运用辩证唯物主义和历史唯物主义世界观与方法论分析看待问题；遵循遵从遵守历史发展的规律，与时俱进更新观念，置身于时代发展的大背景下分析看待问题；始终以市场为导向、以客户为中心，用市场规律规则和效益最优化原则分析看待问题；始终坚持群众利益至上，以实现好、维护好、发展好员工群众的利益为出发点分析看待问题。

2. 不怕犯错。人非生而知之，没有人不犯错误。当下社会正处在发展的“快”时代，改革正进入深水区，机遇稍纵即逝，大量工作无章可循、无矩可蹈、无依可据，只能在实践中探索，在探索中前进。小平同志讲：“看准了的，就大胆地试，大胆地闯。没有一点闯的精神，没有一点‘冒’的精神，没有一股气呀，劲呀，就走不出一条好路，走不出一条新路，就干不出新的事业。”作为领导干部就是要主动走出舒适区，自觉走在改革创新的最前沿，勇做第一个“吃螃蟹的人”，在历经苦活累活、大仗硬仗的洗礼中，在经受啃硬骨头、接烫山芋的磨炼中，带头履职尽责、带头谋事干事，在敢于犯错中奋勇争先、在改革创新中激情奉献，才能做出无愧于时代、无愧于人民、无愧于历史的业绩。

3. 小心防错。“谨慎能捕千秋蝉，小心驶得万年船。”不怕犯错，不是鼓励犯错，毕竟错误会延误时机、造成损失。领导干部一方面要时刻保持高度警觉，严格依法依规办事，对工作中出现的苗头性、倾向性问题，早发现、早改正，对普遍存在的共性问题，及时掌握动态，有针对性地采取防范措施，最大限度避免和减少错误的发生；另一方面要着眼于源头预防、未雨绸缪，健全相关制度规定，健全决策机制，完善决策方式，规范决策程序，强化权力运行制约和监督，切实贯彻执行好民主集中制，凡“三重一大”事项的拍板定案，都要加强调研论证、风险评估、集体研究讨论，并强化对决策、执行的全过程、全方位监督，严格执行请示报告制度，确保把犯错风险降到最低。

4. 及时纠错。“人谁无过，过而能改，善莫大焉”“亡羊补牢为时未晚”。干事难免会出错，但发现错误就要尽快改，越早越快越好，不管多大的代价都可能是最小的代价。工作中，我们发现大量棘手的历史遗留问题，大都是由曾经的小错误经历长时间发酵和累积造成的，结果拖得越久付出的处理成本越大。作为领导干部一定要有实事求是的精神、坦承错误的勇气、有错就改的态度，坚持自省、反思、虚心接受别人的批评指正，及时发现错误、停止错误、改正错误，自觉把从错误中吸取教训的过程视为检验和提升能力与素质的过程，善于把错误失败的教训转化为加强党性锻炼、创新推动工作的宝贵财富和不竭动力。这样才能成为时代的劲草真金，才能不辜负组织和群众的重托。

二、抓住“落”字，提升作风形象

干部干部，干是当头的。领导干部作为一个单位的主心骨，要展示的作风形象首先就是担当实干。尤其是处在百年未有之大变局中，各种不稳定不确定因素显著增加，大事难事急事多，干部员工更加期待领导干部敢于落锤拍板，落实实措，抓好落地执行，并对工作落款担责。

1. 落锤拍板。落锤拍板是领导干部的重要职责和重要活动，也是议事和决策的最后环节。一项工作一经有关负责人“落锤拍板”，就会立即进入实施阶段，希望也就在前方。如果当断不断、议而不决、裹足不前，则往往会坐失良机，不但直接影响领导干部的威信，更会使事业搁浅沙滩，遭受损失。有为才有位，领导干部就是要敢想他人不敢想，敢断他人不敢断，敢为他人不敢为。尤其是面对复杂矛盾，在大是大非面前，大家意见不统一时，绝不能随波逐流，要敢于坚持真理，敢于下决心、做决策，不能回避、推诿、扯皮。当然，敢于落锤拍板并不是武断决策、刚愎自用、拍脑袋决策，搞“一言堂”，而是要建立在充分调查研究的基础上，多听意见、博采众议、冷静分析、民主决策。

2. 落实实措。一分部署、九分落实。俗话说：千招万招，不抓落实都是“虚招”；千条万条，不抓落实都是“白条”；千忙万忙，落而不实都是“白忙”。决策部署只是提供了方向遵循，草图要变设计图、设计图要变施工图，必须得有实实在在的措施。重点保障措施是什么、各项措施由谁牵头负责、需要提供哪些保障条件、工作进度节点怎么安排、过程如何监控、成效如何检验，等等。一系列的问题必须要有明确答案。领导干部既要站在宏观层面做决策，也得站在微观层面，根据决策部署，拿出实实在在的行动方案和措施，并做好任务的分解、工作的分工、资源的分配，将任务分门别类划成易于操作管理的条块，根据条块确定谁来干、干什么，再根据分工情况匹配好资源。

3. 落地执行。千斤重担大家挑、众志成城无难事。举措都摆在那里，目标、计划、责任都很明确，关键在于咬定青山不放松，不达目的不罢休，确保任务不打折扣的完成。领导干部抓举措执行落地，首先要对自己高标准严要求，能够以身作则，率先垂范，事情轮到自己头上，绝不推诿拖拉，而是雷厉风行立即办、办就办好办到位，真正起到模范带头作用。其次，对属下要严格要求到位。坚持主动抓、深入抓、具体抓、持久抓，丁是丁卯是卯，言必行行必果，该奖励的奖励、该惩罚的惩罚、该调整的调整。再者，要善于创造性解决问题。千难万难发动群众就不难，要相信高手在民间，充分做好集思广益、群策群力工作，带领大家想方设法破解前进中遇到的各种问题。

4. 落款担责。习近平总书记多次强调“干部就要有担当，不能只想揽权不想担责”。领导干部认账，员工群众才能买账。只要是自己决定或授权的事情，该签字确认的，就要毫不犹豫地签上自己的名字，把责任承担下来，绝不推给下属。在自己管辖范围内，就算不是自己授权的，如果出现问题，也要主动承担相应的领导责任，但有了成绩要归功于大家。只有这样，员工才能放下包袱，放开手脚，充分发挥主动性和创造性。然而，在现实中，确有那么少数人，他们对自己的个人名声、个人业绩和职务升迁看得太重，生怕做错事情影响个人前途。于是有了成绩自己揽，有责任推得一干二净。即使自己决定的事情，出了差错能推就推，能躲就躲。遇到这样的领导干部，大家还愿意为单位拼命吗？

三、抓住“有”字，提升能力素质

没有铁肩膀，挑不起硬担子。领导干部担当总领全局、协调各方的角色，其能力素质高低直接关系企业的发展与成败。要在复杂环境下，运筹帷幄决胜千里，就得有格局，大势了然于胸；就得有思路，招招直击要害；就得有条理，工作井然有序；就得有情义，奋进齐心协力。

1. 有格局。俗话说，心有多大，舞台就有多大。而你的格局有多大，你的心就能有多大。放大你的格局，你的人生将大有可为。作为领导干部必须始终做到大局在胸，能够站在历史的高度、全局的角度、群众的立场想问题、看问题、解决问题，把工作放到大局中去思考、定位、摆布；要能正确处理好大局与小局、整体与局部、集体与个人的关系，坚决做到个人服从组织、局部服从整体；要能把握大势、着眼大事，找准工作切入点和着眼点，做到因势而谋、应势而动、顺势而为；要能超越自我、突破自我，站在时代前沿和战略高度观察、思考和处理问题，既立足当前又放眼长远，既熟悉国情又把握世情，从政治上认识和判断形势，在解决突出问题中实现战略突破。

2. 有思路。思路决定出路。抓发展的问题，实际上是思路的问题。领导干部作为一个团队的领军人物，有思路，整个团队就会方向明、信心足、士气高，凝聚力强。反之，就会陷入“糊涂官带糊涂兵打糊涂仗”的糟糕局面，不仅会以其昏昏，使团队失去前进的正确方向，而且会盲目蛮干，延缓事业的发展，更会造成上行下效，带坏一队人的风气。为此，领导干部必须从讲政治、讲责任的高度，充分认识有思路的极端重要性。要有思路，就必须掌握科学的思想武器、吃透上级的指示精神、弄清本级的工作实情、借鉴别人的成功经验、集中大家的正确意见、进行深入的理性思考，切实使形成的方法举措具有原则性、全面性、系统性、前瞻性和创造性，既先进科学又便于操作。

3. 有条理。古人云：“事有先后，用有缓急。”作为领导干部面对的事情肯定特别多，忙是常态，必须讲逻辑、分先后、抓重点、会授权，学会十个指头弹钢琴，否则就会打乱仗，顾东管不了西，忙南找不着北，摁下葫芦起来瓢，结果事倍功半、效果不佳。讲逻辑，就是要搞清楚事情之间的内在联系，从安排工作开始就要思考如何环环相扣、步步深入、进退自如；分先后，就是要根据工作的轻重缓急，做好工作的计划，明确先干什么后干什么；抓重点，就是抓主要矛盾与矛盾的主要方面，紧盯大事要事打攻坚战、紧盯急事难事打歼灭战、紧盯薄弱环节打持久战，把好钢用在刀刃上；会授权，就是要充分发挥好骨干的作用，知人善任，抓大放小，下属能完成的工作尽量授权下属去完成。

4. 有情义。“感人心者，莫先乎情，莫始乎言，莫切乎声，莫深乎义。”中华民族历来重真情、尚大义，讲究以心换心、以心暖心、以真情换真情。领导干部人际交往范围广，处理的事情多，工作倚仗方方面面的支持与帮助，更要重情重义做人脉广泛的大朋友、成群众信赖的好朋友、交肝胆相照的真朋友。做人脉广泛的大朋友，就得保持热情待人、诚信做人，讲究公平正义，顾及他人感受，帮人难处、记人好处；要成群众信赖的好朋友，就得放下架子，扑下身子，察民之情、体民之苦、排民之忧、解民之难，替员工代言、为员工办事；交肝胆相照的真朋友，就得对正直善良、志同道合、心心相印的同志，仗义执言，倾力相助，成为推心置腹、互帮互助的铁兄弟、好伙伴。

四、抓住“致”字，提升道德修养

“其身正，不令而行；其身不正，虽令不从。”领导干部的道德修养反映其性格品行，体现其领导力强弱，影响着单位风气。好的道德修养不是喊出来的，也不是包装出来的，而是一点一滴积累起来的，是长期做人表里一致、做事团结一致、笃行专心一致、追求雅量高致的结果。

1. 表里一致。“人无信而不立”“人而不信，不知其可也”。诚信是做人的第一要义，表里一致更是诚信的基石。只有那些始终光明磊落、实事求是、表里一致的领导干部才能赢得群众长久的信任与拥戴。所以，领导干部一定要把表里一致作为“官德”修养的根本，不说那些颠倒黑白、混淆是非的假话，不说那些信口开河、无中生有的谎话，不说那些言不由衷、口是心非的违心话，不说那些虚情假意、没有着落的空话；不要去弄虚作假、明知故犯、装模作样、做表面文章、搞形式主义；不要去办知行相悖的违心事和违背事理的昧心事；要人前人后一个样，台前台后一个样，对人对己一个样，对上对下一个样，坚决不做“两面人”。唯有如此，才能树立权威，形成凝聚力，产生号召力。

2. 团结一致。“能用众力，则无敌于天下矣，能用众智，则无畏于圣人矣。”领导干部不是单靠自己干事情，而是团结大家合作干事情，是推动别人干事情，是将自己的想法通过他人去实现，必须懂团结、会团结、真团结他人。首先，要搞好班子的团结，懂得尊重和欣赏别人多姿多彩的个性，讲民主、守原则、顾大局，有问题摆在桌面上，不争你大我小，不搞个人说了算，相互补台补位。其次，要搞好员工队伍的团结，多给予员工群众关心理解、帮助支持、奖励激励，坚持问政于民、问需于民、问计于民，及时解决员工群众的实际困难，营造一家人一条心一起干的浓厚氛围。再者，要搞好单位外部的团结，去创造更大范围的品牌认知、理念认同、服务认可，搭建更多的友谊合作之桥。

3. 专心一致。清代纪晓岚讲：“心心在一艺，其艺必工；心心在一职，其职必举。”意思就是说，当一心一意，专注于做某一件事时，那人的手艺和工艺必定是精湛的；当一心一意在一个职位，做一个工作时，那人的工作必定是会有所作为的。现今社会诱惑太多，很容易让人浮躁，难以心无旁骛地专心做事，但要想成功依然离不开“专心一致”。要“专心一致”就得屏蔽外界纷扰，淬炼平和心性，不被燥气吞噬、不被琐碎打扰而分心，用专注补足状态之需，用专心筑牢成事之要，用专业夯实底气之源，全神贯注，专心思考、专注做事，干一行、爱一行、务一行、专一行，一心一意把大事做圆满，把小事做精细，把难事做稳妥，让每一项工作落地见效，让每一张蓝图绘到底。

4. 雅量高致。浅水难以负大舟，绳短不能汲深井。自古成大事者，必有大气度、高格调。没有大气度，齐桓公不会不记管仲“一箭之仇”，李世民不会重用旧敌魏徵，毛泽东不会在革命最艰难的时候说出“星星之火可以燎原”。相反，周瑜虽有才华，没有气度，却被诸葛亮活活气死。同样，没有好情致，李白、苏轼写不出传世诗句，领导能力再强也会变成“老虎”“苍蝇”。领导干部要堪当大任，活出精彩，就得气度宽宏、情致高雅，就得用心涵养打基础利长远的静气、本领强作风硬的底气、识人长容人短的大气、藏于胸践于行的锐气、涉险滩闯难关的勇气、严修身勤为民的正气，远离“低俗庸俗媚俗”，做人以真，待人以善，示人以美，真正成为一个高尚的人，一个脱离了低级趣味的人。

（本文发表于《石化人力资源管理》2021年第2期）

（六）从全面理解基层管理者的角色定位去提升

做一名优秀的企业基层干部

“基础不牢，地动山摇。”基层始终是企业一切工作的落脚点，是企业创效的主体、创新的源头、创造的前线、创业的根基，也是基层干部品性锻炼的大熔炉、能力提升的大课堂、施展才华的大舞台。古往今来，凡成大事者无不从基层做起。但是，我们也要看到企业最突出的矛盾和问题也在基层。基层干部身处改革发展的主战场、保持稳定的第一线、服务群众的最前沿，每天都要面对大大小小的恼火事、烦心事，“柴米油盐酱醋茶，万事都缠身”“五加二、白加黑，少有空闲时”。尤其在改革步入深水区时，多年来积累的深层次矛盾在基层逐步凸显，改革发展稳定的任务更加艰巨。干好基层工作真不容易，能干好真不简单。

一、须理解透从事的角色

认清自己的岗位属性是我们干好工作的前提，也是一门必修课。没有人天生就会做基层干部，做基层干部既不像演戏那样打几声官腔、摆几个架势来得容易，也不像信马游街、跟着感觉走那般轻松。要想成为一个处事稳妥、进退有度、言行得体、充满个人魅力的优秀基层干部，必须立足于自身所处的特定环境和岗位，在实践中用心感悟，潜心修炼，不断进行自我校正。基层干部是什么角色？具体从事什么样的工作？不妨如此理解：

1. 是宣贯上级决策部署的“传声筒与翻译官”。“失之毫厘，谬以千里。”新形势、新政策、新思想、新任务需要悉数传达到基层，传递到群众的心中；普通群众也需要及早了解大政方针，感知外部环境的瞬息变化。基层干部在上传下达的过程中，只有准确理解上级组织和领导的工作意图，才能正确地把上级信息传播开来，并做好合理的解释与说明，让群众了然，最终把政策真正落到实处。否则，断章取义，自我猜测，就会把好经念歪了，把活棋下死了。能否当好这个“传声筒与翻译官”，考验着一个基层干部的政治品格与政治能力。如果一个基层干部政治上不过关，本事越大，负面作用就越大。因此，对基层干部来说，必须要在政治方向上清醒，政治立场上坚定，政治态度上明确，才能将上级的部署与要求准确地理解到位、宣传到位、贯彻到位、执行到位。

2. 是带领员工群众干活的“主心骨与领头羊”。火车跑得快，全靠车头带。在一个单位一个部门，一个干部就是一面旗帜，一言一行都是单位发展的“风向标”，其能力高低、作风优劣、工作好坏，直接关系着一个单位一个部门的工作质量与发展成效。尤其在当下，社会、企业发展正处在“快时代”，各种思潮激荡，各种矛盾凸显，新技术、新产品、新模式层出不穷，发展中处处充满着各种不确定性，企业基层干部的主心骨作用更为凸显，员工群众更加期待干部有主见、能主事、当主力，真正挑起带领大家干事创业的大梁。员工群众期待听到干部能够及时地发出观点鲜明、前途光明的大声音、强声音、高声音，在工作决策上能有理有据、在工作安排上能有条有理、在工作推进上能有勇有谋、在工作抓实上能有始有终，以指导、主导、引导大家向着正确的方向前进。

3. 是熟悉方方面面工作的"多面手与万金油"。"上面千条线，下面一根针"，这根针就必须得是"万能针"，否则就接不了千条线的活儿。面对上级众多领导和部门繁多的工作安排，哪项工作基层都不敢怠慢。同时，面对千家万户，百人百性，什么难事儿、稀罕事儿都有可能发生，哪件事儿都需要处理好，不能出差错。基层干部是既管人又管事，跑上跑下、忙前忙后，事多、事杂、事无巨细，都得干，缺人还得能顶岗，时时扮演救火队员，没有两把刷子真的不行，也干不好。所以，作为基层干部一定要有一个上进心、好学心，对新政策、新规定、新要求要主动学、主动问，对工作有关的业务知识也要有"好奇心"，多操"闲心"，多管"闲事"，不停地充电和提高自己，努力把自己培养成为业务能力全面、综合素质过硬、熟悉方方面面情况的全才、通才。

4. 是服务一线员工群众的"联络员与勤务兵"。基层干部处在兵头将尾，既是群众面前代表上级的"发言人"，又是上级面前代表群众的"代言人"；既是各项方针政策落地"最后一公里"的执行者，又是向上反映最基层民情民意的传递者，担负着联系群众、服务群众、凝聚群众的具体职责，必须要发挥出联系上下的桥梁纽带作用。工作中，既要第一时间把上级的要求信息传递给群众，也要第一时间倾听员工群众的呼声，做好上下的充分沟通结合，才能确保上级政策、措施及要求落地生根；同时要真心把员工群众的安危冷暖挂在心上，帮助员工群众解决实际困难，想方设法把组织的温暖送到员工群众的心坎上。在沟通中，不可避免会遇到不理解、被指责、受委屈的情况，我们只有以大局为重，以群众利益为重，受气不赌气，用心用情用力，才能赢得上下的理解、信任和支持。

5. 是干部员工成长成才的"铺路石与进阶梯"。"宰相必起于州部，猛将必发于卒伍。"梁家河，是习近平总书记从政之路的起点。那时，他作为农村基层的一名党支部书记，带领群众打井汲水，筑坝淤地，办铁业社，开代销店……为村民办了一件件好事实事。38年后，他作为党的总书记，对人民群众的所想所思体察得更加真切，靠的就是在基层岗位上磨砺出的真功夫。基层干部要想担负起企业未来发展的大任，实现自己人生的理想抱负，必须有过硬的能力素质作支撑。能力不会凭空而来，成才没有捷径可走，离不开不怕吃苦、敢于吃苦的奋斗和积累。我们唯有树立扎根基层谋发展的主动意识、立足岗位谋进步的积极行为，在基层岗位这个最鲜活的大课堂上扣好“第一粒扣子”，在基层岗位上反复摔打锤炼自己，才能积累起丰富的工作经验、打牢基础，迈好成长第一步。

二、须保持住健康的心态

心态是指一个人的心理状态和精神状态，是一个人思想、意志、性格、能力等综合素质的集中体现。有好的心态，就会表现出自信和健康的精神风貌。对基层干部而言，心态不仅深刻地影响着自己的外在形象、作为空间、事业发展、进步前途，而且还会透过一言一行、一举一动，深刻地影响着周边和他人，影响着组织内部的氛围，影响着单位的政治生态。要成为一名优秀的基层干部必须切实加强自身世界观和价值观的改造，以保持平衡、平和、健康的心态，让群众从你身上看到希望、看到稳定、汲取到向上向善的正能量。

1. 看高责任。“天下无难事只怕有心人”，毛泽东同志有句名言：“世界上怕就怕‘认真’二字，共产党最讲认真。”“最讲认真”，就是最讲责任。只要用心尽责地去工作，无论在什么岗位，都能把工作做好。现在基层一线部分干部的责任心让人忧心：事不关己，高高挂起，不求有功，但求无过；做事不认真，不细致，敷衍了事，得过且过，工作质量差；办事拖拖拉拉、磨磨蹭蹭，不按时按质按量完成任务；事前不调查，事中不督查，拍拍脑袋作决策，拍拍屁股作总结；喜欢挥手，不愿意动手，热衷于当“甩手掌柜”；遇到一点困难，就泄气、打退堂鼓，缺乏恒心和毅力，做事虎头蛇尾；工作总不在状态，浑浑噩噩，昏昏沉沉，遇到矛盾绕着走，碰到困难往后退，踢皮球，推责任；对群众的疾苦和要求漠不关心，对存在的问题和隐患麻木不仁，等等。这种不负责任，缺乏责任心的基层干部迟早要出大问题。许多事实证明：责任胜于能力，能力要靠责任来承载，每个组织、每个团队，真正需要的是既有能力又有责任心的人。在职就必须做到守土有责、守土负责、守土尽责。

2. 看重做人。“做官先做人，做人德为先。”人活世上，第一重要的还是做人，懂得自爱自尊，使自己有一颗坦荡又充实的灵魂，足以承受得住命运的打击，才配得上命运的赐予。一个人在社会立足，真正的资本，不是美貌，也不是金钱，而是人品。人品好的人自带光芒，无论走到哪里，总会熠熠生辉。教者，效也，上为之，下效之。基层干部的一言一行，群众都看在眼里，记在心中，并无时无刻不在效仿着。作为一名干部，一旦通过表率树立起在群众中的威望，将会上下同心，大大提高团队的整体战斗力。可谓得人心者得天下，做下属敬佩的干部将使管理工作事半功倍。要成为一名优秀基层干部，我们应时常拿出“三严三实”的标尺比一比、量一量，以严正己，以实导行，严实相济，校准作风建设航标；时常以焦裕禄精神自我鞭策、自我反省，寻找差距“照镜子”，端正行为“正衣冠”，自我净化“洗洗澡”，对症下药“治治病”，勿以善小而不为，勿以恶小而为之，以永葆蓬勃朝气、昂扬锐气和浩然正气。

3. 看轻官位。当官一阵子，再大的官也有退的时候，干得好不好历史会给评说，老百姓会有公论。“官者，民之公仆也”，组织上给我们位子是让我们带领员工群众干事创业的，是为员工群众服务的。位子本没有好坏贵贱之分，关键在于怎么样去看待它。热爱它，再平凡的位子也会发出耀眼的光芒；嫌弃它，再荣耀的位子也只能黯然神伤；努力了，再一般的位子也会向好；懈怠了，再好的位子也会沦落。习近平总书记说：“干部就要有担当，有多大担当才能干多大事业，尽多大责任才会有多大成就。”基层当干部，不能老是想着自己的升迁。一个干部，无论处在什么岗位，只要心系群众，真正做到权为民所用、情为民所系、利为民所谋，都可以做出一番事业来。所以，我们要对“官位”有一颗平常心，不管担当什么职务，都要一门心思地把精力集中在“真干事”上，把本领用在“多干事”上，把目标锁定在“干成事”上，在其位、谋其政、成其事。一个干部的能耐有多大，最终群众看得清清楚楚，组织上也明明白白，是“锥子”总会脱颖而出。

4. 看开得失。平衡是一种自然法则，月盈则亏，水满则溢。老子曾经说过：“同于得者，得亦乐得者，同于失者，失亦乐失之。”乐于得必乐于失，有失才有得。三胞集团董事长袁亚非做客《波士堂》回顾职业生涯，深深感叹：“天下付出得到，真心回报，有舍有得，有为有不为，天下就是平衡，每个人光鲜的背后，一定有深深的伤疤。每个人深深的伤疤，一定有丰盛的成果。”作为基层干部，谁都要经历岗位和职务的进退流转，谁都会经历一时的成功与失败。人生在世，不可能事事顺心如意，有些东西更是可遇不可求。一时的得到又能如何，塞翁失马焉知非福！唯有问心无愧，才可心安理得。我们必须要坚信“绳锯木断”“水滴石穿”“水到渠成”“瓜熟蒂落”等老祖宗传承几千年的经验妙语。得失面前，首先要做的都应该是自我反思，架好心中的天平，保持平衡的心态，拿得起、放得下，不为浮名所累、不为私利所缚、不为权欲所惑，洞察眼前与长远的关系，真正成为头脑清醒、深谋远虑、成熟冷静的优秀干部。

三、须摆正确所处的位置

基层就如一个足球的赛场，每个基层干部都是代表单位上场的一名主力队员。无论担当“前锋、中场，还是后卫”，都必须按照“教练员”

的战术安排，各司其职，密切配合，穿插跑动，及时补位。如果战术意识差，缺乏位置感，跑过了造成越位，跑不到就出现缺位，不知道补位就形成空位，必将失去比赛的主动权而导致失败。所以，比赛中“运动员”必须找准自己的位置，尽心尽力尽责，这不仅是对“教练员”战术运用的体现，也是决定比赛输赢的关键。

1. 站对位。知责明责，才能履责尽责；敬责畏责，才能担当敬业。作为一名基层干部，也是团队中的一员，我们首先要弄清楚自己在团队里所处的位置，并弄清楚这个位置的职责范围和岗位能力要求。知道哪些是分内之事、哪些是分外之事。分内之事当仁不让，积极主动；分外之事尊重同事，积极协助；重大问题协商解决，共同承担。工作中，千万不能种了别人的地、荒了自家的田，也不能该种麦子却种豆子。当然，基层干部也要有补位意识，当正职有令时、同僚有求时、群众需要时、情况紧急时，挺身而出，及时补位。现实中，我们一些基层干部，正职干了副职的活，副职讲了正职的话；明明是党支部书记，却把自己定位于行政副职；明明是协助却干成了主导。组织上既然将工作划分为不同的岗位，并制定了具体的职责，我们就要聚焦主责，干好该干的事。如：基层行政一把手就是生产经营和行政工作的主要领导人，党支部书记就是思想政治工作和党群工作的主要领导人。在生产经营和行政工作上，由行政一把手统一领导，决策指挥，党支部书记主要起保证作用，要努力避免包揽行政工作，做到思想上不争权，行动上不揽权。

2. 站正位。“其身正，不令而行；其身不正，虽令不从”“明生公、公生廉、廉生威”。作为基层干部应该正直为人、为官，正所谓身正不怕影斜，脚正不怕鞋歪，身正心安魂梦稳。品行端正，做人才有底气，做事才会硬气。襟怀坦荡，光明磊落，就会赢得他人的信赖与尊敬。正直的人不谋私，不贪利，不文过饰非，不偷奸耍滑，不阿谀奉承，不溜须拍马，不阳奉阴违，平等待人，公正处事。说话有根有据，有一说一，有二说二，该说的就说，该做的就做，说的都是真话，做的都是正事。心术不正、故弄玄虚、口是心非，用心计，耍手腕，当面一套，背后一套，台上说君子言，台下行小人事，谈何主持公道，伸张正义。所以，做人一定要走得直，行得正，做得端，一定要问问自己是否正直、公道。以“严”字当头，严以修身、严以用权、严以律己，是基层干部每日三省其身的必修课。唯有责己从严，才能获得“其身正，不令则行”的感召力，只有秉公用权，才能具备“不怒自威”的公信力。

3. 站到位。一杯水烧到99℃，仍然不算是开水，其价值有限。若是再添一把火，在99℃的基础上，再升高1℃，就会产生大量水蒸气来开动机器，从而获得巨大的动力。同样，在基层工作中，即便是工作完成了99%也不算成功，往往因为“差一点”而使整个工作不到位。唯有尽力、尽心、尽责，才可能将工作做到尽善尽美。作为一名石油石化的基层干部，我们就是要以铁人王进喜为代表的老一代石油人为榜样，继承并发扬好他们身上那种“为国分忧，为民族争光”的爱国主义精神；“为早日把中国石油落后的帽子甩到太平洋里去”的忘我拼搏精神；干事业“有条件要上，没有条件创造条件也要上”的艰苦奋斗精神；“要为油田负责一辈子”“干工作要经得起子孙万代的检查”“对工作精益求精、为革命练一身硬功夫、真本事”的科学求实精神；不计名利、不计报酬、埋头苦干的“老黄牛”精神。以“宁要一个过得硬，不要九十九个过得去”“三老四严”“四个一样”的科学务实态度干好每一项工作。

四、须设合理奋斗的目标

我们每一个人无论做什么事情，都必定有着自己所能够达到的最高高度，而并非一定要求自己必须超过某人、必须达到某一程度或者某一目标。很多时候，只要竭尽自己所能了，也就问心无愧了，那么最终到底达到什么样的高度其实并不重要。基层干部可以把人生的目标定得低一点、务实一点，就是要对得起组织、对得起他人、对得起自己。

1. 对得起组织。组织上把干部安排在某一个岗位，既为干部增长才干创造了条件，也为干部施展才华搭建了舞台。但是，如果干部一着不慎，组织的投入就将毁于一旦。从经济学的角度说，组织上培养一名员工走上干部甚至是领导岗位，承担着很大的机会成本。所以，在今天的位置上，我们要有感恩之心、敬畏之心。要时刻把忠诚放在首位，在立场上站稳方位、在政治上找准方向、在行动上把握方寸；要时刻把大局扛在肩上，坚持从大局出发、以大局为重、以大局为先，在融入大局中谋划工作，在服务大局中履行职责，在维护大局中增进团结；要时刻把纪律挺在前面，带头学纪律、带头讲纪律、带头守纪律；要时刻把服从记在心间，进一步强化组织观念，遵守组织程序，落实组织决定，坚决避免“肠梗阻”和“最后一公里不通”的现象；时刻把原则握在手中，力求凡事讲原则、做事依原则、成事靠原则，自觉做到不踩红线、不越雷池、不闯雷区，做到用心想事、精心谋事、潜心干事，努力创造对得起组织的业绩。

2. 对得起他人。这么一个故事：100多年前的某天，在英国的一个乡村一名少年不幸落水了。一位正在劳作的贫困农民，奋不顾身地跳入水中救起孩子。这个获救的孩子是一个贵族公子。几天后，老贵族亲自带着礼物登门感谢，而农民却拒绝了这份厚礼。老贵族敬佩农民的善良与高尚，感念他的恩德，于是资助农民的儿子到伦敦去接受高等教育。多年后，农民的儿子品学兼优，并获得1945年的诺贝尔医学奖。他就是亚历山大·弗莱明，青霉素的发现者。那名贵族公子也长大了，在第二次世界大战期间患上了严重的肺炎，但幸运的是，依靠青霉素，他很快就痊愈了。这名贵族公子就是英国首相丘吉尔。农民与贵族，都在别人需要帮助的时候伸出了援手，却为他们自己的后代甚至国家播下了善种。俗话说，“善有善报，恶有恶报”“赠人玫瑰，手有余香”“己所不欲，勿施于人”“小成功靠朋友大成功靠敌人”，做持花向善之人，既给予了别人快乐，自己也收获了芳菲，何乐而不为呢？

3. 对得起自己。“高山仰止，景行行止；虽不能至，心向往之。”一个人来到这个世上不容易，无论如何不能对不起生命。生命只有一次，珍贵无比，一辈子光阴弹指一挥间，人一生一世活着就要珍爱生命，对得起自己，对得起生命，努力去提升生命的价值。“一个人的生命应当这样度过：当他回首往事的时候不会因虚度年华而悔恨，也不会因碌碌无为而羞愧！”对每一个寻求自我价值和人生意义的人来说，这句话是一种信仰。北京大学原校长王恩哥曾向学生提出十句话，在全国大学生乃至全国人民中引起强烈共鸣，其中最后一句话讲的是希望大家追求“两个极致”：第一，是把自身的潜力发挥到极致；第二，是把自己的寿命健康延长到极致。在这个充满竞争，到处是挑战的世界里，我们没有能力改变一切，能做的就是坚守“仰不愧天，俯不愧地，内不愧心”的良知，不放松对自己的要求，努力地改变自己，让自己变得更好，做最好的自己，发挥出自己的全部潜能，并以健康的状态生活。

五、须找对头努力的方向

习近平总书记指出：“干部干部，干是当头的，既要想干愿干积极干，又要能干会干善于干。”这句话深刻诠释了“干部干事”“为官有为”的真谛。企业基层工作情况纷繁复杂，事情千头万绪，干部干好工作不仅靠劳力更靠脑力，不仅靠经验更靠创新，不仅靠自己更靠团队，检验工作成效更要把效益创造放在衡量标准的核心。我们必须努力成为工作规律的研究者、方式方法的革新者、群众力量的聚合者、企业效益的贡献者。

1. 工作规律的研究者。勤于思考是打开智慧的钥匙，善于总结是事业成功的桥梁。基层大部分工作是有内在规律可循，有科学方法可依的，找准了就会少走弯路，避免劳而无获，取得抓住要害、提高效率、事半功倍的效果。工作不分轻重缓急，眉毛胡子一把抓，就会顾此失彼。我们必须学会抓住工作的主要矛盾，抓住“牵一发而动全身”的环节，抓住主体性、重点性、紧要性工作，下大力气、集中优势兵力打攻坚战，以主线牵动全局，以重点带动一般，以突破关键部位激活全局工作。特别对那些领导关注的、下边盼望的、上边急需的，要一项一项分解，调动所有力量去突破；对那些时效性强、进入操作层面的要抓紧办理，早见成效；对那些阶段性、经常性、长期性工作，要统筹考虑，尽快制定工作计划、实施方案和推进措施，有条不紊地抓好落实。只有这样，才能纲举目张，抓在点子上，不断打开工作新的局面。

2. 方式方法的革新者。创新是发展的第一驱动力。马克思说：“任何领域内的发展不可能不否定自己从前的存在形式。”新物种不断否定旧物种才有生命的发展；新的社会形态不断否定旧的社会形态，才有社会的进步。当下，我国经济发展进入新常态，新技术、新产品、新模式不断涌现，新矛盾、新挑战、新任务接踵而来。习近平总书记强调：“惟改革者进，惟创新者强，惟改革创新者胜。”墨守成规、因循守旧或者照搬照抄别人的经验，永远只能跟着别人的步伐走，永远不能做出突出的成绩。基层干部必须增强开拓意识，要有敢为人先的锐气，勇于打破传统思维僵局，勇于突破传统观念和方法的束缚，善于根据工作中的新情况、新问题，冲破固有的思维观念、思维模式，针对性地提出改革的新思路、新方案，拿出新招数、新举措，采用新方法、走出新路子，才能破解工作难题、打开发展僵局，赢得工作的主动权、主导权。

3. 群众力量的聚合者。“一支竹篙难渡汪洋海，众人划桨开动大帆船。”基层干部个人的力量再大、再强，也没有集体的力量大，没有集体的智慧多。习近平总书记在《之江新语》中说：“懂团结是真聪明，会团结是真本领。团结出凝聚力，出战斗力，出新的生产力，也出干部。”那些“孤家寡人”、包打天下的“超人”，是不能长久的。只有靠“众人拾柴”和“三个臭皮匠”之力，靠大家帮衬，工作才能做好。那如何才能把群众的力量汇聚起来？首先，要与群众“将心比心”，换位思考。只有与群众将心比心，才能以心换心。其次，要与群众“亲密接触”。把联系群众、深入群众作为一种行为习惯和工作常态。再次，要看群众“脸色”行事。群众的“脸色”就是公信度、满意度，是凝聚人心的保证，是检验工作成效好坏的“显示器”。一个集体一旦形成“一家人、一条心、一起干”的浓厚氛围，就会汇聚起强大的向上发展的磅礴力量。

4. 企业效益的贡献者。在企业说一千道一万，效益是关键。企业没有效益就没有存在的价值。所以，我们无论从事什么岗位，工作成效最终还是要看是否有利于企业效益的创造。作为基层干部就是要从我做起，围绕企业效益创造，争做生产经营的能手、创新创效的模范、提高效益的标兵、服务保障的表率，带领员工群众攻坚克难，为企业创效贡献多多的智慧、足足的干劲、大大的业绩。工作中，始终树立效益优先的理念，大力践行“以效益论英雄”“一切成本皆可控”“干毛巾也能拧出三滴水”等理念，千方百计降本减费，想方设法挖潜增效、创收增效，坚持眼睛向内，向深化改革要效益，向开拓市场要效益，向技术革新、资源优化、质量提升、安全环保、流程简化等要效益。切实围绕企业创效动脑筋、想办法、出点子、拿措施，积极建言献策，推动一切工作向创造效益聚焦发力，为企业效益创造做出自己的最大贡献。

六、须练就出干事的本领

打铁还需自身硬。习近平总书记强调：“基层干部是加强基层基础工作的关键。”基层干部干事创业的能力强不强、工作方法对不对，关系到基层工作的地基牢不牢。面对快速发展变化的新时代，更加迫切要求基层干部用心用脑练就干事创业的本领，能够耳听八方、眼观六路、能说会道、能打硬仗、知错则改，让自己真正成为员工群众的主心骨，企业发展的生力军。

1. 练就“听”的本领。“兼听则明。”基层干部善于“听”取各路意见和建议，是态度也是方法更是本领。要学会听“上面的风声”，积极关注上级最新的要求和指示，主动找主管部门和上级领导沟通，确保自己工作路线正确，并努力获取最大的工作支持；要学会听“现场的炮声”，主动进班组、到一线，第一时间了解基层最真实的信息，确保思路在一线厘清，政策在一线落实，问题在一线解决，矛盾在一线化解；要学会听“市场的呼声”，时刻关注瞬息万变的市场的信息，深刻了解客户的现实需求，听取客户的意见和建议，主动顺应、积极作为，努力打造出领先竞争对手的优势，以掌握市场竞争的主动权、主导权、话语权；要学会听“群众的心声”，把群众的意见当作是想问题、办事情、做决策的“源头活水”，当作是防止和纠正工作偏差、减少和避免工作失误的“参照坐标”，当作是检验自己民主作风、胸襟气度的“重要标尺”。

2. 练就“看”的本领。基层干部不仅要会听，还要练就一副“火眼金睛”。要能“看得懂形势的变化”，面对高度不确定性的外部环境，我们要想牢牢掌握工作主动权，就必须时刻关注国际国内的大事，跟踪研判市场环境的变化和走向，努力因势而变、顺势而为、乘势而上；要能“看得到自身的潜力”，任何时候都要有“天生我材必有用”的思想，用心去发掘自己的优点和特点，努力将优点打造成竞争优势，将特点打造成能力特长；要能“看得起平凡的小事”，天下难事必做于易，天下大事必做于细，只有脚踏实地、兢兢业业，切实把小事当成大事来做，才能“积跬步以至千里、积小流以成江海”；要能“看得清问题的根源”，医学上讲究治病要治本，只有从根源上找准原因，才能彻底把病魔祛除，工作中亦是如此，我们要善于透过现象看本质，追本溯源，以彻底解决问题。

3. 练就“说”的本领。美国前总统克林顿有句名言：“口才就是领导力。”也有人说，基层工作一半靠做、一半靠说。做是给人以模范，说是给人以启迪。但现实中，“茶壶里煮饺子——有嘴倒不出来”，成了不少基层干部的苦恼。有的基层干部离开稿子讲不了话，在哪里讲话都是照本宣科，讲的话没听头、没笑头、没说头、没想头。基层干部经常面临开会讲话、即兴发言、上课报告、谈心交心等，倘若拙嘴笨舌，言不达意，难以拨动听众心弦，取得满意的工作效果。练就“说”的本领，一靠多读书，知识多了，口齿自然会伶俐；二靠常背诵，熟记格言警句、名人轶事，注入感情于字里行间，既有抑扬顿挫的音韵，又有喜怒哀乐的色彩；三靠敢亮相，克服羞涩、胆怯、自卑心理障碍，勇于走上讲台；四靠苦磨炼，精心构思，苦练技巧，即兴演讲，讲得轻松自在，使听众思想为之震动，精神为之振奋，情绪为之激昂，热血为之沸腾。

4. 练就“啃”的本领。习近平总书记说：“中国改革已进入深水区，可以说，容易的、皆大欢喜的改革已经完成了，好吃的肉都吃掉了，剩下的都是难啃的硬骨头……”基层工作也是如此，遇到的难题是一道比一道难，我们把它“啃”下来，是大学问，也是硬功夫。要“找对时间啃”，吃东西太烫伤嘴，太凉伤胃，解决问题亦然，不能急于求成，有些问题放一放反而更易解决；要“找对地方啃”，应按照“先易后难、以点带面”的原则，针对工作的薄弱环节和共性问题，找准切入点，选准突破口，采取“靶向”工作法，精确“制导”，直取问题“病灶”；要“小心翼翼啃”，骨头中有碎刺，一不小心会戳破嘴，解决难题中更要切记“细节决定成败”的道理，高度集中注意力，保持一丝不苟、细致入微的态度，尽可能不节外生枝；要“啃出经验来”，啃一次硬骨头不易，应该啃出一番滋味，总结出一套方法，举一反三、触类旁通，为今后“啃”好不一样、甚至更大更硬的骨头提供经验。

5. 练就“补”的本领。“人无完人，孰能无过”“知错能改，善莫大焉”。在新的历史方位下，企业基层面临着各式各样的新情况、新问题、新任务，即便是最经验丰富的“老人”，也存在着这样那样的盲区，什么都懂不可能，不犯过错不可能，不出现失误也不可能。问题的关键是我们要严肃地对待错误、失误以及不足。要在意外或事故发生时能够及时采取有效的补救措施，阻止事态变得更糟，努力让事态平息；错误或失误发生后能够吸取教训，修补制度、填补漏洞，完善硬件，及时消除同类隐患，不再重犯和出现类似错误、失误；平时能见贤思齐、紧跟发展、对标一流，用心查找自己的知识弱项、能力短板、经验盲区，及时补上必要的业务知识和工作经验，积极寻找有效资源，补上能力上的短板。亡羊补牢为时不晚，只要我们始终保持一颗谦卑的心，增强防范意识，以学增智、以学提能，一定可以越发成熟，少走工作弯路。

（本文发表于《石化人力资源管理》2018年第4期）

（七）
从党史学习教育中汲取奋进的力量

寻得思想警示　获得修身开示　取得工作启示
——党员干部要从党史学习教育中汲取奋进的力量

“欲知大道，必先为史。”历史是最好的“教科书”“营养剂”“清醒剂”。党史写的是历史，叙的是奋斗，述的是大道，探索的是真理，启示的是当下，照亮的是未来，能够给我们提供无穷的智慧、丰富的营养和前行的动力。党员干部学习党史就是要以史为师、以史为鉴，以史资政修身，寻得思想警示、获得修身开示、取得工作启示。

一、寻得思想警示

习近平总书记在党史学习教育动员大会上指出："堡垒最容易从内部被攻破。从某种意义上说，自从党成立以来，我们党面临的最大风险是内部变质、变色、变味，丧失马克思主义政党的政治本色，背离党的宗旨而失去最广大人民的支持和拥护。"党史警示全体党员，无论怎么发展、遇到什么情况，都要不忘初心、牢记使命、坚定信仰、永葆本色，须臾不可偏离阳光正道、不可脱离人民群众、不可背离时代潮流、不可游离组织之外、不可远离基层一线。

1. 不可偏离阳光正道。所谓阳光正道，就是符合事物正确运行规律，积极的、正面的、朝向真善美的道路。在国家发展上，要坚持算好整体账、全局账、未来账，坚持算好名誉账、人心账、历史账。始终站在政治高度、全局角度、战略远度做判断、做选择。国家无论发展到什么阶段、遇到什么困难，都不能有铤而走险之心，冒走黑道、走小道、走邪道念头，而要始终走在公平正义、善良阳光、宽容包容的光明大道上。有损国格、有损国威、有损国誉的事情既不能想，更不能做。在个体发展上，要树立健康向上的理想追求，自觉涵养正义品质、善良品德、阳光心态、包容胸怀，无论遇到什么困难、碰到什么挫折、遭到什么不公待遇，对于有损人格、有损尊严、有损形象的失道行为一件都不能做、一件都不要做、一件都不想做，永远走在高尚明亮的正道上。

2. 不可脱离人民群众。习近平总书记在纪念红军长征胜利80周年大会上告诫全党必须牢记"水能载舟，亦能覆舟"的道理。他说："老百姓是天，老百姓是地。忘记了人民，脱离了人民，我们就会成为无源之水、无本之木，就会一事无成。"任何时候任何情况下，与人民群众同呼吸共命运的立场不能变，全心全意为人民服务的宗旨不能忘，坚信群众是真正英雄的唯物主义观点不能丢。党员干部必须始终与人民心心相印、同甘共苦、团结奋斗，始终把实现好、维护好、发展好最广大人民的根本利益作为一切工作的出发点和落脚点，把人民拥护不拥护、赞成不赞成、高兴不高兴、答应不答应作为衡量一切工作得失的根本标准，着力解决好人民最关心最直接最现实的利益问题。只有这样，我们才能获得最广泛最可靠最牢固的群众基础和力量源泉。

3. 不可背离时代潮流。“世界潮流，浩浩荡荡，顺之则昌，逆之则亡。”近代社会，中华民族之所以积贫积弱，陷入任人宰割的被动僵局，一个重要的原因就在于封建王朝统治下的中国固步自封，没有做到准确识变、科学应变，而推行闭关锁国的政策，致使中国渐趋落后于时代潮流。当西方资本主义国家积极涌入工业革命的时代浪潮，推进国内政治变革之时，日益没落的清王朝却没有察觉到时代的大变局，依然沉静如初，于天朝上国的迷梦中沾沾自喜。当下中国为什么又能够后来者居上？这是因为中国共产党领导中国人民顺应时代潮流、紧跟时代步伐，科学应对时代发展的新变局，成功抓住了全球化、信息化发展机遇。时代是出卷人，要写就高分答卷，就得顺应时代发展的潮流，遵循历史发展的规律，下好先手棋，打好主动仗，才能抓住稍纵即逝的发展机遇。

4. 不可游离组织之外。独特而强大的组织优势，是一把解开“中国共产党为什么能”的“金钥匙”。习近平总书记强调：“党的力量来自组织，组织能使力量倍增。”中国共产党具有崇高组织使命、严密组织体系、严肃组织纪律的高度组织化特点，所以展现出了强大的组织动员力、行动力、战斗力。就连蒋介石败退台湾后，反思自己失败的教训，总结共产党的七大优点时，首条就是“组织严密”。置身于中国共产党这样的组织之中，是我们党员干部的荣幸，组织为我们个人搭建了成长进步的最好平台。同时，我们也要明白进了党的门，就是党的人，就得把党的利益放在第一位，始终牢记自己的第一身份是共产党员，第一职责是为党工作，自觉做到思想上认同组织、政治上依靠组织、工作上服从组织、感情上依赖组织，自觉接受组织安排和纪律约束。

5. 不可远离基层一线。“问渠那得清如许，为有源头活水来。”基层一线是一切工作的落脚点，是创效的主体、创新的源头、创造的前线、创业的根基，是党员干部品性锻炼的大熔炉、能力提升的大课堂、施展才华的大舞台、综合素质检验的大考场。每一名党员干部要成就事业、干出成绩，必须得从熟悉基层一线工作干起。即使身处高层领导岗位，也要能经常深入基层一线，否则，双脚就会“踩空”，头脑就会“发懵”，问题就易“抓瞎”。在《反对本本主义》一文中，毛泽东主席给那些“遇到困难问题，只是叹气，不能解决”的人开出药方，“迈开你的两脚，到你的工作范围的各部分各地方去走走，学个孔夫子的‘每事问’，任凭什么才力小也能解决问题，因为你未出门时脑子是空的，归来时脑子已经不是空的了，已经载来了解决问题的各种必要材料，问题就是这样子解决了。”党员干部无论身处什么岗位，都不能远离基层一线！

二、获得修身开示

古往今来，修身都是一个人成熟成才成功的终身必修课。《说文解字》中“修身”的释义是：修者，饰也，治性之道，必审已之所有余，而强其所不足；身者，躯也，凡身之属皆从身。意思是说，修身的本质是一个长期与自已的恶习和薄弱意志较量的过程，需要时时检束自己的身心言行，祛除思想中的杂质。翻阅党史，修身做人的典范比比皆是，处处开示我们，作为共产党员就得舍弃私心杂念、放弃安逸享受、摆弃官僚主义、摒弃自由散漫、抛弃庸耳俗目。

1. 舍弃私心杂念。“居官守职以公正为先，公则不为私所惑，正则不为邪所媚。”公与私如何取舍，照见共产党人的信仰。革命战争年代，由于肃反扩大化，刘志丹无意中看到一个写有逮捕自己的通知，他没有丝毫犹豫，独自一人到瓦窑堡“自投罗网”。如果他心存私心杂念，随便一个命令就可能导致党内斗争。“大公无私”“党的利益在第一位”，是老一辈无产阶级革命家留给我们的精神财富。习近平总书记指出，“衡量党性强弱的根本尺子是公、私二字。作为党的干部，就是要全心全意为人民服务，就是要诚心诚意为党和人民事业奋斗，就是要讲大公无私、公私分明、先公后私、公而忘私。”公私分明是基本操守，公而忘私是崇高境界。共产党员也只有时时用公与私这把尺子考量自己的党性，事事捧出一颗公心为官从政，才能坦荡做人、谨慎用权，光明正大、堂堂正正。

2. 放弃安逸享受。古人云：“成由勤俭，败由奢。”中国共产党的历史，就是一部艰苦奋斗史。在新中国成立前，我们党靠艰苦奋斗精神，以“小米加步枪”战胜了比自己强大的敌人，建立了中华人民共和国；新中国成立后，我们党靠艰苦奋斗，改变了国家积贫积弱、人民生活艰难困苦的状况；改革开放以来，我们党还是靠艰苦奋斗，成功探索了一条建设有中国特色社会主义的光辉道路，取得了举世瞩目的发展成就。没有艰苦奋斗，就没有今天的一切。习近平总书记强调：“现在，我们生活条件好了，但艰苦奋斗的精神一点都不能少，必须坚持以俭修身、以俭兴业，坚持厉行节约、勤俭办一切事情。”置身新时代，我们还有许多“雪山”“草地”需要跨越，还有许多“娄山关”“腊子口”需要征服，征途漫漫，唯有奋斗，共产党员更要当好艰苦奋斗的示范者。

3. 摆弃官僚主义。官僚主义以脱离群众、脱离实际为特点，是产生形式主义的重要根源；官僚主义以特权思想、特权作风为特征，是享乐主义、奢靡之风的重要源头。列宁曾说，如果说有什么东西会把我们毁掉的话，那就是官僚主义。毛泽东主席在中共八届二中全会上语重心长地告诫与会者："我们一定要警惕，不要滋长官僚主义作风，不要形成一个脱离人民的贵族阶层。谁犯了官僚主义，不去解决群众的问题，骂群众，压群众，总是不改，群众就有理由把他革掉。"习近平总书记指出："形式主义、官僚主义同我们党的性质宗旨和优良作风格格不入，是我们党的大敌、人民的大敌。"作为一名共产党员必须懂得我们手中的一切权力都是人民赋予的，我们的一切属于人民，一切为了人民，一切依靠人民，一切归功于人民，除了当好人民的公仆，没有任何其他权力。

4. 摒弃自由散漫。没有规矩不成方圆。严明的纪律和规矩始终是我们党克服各种艰难险阻、战胜各种风险挑战的重要法宝，是确保党员干部政治纯洁、思想纯洁、作风纯洁的客观要求。毛泽东主席强调："加强纪律性、革命无不胜。"邓小平同志说："我们这么大一个国家，怎样才能团结起来、组织起来呢？一靠理想，二靠纪律。"习近平总书记指出："党要管党、从严治党，靠什么管，凭什么治？就要靠严明纪律。"我们国家是一个有14多亿人口的大国，我们党是一个有9000多万名党员的大党，要确保统一意志、统一行动、步调一致，将事业不断推向前进，须臾离不开严明的纪律作保证。党员干部更要带头摒弃自由散漫，做纪律和规矩的"明白人"，时刻警醒自己慎独慎微，不触碰法纪法规"高压线"，不穿越党风党纪"防火墙"，不进入八项规定"隔离带"。

5. 抛弃庸耳俗目。保持共产党员先进性是实现党的先进性的必由之路。马克思、恩格斯在《共产党宣言》中把共产党员的先进性称之为"胜过其余无产阶级群众的地方"。人们也常常称共产党员为"特殊材料制成的人"、是"工人阶级的先进分子"。身处新时代，科技进步日新月异，新理念、新技术、新模式层出不穷，各种不确定不稳定因素显著增加。作为事业发展的开路先锋、领队之人，党员干部的先进性要求更加凸显，要跟得上时代、贴得紧市场、防得住风险、拿得下挑战，庸耳俗目肯定不行，必须能看得远、辨得清、有新思路好方法。这就需要党员干部充分认识坚持学习的极端重要性，进一步增强学习的紧迫感，把学习作为一种政治责任、作为生存和发展的第一需要，努力掌握和运用新知识、分析新矛盾、研究新情况、解决新问题。

三、取得工作启示

习近平总书记强调，要把学习党史同总结经验、观照现实、推动工作结合起来，同解决实际问题结合起来，开展好“我为群众办实事”实践活动，把学习成效转化为工作动力和成效，防止学习和工作“两张皮”。今年是“十四五”开局之年，新起点赋予新使命，新征程呼唤新作为，党员干部就是要从百年党史中汲取宝贵经验，以史鉴今，正确判断形势、科学诊断问题、当机立断决策、全力阻断风险、持续不断精进，奋力打开各项事业发展新局面。

1. 正确判断形势。“察势者智，驭势者赢。”正确判断形势，决定下一步怎么走，关系事情的成败。党史中，面对“红旗到底打得多久”的质疑，毛泽东同志以“星星之火，可以燎原”作出自信的回答；面对“姓资”“姓社”的纠结，邓小平同志以“南方谈话”冲破了思想的枷锁；面对日趋复杂的发展问题，习近平同志以“四个全面”战略布局、“五位一体”总体布局等治国理政思想体系，引领党和国家建设事业砥砺奋进，但历史上也有“大跃进”和“文化大革命”这样误判形势的深刻教训。新时代，面对百年未有之大变局，面对新冠肺炎疫情带来的严重冲击，我们更要端起历史规律的望远镜去细心观察，不能被乱花迷眼，也不能被浮云遮眼，而要善于从表象中发现本质、从走势中明辨方向，坚持底线思维，谋定而后动，及时做好预警、预案、预控，牢牢把握战略主动权。

2. 科学诊断问题。历史总是在不断解决问题中前进的。我们党领导人民干革命、搞建设、抓改革，都是为了解决我国的实际问题。而解决问题的关键是要能对症下药，对症下药的前提是要能科学诊断问题，找准病根病因。“世界上没有两片完全相同的树叶”，问题的表现形式多种多样，许多问题还交互纠结、连锁反应，即便是同一事物，也会因为环境的变化、时间的推进、事态的发展而发生持续的变化，我们必须坚持具体问题具体分析。首先就得用好调查研究这个传家宝，深入现场、了解实情，掌握第一手材料。再对材料进行分析、综合、比较、概括和判断，从繁杂问题中把握事物的规律性，从苗头问题中发现事物的倾向性，从偶然问题中揭示事物的必然性。最后运用事物的主次矛盾法则，抓住事关全局、事关长远的关键问题，找到急需解决的重点问题，从而明确破解难题的主攻方向。

3. 当机立断决策。党史中就有着大量当机立断决策而力缆狂澜的经典案例，也有着许多因为犹豫不决而贻误战机的深刻教训。古代纵横家鬼谷子曾说：“故夫决情定疑，乃万世之基。”提醒我们：当机立断是成功者的必备素质，优柔寡断是人生第一大忌讳。尤其在危急关头、要害节点，正确处置事情的窗口期非常有限，机遇稍纵即逝。身处信息时代，竞争更激烈，许多事情留给我们决策的时间更短，更需当机立断。就如“抗击新冠肺炎疫情”，如果不是果断实施武汉封城，后果不堪设想！当然，能否当机立断决策是一种大智慧，既考验决策者的责任担当，也考验其能力水平，正确判断形势、科学诊断问题是其不可或缺的前提，再者就要依靠决策者具备的决断力了。提升决断力，就得注重学习借鉴他人、积极探索新知、认真总结经验教训并努力培养自信心。

4. 全力阻断风险。风险和机遇总是相生相伴。我们党在内忧外患中诞生，在磨难挫折中成长，在战胜风险挑战中壮大，始终有着强烈的忧患意识、风险意识。党的十八大报告指出：“新形势下，党面临的执政考验、改革开放考验、市场经济考验、外部环境考验是长期的、复杂的、严峻的。精神懈怠危险、能力不足危险、脱离群众危险、消极腐败危险更加尖锐地摆在全党面前。”全力阻断各类风险是事业发展的必选题、必答题。习近平总书记强调：面对波谲云诡的国际形势、复杂敏感的周边环境、艰巨繁重的改革发展稳定任务，我们必须始终保持高度警惕，既要高度警惕“黑天鹅”事件，也要防范“灰犀牛”事件；既要有防范风险的先手，也要有应对和化解风险挑战的高招；既要打好防范和抵御风险的有准备之战，也要打好化险为夷、转危为机的战略主动战。

5. 持续不断精进。从建党的开天辟地，到新中国成立的改天换地，到改革开放的翻天覆地，再到党的十八大以来党和国家事业取得的历史性成就、发生的历史性变革，都是中国共产党带领中国人民持续不断精进的结果。通过学习党的百年奋斗史，我们就是要从中汲取奋勇拼搏的前进动力，在政治上从严要求自己，真正做到坚决坚定，对标看齐不偏向，始终保持对党、对人民和对事业的赤胆忠心；在学习上从严要求自己，真正做到常学深学，头脑清醒不迷路，自觉当好带头学习的表率；在作风上从严要求自己，真正做到慎独慎微，站稳脚跟不失足，修身律己、严以用权、守牢底线；在履职上从严要求自己，真正做到敢管敢严、担责尽责，挺直腰杆不妥协、甩开膀子不懈怠，快马加鞭、创先争优，奋力创造无愧于时代的辉煌业绩。

五

今日思悟摘选

做好学思践悟是一个干部成长的必备本领。经常有同志问我，工作的新思路从哪里来？为什么我能写出那么多的论文？这得益于我坚持读书和思考。在读书中要把理论与实践贯通起来，思考如何借鉴别人的观点、思想、做法，有“火花”及时记录下来，并持续加以完善。要高度重视实践中每个问题处理后的复盘、高度重视每一次会议的发言准备，把事情之后的复盘与会议中集思广益带来的感悟，进行凝练归纳，就可以形成一些工作框架性的思悟。这些思悟就是理论文章内容和架构的来源。围绕自己的思悟进行写作，恰好是一次工作深入研究的过程，在研究中又会迸发出许多新的火花。日积月累，就有了自己的理论体系，会给自己带来满满的成就感！这里，我摘选一些与读者分享。

领导干部要“真有体面”

1.真想干事，有激情，能成为驱动发展的永磁体，持续开创改革发展新局面；

2.真懂政治，有觉悟，能成为链接上下的超导体，持续提升同心同德水平面；

3.真会团结，有办法，能成为群众智慧的结晶体，持续强化群策群力响应面；

4.真善学习，有本领，能成为攻坚克难的支撑体，持续扩展担当作为主攻面；

5.真严自律，有恒心，能成为不良风气的绝缘体，持续净化为人处世接触面。

领导干部的旗帜如何“立起来”

一个干部就是一面旗帜，这面旗帜能不能起到引领作用，关键看这个干部自己能不能立“起”来。怎么立？就是要时时处处在“起”字上下功夫：

1.绘得起愿景蓝图；2.记得起初心使命；3.想得起基层群众；4.看得起平凡小事；5.拿得起关键业务；6.严得起规章制度；7.经得起诱惑考验；8.对得起信任期盼；9.扛得起挫折委屈；10.受得起批评表扬。

领导干部政治引领力

领导干部政治引领力是让下属干部与员工自觉自愿跟随、听随、追随，同心同德抢机遇、破难题、开新局，不折不挠往前走、往上走、往远走的能力。具体来说就是包括如下十个子能力：

1.政治学习领悟力；2.信仰信念坚定力；3.环境变化觉知力；4.方向路径判断力；5.宣传教育说服力；6.错误现象纠正力；7.率先垂范带动力；8.重点难题征服力；9.整体大局统筹力；10.团队建设聚合力。

展现领导力重在“画龙点睛”

1.画，就是要能对景挂画，拓画光荣传统、描画未来远景、刻画高光参数、指画实现路径、擘画各种资源；

2.龙，就是要能笔走龙蛇，强化集体意识、搭好管理框架、敲定业务布局、释放人才活力、浓墨个体异彩；

3.点，就是要能洪炉点雪，发现自身优点、阐明正确观点、给出发展支点、破解工作难点、抓实工作重点；

4.睛，就是要能瞪大眼睛，抓住机会窗口、紧密关系接口、关闭流程裂口、完善制度收口、打开创新敞口。

领导干部如何创新

一是要想方设法“撑破脑袋”，努力吸收、吸取、吸纳各种奇思妙想、新奇玩法、前卫思维，让其在脑袋中杂交变异，以造就出破壳而出的新思维、新思路、新思想；

二是要想方设法“打破常规”，不破不立、大破大立，问题要能倒着想、反着想、切开想、跳开想，不走寻常路，才能出好招、高招、妙招、奇招；

三要想方设法“突破瓶颈”，要把优势力量用在紧要处、关键处、要害处、堵塞处，彻底打通、畅通、贯通、融通发展节点；

四要想方设法“击破边界”，通过打开视界、眼界、心界，接纳新理念、接受新思想、接触新方法，拓展、延展、扩展自己创新的本领。

基层干部如何过得硬

要成为优秀的基层干部必须“自身过得硬、群众信得过”。如何让“自身过得硬、群众信得过”？关键要抓住“精”字做文章：

1.对党对国要精忠；2.为民服务要精心；3.看人看事要精准；4.业务水平要精湛；5.学习思悟要精深；6.原创观点要精辟；7.语言表达要精炼；8.工作安排要精细；9.难题攻坚要精猛，10.修身养德要精进。

干部成长，路在脚下

1. 经土路，百闻不如一见，基层处处有风景；
2. 爬山路，一步一个脚印，宝剑锋从磨砺出；
3. 涉水路，吃一堑长一智，彩虹总在风雨后；
4. 过大路，天有不测风云，德位不配有灾殃；
5. 遇近路，巧诈不如拙诚，聪明易被聪明误；
6. 走夜路，胸中正眸子瞭，举头三尺有神明！

企业EAP工作

企业EAP工作，是企业思想政治工作的一个重要载体，主要工作是动员和组织一批“心理健康、乐意助人”的同志，学习并运用积极心理学，助力员工与组织健康发展。“善解人意、消矛去盾、暖心励志”是其工作关键词。具体来讲就是要：行“侠肝义胆、助人为乐”之善；懂“人之常情、人之本性”之理；消“好高骛远、盲目攀比”之矛；去“封闭自我、逃避现实”之盾；破“垂头丧气，百无聊赖”之心；树“百折不挠、勇站排头”之志！

员工“好”状态

1. 高高兴兴、快快乐乐上班；2. 平平安安、稳稳当当下班；
3. 干干净净、堂堂正正做人；4. 风风火火、轰轰烈烈干事；
5. 勤勤恳恳、兢兢业业履职；6. 认认真真、踏踏实实守纪；
7. 恩恩爱爱、甜甜蜜蜜生活；8. 和和气气、开开心心共事。

“八点”举措促“安全生产”

1. 投入真金，灭，硬件老化的焦点；

2. 完善制度，堵，防控体系的漏点；

3. 压实责任，抓，生产环节的重点；

4. 聚焦问题，破，屡错屡犯的难点；

5. 强化监督，查，管理缺位的盲点；

6. 训战结合，强，技能培训的弱点；

7. 层层反省，洗，官僚主义的斑点；

8. 总结经验，树，真抓实干的亮点。

安全管理要抓住“耳”字和“不”字

1. 安全措施上：力求“耳目一新，不落俗套”；

2. 安全要求上：必须“耳提面命，不放空炮”；

3. 安全督察上：保持“耳聪目明，不留盲区”；

4. 安全处理上：达到“耳赤面红，不走过场”；

5. 安全制度上：让人“耳熟能详，不挂空挡”；

6. 安全防范上：时时“耳听八方，不存隐患”。

金榜题名时

又到一年一度“金榜题名时”，伴随学子们走进考场的步伐，身处职场的家长们也面临着全年工作业绩的中考。“金榜题名时”这5个字拆解开来，正好成了衡量我们面对新冠肺炎疫情和全球经济下行冲击下的作为标准，看我们是否具有：点石成“金”的信心、揭“榜”挂帅的胆气、破解难“题”的招法、不计“名”利的洒脱、与“时”俱进的精神。

近悦远来

“近悦远来”是每个培训机构希望达到的效果！这四个字分开讲也是当下线上培训的方法！

1.想方设法用“网”拉近彼此距离；2.千方百计用“情”浓厚悦学氛围；3.全力以赴用“心”促进深思远虑；4.争分夺秒用“力”出来学用成果！

聚焦“三率”提升党课质量：

一、聚焦提升“抬头率”，在“新鲜美味”上下功夫，让党课形式“亮”起来；

二、聚焦提升“点头率”，在“别有风味”上下功夫，让党课内容“趣”起来；

三、聚焦提升“回头率”，在“耐人寻味”上下功夫，让党课效果“大”起来。

班组长培训要围绕“唱念做打”

唱念做打是戏曲表演的四种艺术手段，同时也是戏曲表演的四项基本功。班组长培训是最基础的管理培训，关键也是要让其练好“唱念做打”四个基本功，即教会其“唱响团队建设之歌、念好安全生产之经、做硬业务操作之功、打开思路创新之门”。项目模块可设置为“团队建设、安全生产、技能提升、思路创新”四个，并根据年龄、资历、业务类型、培训时长，分层分类设置具体课程。

培训项目如何复盘

培训项目复盘，重点在复、关键在盘：一是要盘点过程。通过前后对比、同行类比、自我攀比，得出经验、不足、方向。二是要盘算收益。通过算大账、算小账、算细账，得出怎么扩大市场规模、提升收益水平、减少非必要支出。三是要盘划未来。通过找准工作注意点、关键点、着力点，定目标、定措施、定责任！

青年干部培训要抓住“风生水起”

青年干部培训目的是让其“头脑更清醒，信仰更坚定，工作更专业，动力更充足”，学以致用，把工作搞得风生水起！“风生水起”四个字就是培训的靶点、要点、焦点！所以培训应该设计四个模块，分别为：听风声、生感情、提水准、起劲头。

所谓听风声，就是要听前沿大势、听上级要求、听企情实况（重点设形势分析、任务解读、精神传达等内容）；

所谓生感情，就是访红色足迹生爱党爱国之情、访先进标杆生对标追标之情、访基层一线生爱民亲民之情（重点设参观红色资源、行业标杆、基层调研、党史故事等内容）；

所谓提水准，就是提发展水准、工作水准、做人水准（重点设党性分析、行动方案编制、演讲等内容）；

所谓起劲头，就是问题找起来，方法议起来，激情燃起来（重点设经验交流、汇报、辩论、结构化研讨等内容）。